Thorsten Dönges

Besteuerung privater Kapitalanlagen

Thorsten Dönges

Besteuerung privater Kapitalanlagen

Mit traditionellen und alternativen
Investments zur steueroptimalen
Depotstruktur

GABLER apano▾akademie *edition*

Bibliografische Information der Deutschen Nationalbibliothek
Die Deutsche Nationalbibliothek verzeichnet diese Publikation in der
Deutschen Nationalbibliografie; detaillierte bibliografische Daten sind im Internet über
<http://dnb.d-nb.de> abrufbar.

1. Auflage 2008

Alle Rechte vorbehalten
© Gabler | GWV Fachverlage GmbH, Wiesbaden 2008

Lektorat: Stefanie Brich | Guido Notthoff

Gabler ist Teil der Fachverlagsgruppe Springer Science+Business Media.
www.gabler.de

Umschlaggestaltung: Nina Faber de.sign, Wiesbaden
Druck und buchbinderische Verarbeitung: Wilhelm & Adam, Heusenstamm
Gedruckt auf säurefreiem und chlorfrei gebleichtem Papier.
Printed in Germany

ISBN 978-3-8349-0853-7

Vorwort

Liebe Leserin,
lieber Leser,

die apano akademie hat es sich zur Aufgabe
gemacht, objektiv und auf anschauliche
Weise über Finanz- und Steuerthemen zu
informieren. Dies geschieht in Form von
Seminaren – aber auch in gedruckter Form.
Das Ihnen vorliegende Buch ist das zweite
Werk der Reihe „apano akademie edition".

Diese Darstellung richtet sich an private Kapitalanleger wie an Finanzberater gleicher-
maßen, die sich im Rahmen des Selbst-
studiums einen fundierten Überblick über die
Besteuerung privater Kapitalanlagen ver-
schaffen wollen. Sie ist aber auch für Studen-
ten und Dozenten an Finanzakademien und
ähnlichen Fortbildungswerken geeignet, die
sich mit der Besteuerung in der Vermögensanlage befassen.

Dieses Buch wurde verfasst von einem Praktiker für Praktiker. Der Autor Thorsten Dönges
ist Leiter der Steuerabteilung eines renommierten Finanzdienstleisters. Darüber hinaus ist
Herr Dönges Dozent an mehreren Finanzakademien und Autor diverser Fachbücher.

Besonderer Wert wurde gelegt auf eine Verdeutlichung der aktuellen steuerlichen Tat-
bestände durch eine Vielzahl von Beispielen, die den Transfer zwischen theoretischem
Wissen und jeweiligem Fall herstellen und das Wissen nicht zuletzt in der Praxis anwendbar machen. Zudem soll hierdurch auch der „Wiedererkennungsfaktor" in der Praxis erhöht
werden.

Zur Steigerung der Lesbarkeit wurden Gesetzesverweise sowie Hinweise auf Verwaltungs-anweisungen innerhalb des Textes auf das absolut notwendige Maß reduziert und weit-gehend in die Fußnoten übernommen. Ebenso wurde nur diejenige Rechtsprechung und Literatur zitiert, wie sie zum Verständnis der Besteuerungssystematik tatsächlich notwendig ist.

Die Ausführungen berücksichtigen alle bis zum 1. 1. 2008 veröffentlichten gesetzlichen Än-derungen, Verwaltungsanweisungen und Finanzgerichtsurteile.

Anregungen und Hinweise, die der weiteren inhaltlichen und didaktischen Verbesserung der vorliegenden Darstellung dienen, sind dem Autor herzlich willkommen.

Ihnen, liebe Leserin und lieber Leser, wünsche ich, dass dieses Buch Grundlagen und ver-tiefende Einblicke in die Besteuerung traditioneller und alternativer Kapitalanlagen ver-schafft!

Peter Kräuter
Geschäftsführer
apano akademie

Inhaltsverzeichnis

1. Rahmenbedingungen der privaten Kapitalanlage

Die private Kapitalanlage befindet sich für Anleger wie auch für Finanzberater derzeit in einem erheblichen Umbruch, der bestimmt ist durch

- eine zunehmende Volatilität der internationalen Aktien- und Finanzmärkte und die daraus resultierenden Kursschwankungen,

- die weitere Integration der nationalen Kapitalmärkte zu einem globalen Kapitalmarkt, was eine Risikoreduzierung durch eine Streuung nach Regionen und Währungen nur noch begrenzt ermöglicht,

- eine weiter zunehmende Komplexität der im Zusammenhang mit der Kapitalanlage resultierenden steuerlichen Vorschriften,

- einen zunehmenden Qualitätswettbewerb zur Erlangung eines Alleinstellungsmerkmals innerhalb der Dienstleistungsbranche.

In diesem Spannungsfeld gilt es, eine dem persönlichen Risiko-Chancen-Profil des Anlegers (Risikobereitschaft) entsprechende individuelle Portfoliostruktur abzuleiten. Hierbei ist für den Privatanleger die aus der Anlage erzielbare Nachsteuerrendite die entscheidungsrelevante Größe.

Die Finanzberatung wiederum verlangt durch gesetzliche Vorgaben sowie steigende Kundenerwartungen eine deutliche Qualifizierung der Berater. Stärker als bisher verpflichtet die MiFiD („Markets in Financial Instruments Directive") Anlageberater dazu, sich bei der Finanzberatung und Finanzvermittlung am Anlageziel der Kunden zu orientieren. Diese Ziele umfassen auch eine Betrachtung der Nachsteuerrendite. Für eine kompetente Anlageberatung des Kunden ist es daher erforderlich, die steuerlichen Auswirkungen der Anlageentscheidung bereits bei der Entscheidungsfindung mit zu berücksichtigen.

Die internationalen Aktienmärkte zeigen in den letzten Jahren eine hohe Volatilität, aber auch die Geld- und Kapitalmärkte sind erheblichen Kursschwankungen unterworfen. Als Konsequenz hieraus müssen Anlageinstrumente zur Sicherung des Vermögensbestandes, aber auch zur Ausnutzung der mit der Volatilität verbundenen Gewinnchancen in die Betrachtung einbezogen werden. Die Anlage in Form von Finanzinnovationen und derivativen Instrumenten gewinnt daher zunehmend an Bedeutung. Dies wiederum bedeutet, dass der Berater in der Lage sein muss, neben der Beurteilung steuerlicher Aspekte der traditionellen Kapitalanlage auch die steuerlichen Konsequenzen solcher Anlageformen beurteilen und erläutern zu können.

Zudem ist zu beachten, dass die klassischen Anlagen in Aktien und Renten sich aufgrund der Intensivierung des internationalen Handels und der weiteren Integration der nationalen Kapitalmärkte zu einem globalen Kapitalmarkt zunehmend gleich entwickeln. Eine Risikoreduzierung durch eine Streuung nach Regionen und Währungen ist demnach nur noch bedingt möglich. Eine Risikostreuung kann effizient häufig nur durch Anlage in Alternativen Investments erzielt werden. Auch hier ist die Kenntnis der steuerlichen Auswirkungen solcher Anlageformen unerlässlich.

Fundierte Kenntnisse über die Besteuerung von Kapitalanlagen sind für den Finanzberater daher unerlässlich, um den Erwartungen der Kunden, insbesondere im gehobenen und lukrativen Kundensegment, nach einer ganzheitlichen und qualitativ hochwertigen Betreuung gerecht werden zu können. Viele Anlageprodukte sind sogar speziell auf die steuerrechtlichen Rahmenbedingungen bestimmter Zielgruppen zugeschnitten. Was für den einen Kunden steuerlich vorteilhaft ist, kann bei einem anderen Kunden genau die gegenteilige Wirkung haben. Daher sind fundierte Kenntnisse der Besteuerung von Vermögensanlagen nötig.

Im Folgenden wird die Besteuerung der privaten Vermögensanlage ausführlich dargestellt. Neben den „klassischen" Anlageklassen (Aktien, festverzinsliche Wertpapiere, Investmentfonds) werden auch strukturierte Produkte, Derivate und Beteiligungen in ihrer steuerlichen Behandlung dargestellt. Einen besonderen Schwerpunkt nimmt dabei die Besteuerung von Alternativen Investments ein.

Ziel der vorliegenden Darstellung ist es dabei, auch für den Leser mit keinen oder nur geringen steuerlichen Vorkenntnissen die Besteuerungsgrundlagen in der privaten Kapitalanlage verständlich darzustellen und somit das Wissen für eine fundierte steuerliche Beurteilung von Anlagestrategien zu vermitteln.

Zunächst erfolgt in Kapitel 2 – quasi „vor die Klammer" gezogen – die Darstellung der allgemeinen einkommensteuerlichen Grundlagen, deren Verständnis zwingende Voraussetzung für das Verständnis der Besteuerung jeglicher Form der Kapitalanlage ist.

Daran anschließend werden in den Kapiteln 3 und 4 die Grundsätze für die Besteuerung der Einkünfte aus Kapitalvermögen sowie aus privaten Veräußerungsgeschäften ausführlich dargestellt.

Hierauf aufbauend erfolgt in Kapitel 5 eine komprimierte Darstellung der Besteuerung einzelner Anlageklassen – und zwar sowohl der traditionellen Kapitalanlagen wie auch von strukturierten Produkten und derivativen Instrumenten.

Gerade die Anlageberatung vermögender Kunden kann auf eine angemessene Portfoliobeimischung von Beteiligungen (geschlossene Fonds) nicht verzichten. Kapitel 6 stellt daher – aufbauend auf den Ausführungen im Rahmen der Darstellung der einkommensteuerlichen Grundlagen – die Besteuerung ausgewählter Beteiligungsmodelle beim Privatanleger dar.

Wie bereits ausgeführt kann die moderne Vermögensanlage zur effizienten Risikostreuung auf die Berücksichtigung Alternativer Investments bei der Portfoliozusammensetzung nicht verzichten. Gerade in diesem Bereich fehlt es aber in der Literatur an einer grundlegenden und umfassenden Darstellung der steuerlichen Auswirkungen solcher Anlageformen. Kapitel 7 beinhaltet daher eine ausführliche Darstellung der Besteuerung Alternativer Investments. Hierbei werden zunächst die Alternativen Investments gegenüber den klassischen Kapitalanlagen abgegrenzt und dann die steuerlichen Auswirkungen aufgezeigt.

Kapitel 8 widmet sich der Besteuerung von Anlagen in REITs. Obgleich diese Assetklasse in Deutschland noch sehr jung ist und daher noch keine bedeutende Stellung bei der Kapitalanlage einnehmen konnte, lässt doch die Entwicklung in unseren Nachbarländern erahnen, welche Bedeutung diese neue Anlageform in Zukunft spielen kann.

Die Besteuerung von Kapitalvermögen wird mit der Einführung der Abgeltungsteuer zum 1.1.2009 neu geregelt. Da Anlageentscheidungen – je nach gewählter Anlageklasse – stets auch eine weitreichende Zukunftswirkung haben, ist es unerlässlich, die künftige Rechtslage bereits heute in die Beratung und Entscheidung mit einzubeziehen. Das Buch schließt ab in Kapitel 9 mit einem Ausblick auf die Änderungen der Besteuerung privater Kapitalanlagen durch die Einführung der Abgeltungsteuer sowie deren Auswirkungen auf ausgewählte Anlageklassen.

2. Einkommensteuerliche Grundlagen in der privaten Vermögensanlage

2.1 Persönliche Einkommensteuerpflicht

Der Einkommensteuer ist eine Personensteuer, ihr unterliegen ausschließlich natürliche Personen (persönliche Steuerpflicht). Juristische Personen (z. B. Kapitalgesellschaften) unterliegen dagegen nicht der Einkommensteuer, sondern der Körperschaftsteuer.

Die Einkommensteuerpflicht beginnt mit der Geburt und endet mit dem Tod des Steuerpflichtigen. Persönlichkeitsmerkmale, wie z. B. Alter oder Staatsangehörigkeit haben keinen Einfluss auf die persönliche Steuerpflicht.

Gegenstand der Einkommensteuer ist das Einkommen des Steuerpflichtigen.

Folgende **persönliche Steuerpflichten** sind in der privaten Kapitalanlage von Bedeutung:

- unbeschränkte Einkommensteuerpflicht
- beschränkte Einkommensteuerpflicht
- fiktiv unbeschränkte Einkommensteuerpflicht

2.1.1 Unbeschränkte Einkommensteuerpflicht

Eine natürliche Person ist unbeschränkt einkommensteuerpflichtig, wenn sie im Inland einen Wohnsitz oder ihren gewöhnlichen Aufenthalt hat.[1]

Einen **Wohnsitz** hat jemand dort, wo er eine Wohnung unter Umständen innehat, die darauf schließen lassen, dass er die Wohnung beibehalten und benutzen wird.[2] Bei Verheirateten, die nicht dauernd getrennt leben, wird der Wohnsitz dort angenommen, wo sich die Familie aufhält.[3]

---

[1] § 1 Abs. 1 EStG
[2] § 8 AO
[3] § 8 AEAO

> Beispiel:
>
> Ingo Invest, verheiratet, wurde von seinem Arbeitgeber, einem Kreditinstitut mit Sitz in Frankfurt, für zwei Jahre zur italienischen Tochtergesellschaft entsendet. Invest lebt dort in einem angemieteten Appartement und kehrt an zwei Wochenenden im Monat sowie in seinem Jahresurlaub zu seiner Familie nach Deutschland zurück.
>
> Ingo Invest hat sowohl in Italien als auch in Deutschland einen Wohnsitz. Die Wohnung in Deutschland wurde auch durch die Entsendung nach Italien nicht aufgegeben, da sie weiterhin von Ingo Invest und seiner Familie beibehalten und benutzt wird. Ingo Invest ist daher in Deutschland unbeschränkt einkommensteuerpflichtig.

Besteht im Inland kein Wohnsitz, kann sich die unbeschränkte Einkommensteuerpflicht aus dem gewöhnlichen Aufenthalt in Deutschland ergeben.

Den **gewöhnlichen Aufenthalt** hat jemand dort, wo er sich unter Umständen aufhält, die erkennen lassen, dass er an diesem Ort oder in diesem Gebiet nicht nur vorübergehend verweilt.[4] Als gewöhnlicher Aufenthalt ist stets und von Beginn an ein zeitlich zusammenhängender Aufenthalt von mehr als sechs Monaten Dauer anzusehen; kurzfristige Unterbrechungen (z. B. bei Familienheimfahrten oder Jahresurlaub) bleiben unberücksichtigt. Ein gewöhnlicher Aufenthalt besteht nicht, wenn der Aufenthalt ausschließlich zu Besuchs-, Erholungs-, Kur- oder ähnlichen privaten Zwecken genommen wird und nicht länger als ein Jahr dauert.[5]

> Beispiel:
>
> Ein Mitarbeiter einer amerikanischen Firma ist vom 1. 10. 2007 bis zum 31. 5. 2008 aus beruflichen Gründen nach Deutschland versetzt und lebt hier in einem Hotel (kein Wohnsitz). Obwohl er sich in keinem der beiden Kalenderjahre mehr als sechs Monate in Deutschland aufhält, hat er in diesem Zeitraum seinen gewöhnlichen Aufenthalt in Deutschland, da er insgesamt länger als sechs Monate hier ist. Er unterliegt damit ab dem 1. 10. 2007 der unbeschränkten Steuerpflicht.

Die unbeschränkte Einkommensteuerpflicht erstreckt sich auf sämtliche Einkünfte, die der Steuerpflichtige bezieht, gleichgültig, ob sie im Inland oder im Ausland anfallen (**Welteinkommensprinzip**).

Eine Ausnahme vom Welteinkommensprinzip kann sich ergeben, wenn z. B. durch ein bilaterales Doppelbesteuerungsabkommen (DBA) das Besteuerungsrecht dem ausländischen Staat zugewiesen wurde.[6]

---

[4] § 9 AO
[5] § 9 AEAO
[6] Siehe hierzu die Ausführungen in Kapital 3.4

2.1.2 Beschränkte Einkommensteuerpflicht

Natürliche Personen, die in Deutschland weder einen Wohnsitz noch ihren gewöhnlichen Aufenthalt haben, sind grundsätzlich nur beschränkt einkommensteuerpflichtig.[7] Bei der beschränkten Steuerpflicht unterliegen nur inländische Einkünfte der deutschen Einkommensteuer.

Inländische Einkünfte[8] sind:

1. Einkünfte aus einer im Inland betriebenen Land- und Forstwirtschaft
2. Einkünfte aus Gewerbebetrieb, die in einer inländischen Betriebsstätte anfallen
3. Einkünfte aus im Inland ausgeübter selbstständiger Arbeit
4. Einkünfte aus im Inland ausgeübter nichtselbstständiger Arbeit
5. Einkünfte aus
   - Gesellschaftsrechten (Aktien) sowie Wandelanleihen und Gewinnobligationen, wenn der Schuldner Sitz oder Geschäftsleitung im Inland hat
   - Investmentfonds, soweit sie auf Dividenden inländischer Kapitalgesellschaften entfallen
   - atypisch stillen Beteiligungen und partiarischen Darlehen
   - rentenähnlichen Genussrechten
   - Einlösung von Zinsscheinen (Tafelgeschäfte)
6. Zinsen aus Darlehen an Schuldner mit Wohnsitz im Inland, die unmittelbar oder mittelbar durch Grundpfandrechte gesichert sind
7. Einkünfte aus Vermietung und Verpachtung, wenn das Gebäude im Inland liegt
8. Sonstige Einkünfte, die
   - von einer inländischen Rentenkasse gezahlt werden
   - Spekulationsgewinne aus im Inland belegenen Grundstücken

Auch hier ist zu beachten, dass aufgrund bilateraler Doppelbesteuerungsabkommen abweichende Zuordnungen des Besteuerungsrechts getroffen sein können.

> Beispiel:
>
> Dr. Medicus hat lange Jahre als selbstständiger Arzt in Deutschland praktiziert. Mit Vollendung seines 65. Lebensjahres übergibt er seine Praxis an einen Nachfolger, um seinen Ruhestand in der französischen Provence zu genießen. Er unterhält in Deutschland keinen Wohnsitz mehr und kommt nur noch zu privaten Kurzbesuchen in seine Heimat zurück.
>
> Sein Einfamilienhaus vermietet er. Bei seiner deutschen Bank unterhält er weiterhin ein Sparguthaben sowie ein Wertpapierdepot, in dem sich Aktien inländischer Gesellschaften befinden.

---

[7] § 1 Abs. 4 EStG
[8] § 49 Abs. 1 EStG

Dr. Medicus hat in Deutschland weder einen Wohnsitz noch seinen gewöhnlichen Aufenthalt. Er ist nach seinem Wegzug aus Deutschland nur noch beschränkt einkommensteuerpflichtig mit seinen inländischen Einkünften. Die inländischen Einkünfte umfassen die Einkünfte aus der Vermietung des Einfamilienhauses sowie die inländischen Dividenden. Die Zinserträge aus dem in Deutschland unterhaltenen Sparguthaben sind keine inländischen Einkünfte und unterliegen daher in Deutschland nicht der Einkommensteuer.

Die Besonderheit der beschränkten Einkommensteuerpflicht ist unter anderem, dass Werbungskosten bei der Einkunftsermittlung nicht oder nur eingeschränkt abgezogen werden dürfen (**Bruttobesteuerung**). Einzelheiten zur beschränkten Einkommensteuerpflicht werden in Kapitel 3.5 dargestellt.

2.1.3 Fiktiv unbeschränkte Einkommensteuerpflicht

Auch natürliche Personen, die im Inland weder einen Wohnsitz noch ihren gewöhnlichen Aufenthalt haben und eigentlich als beschränkt steuerpflichtig anzusehen sind, können auf Antrag als unbeschränkt steuerpflichtig behandelt werden (fiktiv unbeschränkte Einkommensteuerpflicht).[9]

Voraussetzungen hierfür sind, dass

– ihre Einkünfte zu mindestens 90 Prozent in Deutschland versteuert werden oder
– die im Ausland steuerpflichtigen Einkünfte 6.136 EUR nicht überschreiten.

Durch diese Vorschrift sollen insbesondere **Grenzpendler** begünstigt werden, die in Deutschland arbeiten, aber täglich ins benachbarte Ausland zu ihrem Wohnsitz zurückkehren. Sofern sie die fiktiv unbeschränkte Steuerpflicht wählen, werden sie wie unbeschränkt Steuerpflichtige behandelt. So können insbesondere Staatsangehörige von EU-Mitgliedstaaten z. B. in Deutschland geleistete Altersvorsorgeaufwendungen (z. B. Beiträge für eine Riester-Rente) steuerlich geltend machen und haben auch einen Anspruch auf Kindergeld. Darüber hinaus kann dieser Personenkreis nicht nur für sich selbst, sondern auch für ihren Ehegatten die fiktiv unbeschränkte Steuerpflicht beantragen und so die Vorteile des Splittingtarifs nutzen.[10]

Beispiel:

Bertram (ledig) wohnt in Belgien und pendelt täglich zur Arbeit ins nahe gelegene Aachen. Neben seinen deutschen Einkünften aus nicht selbstständiger Arbeit hat er nur Einkünfte aus Kapitalvermögen in Belgien in Höhe von 2.500 EUR. Bertram kann zur (fiktiven) unbeschränkten Einkommensteuerpflicht optieren.

Zusammenfassend stellen sich die einzelnen Formen der Einkommensteuerpflicht wie folgt dar:

---

[9] § 1 Abs. 3 AO
[10] § 1 a EStG

Unbeschränkte Steuerpflicht	Fiktiv unbeschränkte Steuerpflicht	Beschränkte Steuerpflicht
Voraussetzungen	Voraussetzungen	Voraussetzungen
einen Wohnsitz oder den gewöhnlichen Aufenthalt im Inland	weder einen Wohnsitz noch den gewöhnlichen Aufenthalt im Inland	weder einen Wohnsitz noch den gewöhnlichen Aufenthalt im Inland
	Einkünfte werden zu mindestens 90 Prozent in Deutschland versteuert oder die im Ausland steuerpflichtigen Einkünfte überschreiten nicht 6.136 EUR	
Folgen	Folgen	Folgen
Welteinkommensprinzip: Der Besteuerung im Inland unterliegen alle in- und ausländischen Einkünfte.	Auf Antrag werden solche Steuerpflichtige als unbeschränkt einkommensteuerpflichtig behandelt, soweit sie inländische Einkünfte haben.	Der Besteuerung im Inland unterliegen nur die inländischen Einkünfte. (Bruttobesteuerung)

Abbildung 1:   *Formen der Einkommensteuerpflicht*

2.2   Einkunftsarten

2.2.1   Systematisierung der Einkunftsarten

Die Bemessungsgrundlage für die Einkommensteuer ist das zu versteuernde Einkommen. Das zu versteuernde Einkommen ergibt sich aus der Summe der Einkünfte, die im Wesentlichen um Sonderausgaben, außergewöhnliche Belastungen und einen gegebenenfalls vorhandenen Verlustabzug zu vermindern sind.

Der deutschen Einkommensteuer unterliegen die folgenden **Einkunftsarten**[11]:

1. Einkünfte aus Land- und Forstwirtschaft
2. Einkünfte aus Gewerbebetrieb
3. Einkünfte aus selbstständiger Arbeit
4. Einkünfte aus nichtselbstständiger Arbeit
5. Einkünfte aus Kapitalvermögen
6. Einkünfte aus Vermietung und Verpachtung
7. Sonstige Einkünfte
= Summe der Einkünfte

Abbildung 2:   *Einkunftsarten und Ermittlung der Summe der Einkünfte*

Einkünfte, die nicht unter eine dieser sieben Einkunftsarten fallen, unterliegen nicht der Einkommensteuer, z.B. ein Wett- oder Lotteriegewinn oder eine Erbschaft. Darüber hinaus werden bestimmte Einnahmen durch Gesetz als steuerfrei bestimmt. Diese unterliegen somit ebenfalls nicht der Einkommensteuer. Hierzu gehören z.B.:

– Leistungen aus einer Krankenversicherung, Pflegeversicherung oder der gesetzlichen Unfallversicherung[12]

– Arbeitgeberbeiträge zur Sozialversicherung des Arbeitnehmers[13]

– Gehaltsumwandlung des Arbeitnehmers zugunsten einer betrieblichen Altersvorsorge in der Ansparphase[14]

Die einzelnen Einkunftsarten werden danach unterschieden, in welcher Weise die Einkünfte ermittelt werden. Danach unterteilt man in Gewinneinkunftsarten und Überschusseinkunftsarten.

Bei den **Gewinneinkunftsarten** erfolgt die Ermittlung der Einkünfte durch eine Erfassung der Einnahmen und Ausgaben entsprechend der wirtschaftlichen Verursachung (Periodenabgrenzung in Form einer Aufwands- und Ertragsrechnung). Der Zahlungszeitpunkt ist nicht relevant.

Zu den Gewinneinkünften zählen:[15]

▪ Einkünfte aus Land- und Forstwirtschaft

▪ Einkünfte aus Gewerbebetrieb

▪ Einkünfte aus selbstständiger Arbeit

---

[11] § 2 Abs. 1 EStG

[12] § 3 Nr. 1 EStG

[13] § 3 Nr. 62 EStG

[14] § 3 Nr. 63 EStG

[15] § 2 Abs. 2 Nr. 1 EStG

Die Ermittlung der Einkunftshöhe erfolgt durch einen Vergleich des Betriebsvermögens (Aktiva abzüglich Schulden, oder kurz: Eigenkapital) zu Beginn und zum Ende des Wirtschaftsjahres.

Die Höhe der Einkünfte ergeben sich – vereinfacht dargestellt – nach folgendem Ermittlungsschema:

	Eigenkapital zum Ende des Wirtschaftsjahres
–	Eigenkapital zu Beginn des Wirtschaftsjahres
+	Entnahmen im Wirtschaftsjahr
–	Einlagen im Wirtschaftsjahr
=	Höhe der Einkünfte

Abbildung 3:   *Einkunftsermittlungsschema für Gewinneinkunftsarten*

Grafisch lässt sich der Betriebsvermögensvergleich wie folgt darstellen, wobei aus Gründen der Übersichtlichkeit unterstellt wurde, dass weder Einlagen noch Entnahmen erfolgten:

Bilanz zu Beginn des Wirtschaftsjahres	
Aktiva	**Passiva**
Betriebsvermögen	Eigenkapital
	Fremdkapital

Bilanz zum Ende des Wirtschaftsjahres	
Aktiva	**Passiva**
Betriebsvermögen	Eigenkapital
	Eigenkapitalvermehrung
Betriebsvermögensmehrung	Fremdkapital

Abbildung 4:   *Schematische Darstellung des Eigenkapitalvergleichs*

Bei den **Überschusseinkunftsarten** hingegen werden die Einkünfte durch Gegenüberstellung der Einnahmen und Werbungskosten (Ausgaben) bzw. gegebenenfalls eines Werbungskosten-Pauschbetrags ermittelt.

Zu den Überschusseinkunftsarten gehören:[16]

▦ Einkünfte aus nichtselbstständiger Arbeit

▦ Einkünfte aus Kapitalvermögen

▦ Einkünfte aus Vermietung und Verpachtung

▦ Sonstige Einkünfte

Hier kommt es bei der Einkunftsermittlung ausschließlich auf den Zahlungszeitpunkt an **(Zuflussprinzip/Abflussprinzip)**, nicht auf die wirtschaftliche Verursachung. Dies bedeutet, dass Einnahmen und Ausgaben erst im Jahr des Zahlungszuflusses bzw. der Zahlungsabflusses berücksichtigt werden.[17]

> Beispiel:
>
> Ingo Invest schließt am 1.11.2007 eine Termingeldanlage über 50.000 EUR bis zum 28.2.2008 ab. Die Zinsgutschrift erfolgt bei Fälligkeit.
>
> Aufgrund des Zuflussprinzips sind die Zinsen steuerlich in 2008 zu erfassen, und zwar auch, soweit sie anteilig auf den Zeitraum vom 1.11.2007 bis zum 31.12.2007 entfallen.

Eine Ausnahme dieser Periodenerfassung stellt die 10-Tage-Regelung dar. Regelmäßig wiederkehrende Einnahmen und Ausgaben, die kurze Zeit – d.h. zehn Tage – vor oder nach Beginn des Kalenderjahres zugeflossen sind bzw. erbracht werden, werden in dem Kalenderjahr berücksichtigt, zu dem sie wirtschaftlich gehören.

Das Einkunftsermittlungsschema für die Überschusseinkunftsarten stellt sich schematisch wie folgt dar:

Einnahmen aus der Einkunftsart (Geld und geldwerte Vorteile)[18]
− Werbungskosten zur Sicherung bzw. Erhaltung der Einnahmen[19] (ggf. Werbungskosten-Pauschbeträge)
= Einkünfte aus der Einkunftsart

Abbildung 5: *Einkunftsermittlungsschema für Überschusseinkunftsarten*

2.2.2 Die einzelnen Einkunftsarten

Im Folgenden sollen die einzelnen Einkunftsarten näher betrachtet werden:

---

[16] § 2 Abs. 2 Nr. 2 EStG
[17] § 11 EStG
[18] § 8 Abs. 1 EStG
[19] § 9 Abs. 1 EStG

Einkünfte aus Land- und Forstwirtschaft

Zu den Einkünften aus Land- und Forstwirtschaft[20] gehören alle Einkünfte aus dem Betrieb von Landwirtschaft, Forstwirtschaft, Weinbau, Gartenbau, Obst- und Gemüsebau sowie Baumschulen.

Das Züchten und Halten von Tieren gehört nur zur Landwirtschaft, wenn nicht zu viele Tiere – bezogen auf die landwirtschaftliche Nutzfläche – gehalten werden. Wird diese Grenze überschritten, liegen Einkünfte aus Gewerbebetrieb vor.

Einkünfte aus Gewerbebetrieb

Unter Einkünfte aus Gewerbebetrieb[21] versteht man Gewinne, die durch eine gewerbliche Tätigkeit erzielt werden.

Eine gewerbliche Tätigkeit ist durch folgende Merkmale charakterisiert, wobei im Einzelfall die einzelnen Merkmale unterschiedlich stark ausgeprägt sein können:[22]

– Selbstständigkeit
– Nachhaltigkeit
– Gewinnerzielungsabsicht
– Beteiligung am allgemeinen wirtschaftlichen Verkehr

Zu den Einkünften aus Gewerbebetrieb zählen im Wesentlichen:[23]

– Einkünfte als Einzelkaufmann (z. B. Handelsvertreter, Makler)
– Einkünfte der Gesellschafter als Mitunternehmer einer originär gewerblich tätigen Personengesellschaften (Mitunternehmerschaften)
– Einkünfte aus gewerblich geprägten Personengesellschaften (z. B. GmbH & Co. KG), bei denen ausschließlich eine oder mehrere Kapitalgesellschaften persönlich haftende Gesellschafter sind und nur diese oder Personen, die nicht Gesellschafter sind, zur Geschäftsführung befugt sind (gewerblich geprägte Personengesellschaften). Zu diesen Einkünften zählen auch die Einkünfte aus Beteiligungen an bestimmten geschlossenen Fonds, z. B. New-Energy-Fonds (Betrieb von Windkraft-, Solarenergie-, Biomasse- und Biogasanlagen) und Schiffsbeteiligungen.

> Beispiel:
>
> Ingo Invest ist an einem geschlossenen inländischen Windkraftfonds in der Rechtsform der GmbH & Co. KG beteiligt. Die Einkünfte hieraus sind Einkünfte aus Gewerbebetrieb.

---

[20] § 13 EStG
[21] § 15 EStG
[22] § 15 Abs. 2 EStG
[23] § 15 Abs. 1 EStG

Einkünfte aus Gewerbebetrieb unterliegen neben der Einkommensteuer zusätzlich auch der Gewerbesteuer.

Besonderheiten sind bei der Einkunftsermittlung im Rahmen von **Mitunternehmerschaften** zu beachten. Einkünfte im Rahmen von Mitunternehmerschaften sind die Gewinnanteile, die ein Gesellschafter als Mitunternehmer einer gewerblich tätigen Personengesellschaft (OHG, KG, GbR, atypisch stille Gesellschaft) bezieht. Diese Gewinnanteile werden als Einkünfte aus Gewerbebetrieb erfasst und nicht etwa als Einkünfte aus Kapitalvermögen.

Der Begriff des Mitunternehmers ist gesetzlich nicht definiert. Erforderlich ist nach der steuerlichen Rechtsprechung, dass der Gesellschafter sowohl das Unternehmerrisiko trägt als auch Unternehmerinitiative entfalten kann. Unternehmerrisiko liegt vor, wenn ein Gesellschafter am Gewinn und am Verlust Unternehmerrisiko sowie im Fall der Beendigung der Gesellschaft an den stillen Reserven beteiligt ist. Zur Entfaltung einer Unternehmerinitiative bedarf es zumindest der eingeschränkten Mitspracherechte eines Kommanditisten.

Steuerlich gilt die Personengesellschaft als so genanntes partielles Steuersubjekt[24], d.h., die wesentlichen steuerlichen Daten – im Wesentlichen der Gewinn bzw. der Verlust der Gesellschaft – werden

– in einem ersten Schritt auf Ebene der Gesellschaft ermittelt und festgestellt (einheitliche und gesonderte Gewinnfeststellung) und anschließend

– in einem zweiten Schritt jedem einzelnen Gesellschafter (Anleger) entsprechend dem Ergebnisverteilungsschlüssel (z. B. der Beteiligungsquote) steuerlich zugerechnet.

Der jeweilige Ergebnisanteil (Gewinn oder Verlust) ist dann von den Gesellschaftern im Rahmen ihrer persönlichen Einkommensteuererklärung zu berücksichtigen, und zwar unabhängig davon, ob tatsächlich ein Gewinn an den Gesellschafter ausgeschüttet wurde. Anders als bei der Beteiligung an einer Kapitalgesellschaft (GmbH, AG) ist es damit im Rahmen einer Personengesellschaftsbeteiligung möglich, dem Anleger die steuerlichen Ergebnisse der Gesellschaft unmittelbar zuzurechnen und dort steuerlich zu nutzen.

> Beispiel:
>
> Ingo Invest ist an der Invest und Baddels OHG zu 50 Prozent beteiligt. Die OHG erwirtschaftet in 2007 einen Verlust von 100.000 EUR. Darüber hinaus ist Ingo weiterhin zu 20 Prozent an der Invest GmbH beteiligt, die im Jahr 2007 einen Verlust von 200.000 EUR erwirtschaftet. Im Rahmen der einheitlichen und gesonderten Gewinnfeststellung der OHG für das Jahr 2007 wird Ingo ein Verlust von 50.000 EUR zugewiesen, den er mit anderen positiven Einkünften (z. B. Einkünften aus nichtselbstständiger Arbeit) verrechnen kann.
>
> Den Verlust der Invest GmbH kann Ingo steuerlich nicht nutzen, da dieser Verlust ausschließlich durch die GmbH als Steuerpflichtige genutzt werden kann.

---

[24] Schmidt/Wacker, § 15 EStG, Rn. 164

Ein weiterer Unterschied zur Beteiligung an einer Kapitalgesellschaft ist, dass die Berücksichtigung des Ergebnisanteils der Personengesellschaft in dem Jahr erfolgt, in dem das Geschäftsjahr der Gesellschaft endet und nicht etwa wie bei der Kapitalgesellschaft in dem Jahr, in dem der Gewinn ausgeschüttet wird.

> **Beispiel:**
>
> Ingo Invest ist an der Invest und Baddels OHG zu 50 Prozent beteiligt. Die OHG erwirtschaftet in 2007 einen Gewinn von 100.000 EUR. Darüber hinaus ist Ingo weiterhin zu 20 Prozent an der Invest GmbH beteiligt, die im Jahr 2007 einen Gewinn von 200.000 EUR erwirtschaftet. Aus diesem Gewinn erhält Ingo in 2008 eine Ausschüttung (einschließlich einer Steuergutschrift für die einbehaltene Kapitalertragsteuer) von 25.000 EUR.
>
> Im Rahmen der einheitlichen und gesonderten Gewinnfeststellung der OHG für das Jahr 2007 wird Ingo ein Gewinn von 50.000 EUR zugewiesen, den er im Rahmen seiner Einkommensteuererklärung 2007 (d. h. im gleichen Jahr) versteuern muss.
>
> Die von der Invest GmbH erhaltene Ausschüttung ist hingegen aufgrund des Zuflussprinzips erst in der Einkommensteuererklärung 2008 zu berücksichtigen.

Die Einordnung eines Gesellschafters einer Personengesellschaft als Mitunternehmer hat zur Folge, dass nicht nur der Gewinnanteil aus der Gesellschaft zu Einkünften aus Gewerbebetrieb führt. Daneben sind auch grundsätzlich alle Vergütungen, die der Mitunternehmer von der Gesellschaft erhält, als gewerbliche Einkünfte anzusehen.[25] Das betrifft insbesondere:

– Vergütungen für die Tätigkeit im Dienste der Gesellschaft
– Vergütungen für die Überlassung von Wirtschaftsgütern an die Gesellschaft
– Vergütungen für die Überlassung von Darlehen an die Gesellschaft

Die Wirtschaftsgüter, die im Zusammenhang mit der Erzielung dieser Sondervergütungen stehen, werden als **Sonderbetriebsvermögen** bezeichnet und in einer Sonderbilanz erfasst.[26] Entsprechend werden Kredite, die zur Refinanzierung der überlassenen Wirtschaftsgüter bzw. der Beteiligung an der Personengesellschaft dienen, auf der Passivseite der Sonderbilanz als Verbindlichkeit erfasst.

Erträge und Aufwendungen, die im Zusammenhang mit den Wirtschaftsgütern einer Sonderbilanz stehen, nennt man **Sonderbetriebseinahmen** bzw. **Sonderbetriebsausgaben**.[27]

> **Beispiel:**
>
> Ingo Invest ist an der Invest und Baddels OHG zu 50 Prozent beteiligt. Er hat im Zusammenhang mit seinem Eintritt in die OHG ein Grundstück für 900.000 EUR privat erwor-

---

[25] § 15 Abs. 1 Nr. 2 EStG
[26] Schmidt/Wacker, § 15 EStG, Rn. 506 ff.
[27] Schmidt/Wacker, § 15 EStG, Rn. 640 ff.

ben und dieses der OHG zur betrieblichen Nutzung überlassen. Die monatliche Pacht beträgt 10.000 EUR. Um seine bedungene Einlage bei Eintritt in die Gesellschaft zu erbringen, hat Ingo ein Darlehen in Höhe von 250.000 EUR aufgenommen, die jährliche Zinsbelastung hierauf beträgt 25.000 EUR.

Das Grundstück ist bei Ingo dem Sonderbetriebsvermögen zuzuordnen, weil er es als Mitunternehmer der OHG dieser zur Nutzung überlassen hat. Die jährlichen Pachteinnahmen (12 × 10.000 EUR = 120.000 EUR) stellen Sonderbetriebseinnahmen dar und sind als Einkünfte aus Gewerbebetrieb (und nicht etwa als Einkünfte aus Vermietung und Verpachtung) zu erfassen.

Auch das zur Finanzierung der zu erbringenden Einlage aufgenommene Darlehen ist als Verbindlichkeit im Sonderbetriebsvermögen auszuweisen. Die Zinsen hierauf (25.000 EUR) stellen Sonderbetriebsausgaben dar. Aus dem Sonderbetriebsvermögen ergibt sich somit ein Jahresüberschuss von 120.000 EUR – 25.000 EUR = 95.000 EUR, der zusätzlich zu dem Ingo aus der Beteiligung an der OHG zugewiesenen Gewinnanteil als Einkünfte aus Gewerbebetrieb erfasst wird.

Es ergibt sich für Ingo folgende Sonderbilanz am Ende des Geschäftsjahres

Invest und Baddels OHG Sonderbilanz Ingo Invest zum 31.12.					
Aktiva			**Passiva**		
		EUR		EUR	EUR
Grundstück		900.000	Mehrkapital am 1.1.	555.000	
			Jahresüberschuss	95.000	650.000
			Darlehen		250.000
		900.000			**900.000**

Für Privatkunden bedeutsam ist die Tatsache, dass Gewinne aus der Veräußerung von Anteilen an einer Kapitalgesellschaft (z. B. GmbH) zu Einkünften aus Gewerbebetrieb führen können. Dies ist dann der Fall, wenn der Anleger innerhalb der letzten fünf Jahre am Kapital der Gesellschaft mindestens zu einem Prozent beteiligt war (wesentliche Beteiligung).[28]

Beispiel:

Der Gesellschafter Invest ist zu 25 Prozent an einer GmbH beteiligt. Er veräußert seine Anteile und erzielt hierbei einen Gewinn von 80.000 EUR.

Da Ingo Invest innerhalb der letzten fünf Jahre an der GmbH mindestens mit einem Prozent beteiligt war, wird der Gewinn aus der Veräußerung als Einkünfte aus Gewerbebetrieb erfasst.

Sofern Ingo aus der Beteiligung an der GmbH in früheren Jahren Gewinnausschüttungen erhalten hat, werden diese hingegen als Einkünfte aus Kapitalvermögen besteuert, da die Zuordnung zu den Einkünften aus Gewerbebetrieb nur für den Veräußerungsgewinn gilt.

---

[28] § 17 Abs. 1 EStG

Einkünfte aus selbstständiger Arbeit

Einkünfte aus freiberuflicher Tätigkeit, unter anderem als Ärzte, Rechtsanwälte, Ingenieure, Architekten, Wirtschaftsprüfer, Steuerberater, beratende Betriebswirte (so genannte Katalogberufe) werden den Einkünften aus selbstständiger Arbeit[29] zugeordnet. Dies gilt nicht, wenn die Tätigkeit in einem Angestelltenverhältnis ausgeübt wird, dann liegen Einkünfte aus nichtselbstständiger Tätigkeit vor.

Abgrenzungsschwierigkeiten gibt es in der Praxis zwischen den Einkünften aus selbstständiger Arbeit und Einkünften aus Gewerbetrieb dann, wenn eine den Katalogberufen ähnliche Tätigkeit ausgeübt wird, ohne dass der Steuerpflichtige über eine entsprechende Berufsausbildung verfügt.

Im Gegensatz zu Einkünften aus Gewerbebetrieb unterliegen Einkünfte aus selbstständiger Arbeit nicht der Gewerbesteuer.

Einkünfte aus nichtselbstständiger Arbeit

Einkünfte aus nichtselbstständiger Arbeit[30] sind die Einkünfte, die ein Arbeitnehmer aus seinem Dienstverhältnis bezieht. Hierzu gehört auch der nachträgliche Arbeitslohn, der nach Ende der aktiven Beschäftigungszeit z. B. im Rahmen einer Pensionszusage oder durch eine Unterstützungskasse gezahlt wird (Betriebsrente). Weiterhin zählen neben dem Arbeitslohn auch geldwerte Vorteile, wie z. B. die Firmenwagenüberlassung, zu dieser Einkunftsart.

Die Einnahmen aus nichtselbständiger Arbeit werden um die nachgewiesenen Werbungskosten gemindert. Werbungskosten sind Aufwendungen zur Erwerbung, Sicherung und Erhaltung der Einnahmen (z. B. Fachliteratur). Werden keine höheren Werbungskosten nachgewiesen, so wird durch das Finanzamt als Werbungskosten der Arbeitnehmer-Pauschbetrag in Höhe von 920 EUR von Amts wegen berücksichtigt.[31]

Einkünfte aus Kapitalvermögen

Als Einkünfte aus Kapitalvermögen[32] werden alle Einkünfte erfasst, die aus der Nutzungsüberlassung von Kapitalvermögen resultieren.

Zu den Einnahmen aus Kapitalvermögen gehören insbesondere Dividenden, Zinserträge sowie ordentliche Erträge aus Investmentfonds.

---

[28] § 17 Abs. 1 EStG
[29] § 18 EStG
[30] § 19 EStG
[31] § 9 EStG
[32] § 20 EStG

Gewinne von inländischen Kapitalgesellschaften, z. B. Aktiengesellschaften, unterliegen bei diesen der Körperschaftsteuer. Gewinne ausländischer Kapitalgesellschaften unterliegen nicht der deutschen Körperschaftsteuer, sondern der jeweiligen nationalen Unternehmensteuer.

Soweit die Gewinne an die Aktionäre in Form von Dividenden ausgeschüttet werden und es sich steuerlich um keine Rückzahlungen aus dem steuerlichen Einlagekonto handelt, werden die Dividenden beim Anleger nochmals der Einkommensteuer unterworfen, unabhängig davon, ob es sich beim Anleger um einen Steuerinländer oder einen Steuerausländer handelt. Hierdurch kommt es wirtschaftlich zu einer Doppelbelastung des ausgeschütteten Gewinns. Um diese Doppelbelastung zu begrenzen, werden inländische und ausländische Dividenden auf der Ebene des Aktionärs lediglich zur Hälfte in die Bemessungsgrundlage für die Einkommensteuer einbezogen (Halbeinkünfteverfahren[33]). Gleiches gilt für die auf Dividenden entfallenden Erträge aus Investmentfonds.

Bei den Einkünften aus Kapitalvermögen kann ein **Werbungskosten-Pauschbetrag** in Höhe von 51 EUR bei Ledigen bzw. 102 EUR bei zusammen veranlagten Ehegatten in Anspruch genommen werden, wenn nicht höhere Werbungskosten nachgewiesen werden.[34] Nach dem Abzug der Werbungskosten wird ein **Sparerfreibetrag** von 750 EUR für Ledige und 1.500 EUR für zusammen veranlagte Ehegatten gewährt.[35]

Einkünfte aus Kapitalvermögen werden z. B. auch durch die Beteiligung an Venture-Capital- und Private-Equity-Fonds erzielt.

Einkünfte aus Kapitalvermögen werden als selbstständige Einkunftsart nur erfasst, soweit sie nicht einer anderen Einkunftsart zuzurechnen sind (Subsidaritätsprinzip).[36]

Beispiel:

Dr. Medicus legt einen in seiner Arztpraxis erzielten Liquiditätsüberschuss kurzfristig auf einem betrieblichen Festgeldkonto an. Die Zinserträge aus dem Festgeldkonto werden nicht als Einkünfte aus Kapitalvermögen, sondern als Einkünfte aus selbstständiger Arbeit erfasst, da sie diesen vorrangig zuzurechnen sind.

Einkünfte aus Vermietung und Verpachtung

Als Einkünfte aus Vermietung und Verpachtung[37] gelten Erträge aus der entgeltlichen Überlassung von Sachen und Rechten. Einkünfte aus Vermietung und Verpachtung sind insbesondere Einkünfte aus der Vermietung von Grundstücken und Gebäuden.

---

[33] § 3 Nr. 40 d EStG
[34] § 9 a S. 1 Nr. 2 EStG
[35] § 20 Abs. 4 EStG
[36] § 20 Abs. 3 EStG
[37] § 21 EStG

Zu den Einkünften aus Vermietung und Verpachtung können auch Einkünfte aus geschlossenen Immobilienfonds gehören, sofern diese im Inland investieren.

Zinsen, die Beteiligte einer Wohnungseigentümergemeinschaft aus der Anlage der Instandhaltungsrücklage erzielen, werden hingegen als Einkünfte aus Kapitalvermögen erfasst.[38]

Sonstige Einkünfte

Das Einkommensteuergesetz enthält eine abschließende Aufzählung aller sonstigen einkommenssteuerlich relevanten Einkunftsgruppen.

Die wichtigsten Kategorien sonstiger Einkünfte[39] sind:

– wiederkehrende Bezüge und Leibrenten

– Einkünfte aus privaten Veräußerungsgeschäften (Kursgewinne im Rahmen von so genannten Spekulationsgeschäften)

– Einnahmen für sonstige Leistungen[40]
  Hier gehört insbesondere die Optionsprämie, die beim Wertpapieroptionsgeschäft dem Stillhalter gezahlt wird. Beträgt der Überschuss der Leistungseinnahme weniger als 256 EUR, bleibt er steuerfrei. Wird der Betrag von 256 EUR erreicht oder überschritten, so ist der gesamte Überschuss steuerpflichtig. Bei zusammen veranlagten Ehegatten ist die Freigrenze für jeden Ehegatten getrennt zu prüfen; eine Übertragung der nicht genutzten Freigrenze des einen Ehegatten auf den anderen ist nicht möglich.

Zu den wiederkehrenden Bezügen gehören insbesondere Rentenzahlungen, die dem Steuerpflichtigen auf Lebenszeit gewährt werden (Leibrenten). Darunter fallen sowohl die Leistungen aus der gesetzlichen Rentenversicherung, den berufsständischen Versorgungswerken, den landwirtschaftlichen Alterskassen als auch Leibrenten aus privaten Rentenversicherungen. Bei den wiederkehrenden Bezügen kann ein Werbungskosten-Pauschbetrag von 102 EUR geltend gemacht werden.[41]

2.3   Ermittlung des zu versteuernden Einkommens

Bemessungsgrundlage für die Einkommensteuer ist das zu versteuernde Einkommen. Das **zu versteuernde Einkommen** ergibt sich aus der Summe der Einkünfte, die im Wesentlichen um

– den Altersentlastungsbetrag,

– die Sonderausgaben,

---

[38] Schmidt/Weber-Grellet, Rn. 31

[39] § 22 EStG

[40] § 22 Nr. 3 EStG

[41] § 9a S. 1 Nr. 3 EStG

– die außergewöhnlichen Belastungen und

– Kinderfreibeträge

zu vermindern sind.

Ausgehend von der (bereits hergeleiteten) Summe der Einkünfte ergibt sich folgendes Ermittlungsschema:[42]

Summe der Einkünfte
+ Altersentlastungsbetrag
= **Gesamtbetrag der Einkünfte**
– Verlustabzug nach § 10 d EStG
– Sonderausgaben (§ 10 EStG), z. B. Altersvorsorgeaufwendungen (Schicht 1) zusätzlicher Sonderausgabenabzug für eine Riester-Rente, soweit höher als die erhaltenen Zulagen (Schicht 2) übrige Vorsorgeaufwendungen (Schicht 3) übrige Sonderausgaben (Kirchensteuer, Spenden); ggf. Pauschbetrag von 36 EUR
– Außergewöhnliche Belastungen (§§ 33, 33 a, 33 b EStG)
= **Einkommen**
– Freibeträge für Kinder (§ 32 EStG)
= **Zu versteuerndes Einkommen**

Abbildung 6:   *Ermittlung des zu versteuernden Einkommens*

Zur ausführlichen Darstellung des Verlustabzugs vergleiche Kapitel 2.5.

2.4   Veranlagungsformen und Steuertarif

2.4.1   Aufbau des Einkommensteuersteuertarifs[43]

Theoretisch ergibt sich die Höhe der tariflichen Einkommensteuer aus der Multiplikation des zu versteuernden Einkommens mit dem persönlichen Steuersatz.

In der Praxis wird die Höhe der tariflichen Einkommensteuer dagegen (traditionell) aus Einkommensteuertabellen entnommen oder maschinell ermittelt, wenn das zu versteuernde Einkommen bekannt ist. Der persönliche Steuersatz lässt sich somit nur indirekt bestimmen, in dem die (abgelesene) tarifliche Einkommensteuer in Relation zum zu versteuernden Ein-

---

[42] § 2 EStG, zum ausführlichen Ermittlungsschema vgl. R 2 EStR.

[43] § 32 a EStG

kommen gesetzt wird. Anders formuliert: Der persönliche Steuersatz ist ein **Durchschnitts-steuersatz**, der das Verhältnis von tariflicher Einkommensteuer (Zähler) und zu versteuern-dem Einkommen (Nenner) darstellt.

Der deutsche Einkommensteuertarif ist progressiv gestaltet. Das bedeutet, dass nach Über-schreiten des Grundfreibetrages jeder zusätzlich verdiente Euro höher besteuert wird als der vorhergehende. Den rechnerischen Steuersatz, mit dem der zuletzt verdiente Euro des Ein-kommens belastet wird, nennt man **Grenzsteuersatz**.

Bis zu einem zu versteuernden Einkommen bei Ledigen von 7.664 EUR **(Grundfreibetrag)** fällt keine Einkommensteuer an. Bei zusammenveranlagten Ehegatten verdoppelt sich der Grundfreibetrag und beträgt 15.328 EUR.

Ab einem Einkommen von 7.665 EUR (15.330 EUR bei Verheirateten) steigt die Steuer-belastung für jeden zusätzlich verdienten Euro an. Beginnend mit einem Eingangssteuersatz von 15 Prozent erhöht sich der Grenzsteuersatz mit zunehmendem Einkommen bis auf 42 Prozent. Diese Tarifzone wird als linear-progressive Zone bezeichnet.

Ab einem zu versteuernden Einkommen von 52.152 EUR bei Ledigen und 104.304 EUR bei Verheirateten beträgt der **Spitzensteuersatz** 42 Prozent für jeden zusätzlich verdienten Euro. Zuzüglich des Solidaritätszuschlags (SolZ = 5,5 Prozent) ergibt sich somit eine Spit-zenbelastung von 44,3 Prozent (= 42 Prozent + 5,5 Prozent von 42 Prozent).

> Beispiel:
>
> Ingo Invest, verheiratet, hat ein zu versteuerndes Einkommen von 110.000 EUR p.a. Hier-auf entfällt eine tarifliche Einkommensteuer in Höhe von 30.372 EUR (= Wert gemäß Einkommensteuertabelle bei 110.000 EUR, was einem Durchschnittssteuersatz von 27,6 Prozent entspricht) sowie ein Solidaritätszuschlag in Höhe von 1.670,46 EUR (= 5,5 Pro-zent von 30.372 EUR). Somit ergibt sich eine Gesamtsteuerbelastung von 32.042,46 EUR. Ingo schließt im Rahmen der privaten Altersvorsorge eine Basisrente ab und kann 5.000 EUR als Sonderausgaben (= Altersvorsorgeaufwendungen/Schicht 1) geltend machen. Sein zu versteuerndes Einkommen beträgt jetzt nur noch 105.000 EUR. Die darauf ent-fallende Einkommensteuer beläuft sich auf 28.272,00 EUR (= Wert gemäß Einkommen-steuertabelle bei 105.000 EUR, was einem Durchschnittssteuersatz von 26,9 Prozent ent-spricht), der Solidaritätszuschlag beträgt 1.554,96 EUR (= 5,5 Prozent von 28.272 EUR). Es ergibt sich somit eine Gesamtsteuerbelastung von 29.826,96 EUR. Dies bedeutet, dass sich – durch die Verminderung des zu versteuerndes Einkommens in Höhe von 5.000 EUR – die Gesamtsteuerbelastung um 2.215,50 EUR (= 32.042,46 EUR – 29.826,96 EUR) ver-mindert hat; dies entspricht 44,3 Prozent von 5.000 EUR.
>
> Der Grenzsteuersatz von Ingo beträgt somit (42 Prozent + 5,5 Prozent von 42 Prozent =) 44,3 Prozent.

Sofern das zu versteuernde Einkommen bei Ledigen über 250.000 EUR (bei Verheirateten über 500.000 EUR) liegt, beträgt der Spitzensteuersatz ab 2007 für den auf die (Überschuss-) Einkunftsarten

▓ nichtselbstständige Arbeit,

▓ Einkünfte aus Kapitalvermögen,

▓ Einkünfte aus Vermietung und Verpachtung sowie

▓ sonstige Einkünfte

entfallenden Anteil am zu versteuernden Einkommen 45 Prozent (**Reichensteuer**). Zuzüglich des Solidaritätszuschlags ergibt sich somit eine Spitzensteuerbelastung von 47,5 Prozent (= 45 Prozent + 5,5 Prozent von 45 Prozent).

2.4.2 Veranlagungsformen

Ehegatten, die zumindest für einen Teil des Kalenderjahres nicht dauernd getrennt gelebt haben, können dabei zwischen der **getrennten Veranlagung** und der **Zusammenveranlagung** wählen.[44]

Ledig	Verheiratet	
Einzelveranlagung	getrennte Veranlagung	Zusammenveranlagung
	Die Ehegatten werden so behandelt, als ob sie nicht verheiratet wären.	Die Einkünfte werden je Ehegatte getrennt ermittelt und die Eheleute ab der Summe der Einkünfte als ein Steuerpflichtiger behandelt.
Grundtarif		Splittingtarif

Abbildung 7:   *Zusammenhang von Veranlagungsform und Einkommensteuertarif*

Im Unterschied zum **Grundtarif** (Einzel- bzw. getrennte Veranlagung) wird beim **Splittingtarif**[45] das gemeinsame zu versteuernde Einkommen der Ehegatten zunächst halbiert und auf dieses der jeweilige Steuersatz angewendet. Die sich so ergebende tarifliche Einkommensteuer wird dann verdoppelt.

Beispiel:

Herr Günter, verheiratet, hat ein zu versteuerndes Einkommen von 50.000 EUR. Das zu versteuernde Einkommen seiner Frau beträgt 20.000 EUR.

Ohne Berücksichtigung des Splittingtarifs müsste Herr Günter eine Einkommensteuer in Höhe von 13.096 EUR (= Wert gemäß Einkommensteuertabelle bei 50.000 EUR, was einem Durchschnittssteuersatz von 26,19 Prozent entspricht) zahlen, die Einkommensteuer von Frau Günter würde 2.850 EUR (= Wert gemäß Einkommensteuertabelle bei

---

[44] § 26 EStG
[45] § 32a Abs. 5 EStG

20.000 EUR, was einem Durchschnittssteuersatz von 14,25 Prozent entspricht) betragen. Zusammen – ohne Berücksichtigung des Splittingtarifs – würde sich für beide eine tarifliche Einkommensteuer von 2.850 EUR + 13.096 EUR ≈ 15.946 EUR ergeben.

Bei Anwendung des Splittingtarifs wird das gemeinsame Einkommen der Ehegatten in Höhe von insgesamt (50.000 EUR + 20.000 EUR =) 70.000 EUR zunächst halbiert (35.000 EUR). Bei 35.000 EUR ergibt sich eine Steuerlast von 7.458 EUR (= Wert gemäß Einkommensteuertabelle bei 35.000 EUR, was einem Durchschnittssteuersatz von 21,31 Prozent entspricht). Dieser Betrag wird dann verdoppelt. Die tarifliche Einkommensteuer beträgt bei Anwendung des Splittingtarifs somit 14.916 EUR.

Der Splittingtarif führt somit zu einem Steuervorteil von 1.030 EUR (= 15.946 EUR – 14.916 EUR).

Der Vorteil dieses Verfahrens liegt darin, dass für Ehegatten mit unterschiedlich hohen Einkünften die Progressionswirkung des Steuertarifs gemildert wird. Haben beide Ehegatten ein etwa gleich hohes Einkommen, so ergibt sich kein Steuervorteil gegenüber dem Grundtarif.

2.5 Verlustverrechnung

Von besonderem Interesse im Rahmen der Besteuerung von privaten Kapitalanlagen ist die Verlustverrechnung.

Verluste sind zunächst im Jahr der Verlustentstehung zu berücksichtigen; dies geschieht durch horizontalen oder vertikalen Verlustausgleich.

Horizontaler Verlustausgleich

Als horizontalen Verlustausgleich bezeichnet man den Ausgleich der negativen mit den positiven Einkünften innerhalb derselben Einkunftsart.

Beispiel:

Dr. Assekura hat als selbständiger Versicherungsmakler im Jahr 2007 positive Einkünfte aus dieser Tätigkeit (Gewerbebetrieb) in Höhe von 140.000 EUR. Er ist beteiligt an der Solar-Fonds 1 GmbH & Co. KG mit einer Kapitaleinlage in Höhe von 100.000 EUR, hieraus wird ihm für 2007 ein Verlust in Höhe von 8.000 EUR zugerechnet. Dieser Verlust ist bei den Einkünften aus Gewerbebetrieb zu erfassen.

Die positiven Einkünfte aus der Maklertätigkeit werden im Rahmen der horizontalen Verlustverrechnung mit den negativen Einkünften aus dem Fonds verrechnet. Dr. Assekura erzielt somit in 2007 Einkünfte aus Gewerbebetrieb in Höhe von 132.000 EUR.

Der Verlustausgleich im Rahmen derselben Einkunftsart hat Vorrang vor allen anderen Verlustverrechnungsmöglichkeiten.

Vertikale Verlustverrechnung

Kann ein Steuerpflichtiger einen Verlust im Jahr seiner Entstehung nicht innerhalb derselben Einkunftsart ausgleichen, wird der verbleibende Verlust mit positiven Einkünften aus anderen Einkunftsarten verrechnet (vertikale Verlustverrechnung).

> Beispiel:
>
> Dr. Advokat hat als selbstständiger Anwalt im Jahr 2007 positive Einkünfte aus selbständiger Arbeit in Höhe von 140.000 EUR. Er ist beteiligt an der Solar-Fonds 1 GmbH & Co. KG mit einer Kapitaleinlage in Höhe von 100.000 EUR, hieraus wird ihm für 2007 ein Verlust in Höhe von 8.000 EUR zugerechnet. Weiterhin ist er an der Schiffs-Fonds 1 GmbH & Co. KG beteiligt, aus der ihm ein Gewinn für 2007 in Höhe von 3.000 EUR zugerechnet wird. In beiden Fällen liegen Einkünfte aus Gewerbebetrieb vor.
>
> Zunächst werden im Rahmen der horizontalen Verlustverrechnung die positiven Einkünfte aus dem Schiffs-Fonds mit den negativen Einkünften aus dem Solar-Fonds verrechnet, da es sich bei beiden um gewerbliche Einkünfte handelt. Nach Durchführung der horizontalen Verlustverrechnung verbleibt per Saldo ein Verlust aus Gewerbebetrieb in Höhe von 5.000 EUR. Dieser Verlust kann nunmehr im Rahmen der vertikalen Verlustverrechnung mit den positiven Einkünften aus selbständiger Arbeit verrechnet werden. Die Summe der Einkünfte von Dr. Advokat in 2007 beträgt somit 135.000 EUR.

Eine im Rahmen der Kapitalanlage wichtige Ausnahme von der vertikalen Verlustverrechnung bilden Verluste aus privaten Veräußerungsgeschäften, die nur mit Gewinnen aus privaten Veräußerungsgeschäften verrechnet werden dürfen. Zu den Einzelheiten hierzu vergleiche Kapitel 4.

Der horizontale Verlustausgleich ist vor dem vertikalen Verlustausgleich durchzuführen.

> Der horizontale sowie der vertikale Verlustausgleich werden im Rahmen des Berechnungsschrittes „Ermittlung der Summe der Einkünfte" berücksichtigt.

Verlustrücktrag

Verbleibt im Jahr der Verlustentstehung auch nach dem horizontalen und vertikalen Verlustausgleich ein Verlust (d. h., ist die Summe der Einkünfte negativ), so kann dieser im Rahmen des Verlustabzugs in andere Jahre (Veranlagungszeiträume) vor- bzw. zurückgetragen werden (Verlustabzug). Die bisher nicht ausgeglichenen Verluste können dabei grundsätzlich wie Sonderausgaben vom Gesamtbetrag der Einkünfte in anderen Jahren abgezogen werden.[46]

Ein Verlustrücktrag kann nur auf das unmittelbar vorangegangene Kalenderjahr vorgenommen werden. Die Höhe des Verlustrücktrags ist bei Ledigen auf 511.500 EUR und bei

---

[46] § 10d EStG

zusammenveranlagten Ehegatten auf 1.023.000 EUR beschränkt.[47] Soweit ein Verlustrücktrag erfolgt, werden die für die vorangegangenen Veranlagungszeiträume bereits ergangenen Steuerbescheide geändert, auch dann, wenn die Steuerbescheide bereits unanfechtbar geworden sind.

Der Verlustrücktrag ist nicht nur gesetzlich auf eine bestimmte Höchstgrenze beschränkt, sondern kann zusätzlich durch einen Antrag des Steuerpflichtigen weiter in seiner Höhe beschränkt werden – was in der Praxis durchaus sinnvoll sein kann.

Der Verlustabzug ist vor Berücksichtigung der übrigen Sonderausgaben (Altersvorsorgeaufwendungen, übrige Vorsorgeaufwendungen, Kirchensteuer, Spenden etc.) vorzunehmen.

Reduziert sich der Gesamtbetrag der Einkünfte durch einen Verlustrücktrag auf Null, so würden sich die Sonderausgaben sowie die außergewöhnlichen Belastungen steuerlich nicht auswirken, da eine weitere Reduzierung um diese Abzugsposten zu keiner weiteren Steuerersparnis führen würde. Ein Verlustrücktrag sollte daher – unter Beachtung der gesetzlichen Höchstgrenzen – maximal bis zu dem Betrag erfolgen, bei dem sich die Sonderausgaben sowie die außergewöhnlichen Belastungen sich noch auswirken können.

Für Steuerpflichtige, deren Einkommen mit dem Spitzensteuersatz belastet werden, kann eine weitere Optimierung der Gesamtsteuerbelastung dadurch erzielt werden, indem der Verlustrücktrag so beschränkt wird, dass der Steuerpflichtige gerade aus dem Spitzensteuersatz herausfällt. Auf diese Weise kann der verbleibende Verlust genutzt werden, in Zukunft ebenfalls eine maximale Steuerentlastung zu erreichen.

Beispiel:

Ingo Invest (ledig), hat für 2006 und 2007 folgende steuerliche Ausgangssituation:

	2006	2007
	EUR	EUR
Summe der Einkünfte	+ 550.000	– 512.000
Sonderausgaben	– 10.000	– 10.000
Zu versteuerndes Einkommen	540.000	0

Die Einkünfte stammen ausschließlich aus Gewerbebetrieb, unterliegen also somit einem Grenzsteuersatz von 42 Prozent (d. h., es fällt keine „Reichensteuer" in Höhe von 45 Prozent an).

Ingo kann den Verlust von 512.000 EUR ins Jahr 2006 zurücktragen. Der Rücktrag kann maximal in Höhe von 511.500 EUR erfolgen. Allerdings ist zu beachten, dass bei voller Ausschöpfung dieses Betrages die Sonderausgaben des Jahres 2006 sich steuerlich nicht auswirken würden, zumal Ingo bis zu einem zu versteuernden Einkommen von 7.664 EUR (Grundfreibetrag) keine Einkommensteuer zahlt. Sinnvoller ist es, den Verlustrücktrag so zu begrenzen, dass Ingo – nach Berücksichtigung der Sonderausgaben – gerade unterhalb der Progressionszone von 42 Prozent (die bei 52.152 EUR beginnt) liegt. Hierdurch

---

[47] § 10d Abs. 1 EStG

kann eine maximale Steuerersparnis erreicht werden und zudem geht der Sonderausgabenabzug nicht verloren. Der verbleibende Verlust wird auf das folgende Jahr vorgetragen.
Der Sonderausgabenabzug für das Jahr 2007 geht auf jeden Fall ins Leere.

Nach antragsmäßiger Begrenzung des Verlustrücktrags ergibt sich folgende steuerliche
Situation:

	2006	2007
	EUR	EUR
Summe der Einkünfte = Ge-samtbetrag der Einkünfte	+ 550.000	− 512.000
Verlustabzug § 10 d EStG	− 487.849	
Sonderausgaben	− 10.000	− 10.000
Zu versteuerndes Einkommen	52.151	0

Werden Ehegatten zusammen veranlagt, ist die Verlustverrechnung zunächst bei demjenigen
Ehegatten durchzuführen, der die Verluste auch erlitten hat. Soweit danach noch verrechen-
bare Verluste übrig sind, können diese mit positiven Einkünften des anderen Ehegatten verrechnet werden.[48]

Verlustvortrag

Anstelle des Rücktrags kann sich der Anleger auch für einen Verlustvortrag entscheiden.
Eine zeitliche Beschränkung besteht für die Möglichkeit des Verlustvortrags nicht, er kann
also nicht verfallen. Verluste können bis zu einem Gesamtbetrag von 1 Mio. EUR (zusammen veranlagte Ehegatten: 2 Mio. EUR) unbeschränkt vorgetragen werden, darüber hinaus
bis zu 60 Prozent des 1 Mio. EUR (bei zusammen veranlagten Ehegatten: 2 Mio. EUR)
übersteigenden Gesamtbetrags der Einkünfte.[49] Diese Regelung führt dazu, dass der 1 Mio.
EUR resp. 2 Mio. EUR übersteigende Gesamtbetrag der Einkünfte immer in Höhe von 40
Prozent in die Bemessungsgrundlage für die Einkommensteuer einbezogen wird. Der Verlustabzug wird dadurch zeitlich gestreckt, es gehen jedoch keine Verluste verloren.

Beispiel:

Ingo Invest (ledig), hat für 2006 und 2007 folgende steuerliche Ausgangssituation:

	2006	2007	2008	2009
	EUR	EUR	EUR	EUR
Summe der Einkünfte	+ 1.500.000	− 2.000.000	+ 1.500.000	+ 1.500.000

Ingo kann zunächst den Verlust des Jahres 2007 in Höhe von 511.500 EUR ins Jahr 2006
zurücktragen.

Für den Verlustvortrag stehen dann noch 1.488.500 EUR (= 2.000.000 EUR − 511.500
EUR) zur Verfügung. Hiervon können 1.000.000 EUR unbegrenzt ins Jahr 2008 vorgetra-

---

[48] § 62 d Abs. 2 EStDV
[49] § 10 d Abs. 2 EStG

gen werden. Von dann noch verbleibenden Gesamtbetrag der Einkünfte 2008 in Höhe von (1.500.00 EUR – 1.000.000 EUR =) 500.000 EUR können nochmals 60 Prozent, d. h. 300.000 EUR vorgetragen werden. Der gesamte Verlustvortrag ins Jahr 2008 beläuft sich somit auf insgesamt (1.000.000 EUR + 300.000 EUR =) 1.300.000 EUR.

Vom Gesamtverlust des Jahres 2007 verbleiben somit nach Berücksichtigung des Verlustrücktrags und des Verlustvortrags noch (2.000.000 EUR – 511.500 EUR – 1.300.000 EUR =) 188.500 EUR, die als Verlustvortrag im Jahr 2009 berücksichtigt werden.

	2006	2007	2008	2009
	EUR	EUR	EUR	EUR
Summe der Einkünfte = Gesamtbetrag der Einkünfte	+ 1.500.000	– 2.000.000	+ 1.500.000	+ 1.500.00
Verlustrücktrag	– 511.500			
Unbegrenzter Verlustvortrag ins Jahr 2008			– 1.000.000	
Gesamtbetrag der Einkünfte nach unbegrenztem Verlustvortrag			+ 500.000	
Begrenzter Verlustvortrag (60 Prozent von 500.000)			– 300.000	
Verlustvortrag ins Jahr 2009				– 188.500
Gesamtbetrag der Einkünfte nach Verlustvortrag/Verlustrücktrag	+ 988.500		+ 200.000	+ 1.311.500

Verlustausgleich bzw. Verlustabzug führen im Ergebnis zu einer Verminderung des zu versteuernden Einkommens beim Anleger. Aus dieser Einkommensminderung ergibt sich letztlich im betreffenden Jahr eine Steuerersparnis, die aufgrund des progressiven Einkommensteuertarifs umso stärker ausfällt, je höher das steuerpflichtige Einkommen ist. Dieser Steuerspareffekt fällt zunehmend geringer aus, je niedriger das zu versteuernde Einkommen des Anlegers ist.

Diese Verlustverrechnungsmöglichkeiten sind von Bedeutung bei der Kapitalanlage im Rahmen von Beteiligungsmodellen.

2.6 Steuererhebungsformen

Die Einkommensteuer ist eine Veranlagungssteuer. Sie wird nach Ablauf eines Kalenderjahres in einem förmlichen Veranlagungsverfahren festgesetzt.[50] Zu diesem Zweck muss der Steuerpflichtige bis zum 31.5. des Folgejahres bei dem für ihn zuständigen Wohnsitzfinanzamt eine Einkommensteuererklärung abgeben.

Der Steuerpflichtige kann bei seinem zuständigen Finanzamt die Verlängerung der Abgabefrist beantragen. Dies wird ihm im Regelfall bis zum 30.9. des Folgejahres gewährt. Wird die Steuererklärung durch einen Steuerberater angefertigt, so verlängert sich die Abgabefrist bis zum 31.12. des Folgejahres.

---

[50] § 25 EStG

Zur Sicherung des Steueraufkommens und zur Vereinfachung des Besteuerungsverfahrens hat der Gesetzgeber bei bestimmten Einkunftsarten ein besonderes Erhebungsverfahren in Form eines vorweggenommenen Steuerabzugs vorgesehen. Dieser Steuerabzug erfolgt bereits während des Jahres beim Zufluss der Einnahmen und stellt eine Vorauszahlung auf die im späteren Veranlagungsverfahren festzusetzende Einkommensteuer dar.

Die wichtigsten Formen des Steuerabzugs sind:

- die Kapitalertragsteuer auf inländische Dividenden[51]
- die Zinsabschlagsteuer auf Zinseinkünfte[52]
- die Lohnsteuer auf Einkünfte aus nichtselbständiger Arbeit[53]

---

[51] § 43 Abs. 1 Nr. 1 EStG
[52] § 43 Abs. 1 Nr. 7 EStG
[53] § 38 EStG

3. Einkünfte aus Kapitalvermögen und deren Besteuerung

3.1 Einnahmen aus Kapitalvermögen

3.1.1 Begriff der Einnahmen

Die Einkünfte aus Kapitalvermögen werden ermittelt als der Überschuss der Einnahmen über die mit diesen Einnahmen in Zusammenhang stehenden Werbungskosten. Zusätzlich kann ein Sparer-Freibetrag in Höhe von 750 EUR (bei zusammen veranlagten Ehegatten 1.500 EUR) in Abzug gebracht werden.

Als **Einnahmen aus Kapitalvermögen** werden alle Erträge erfasst, die aus der Nutzungsüberlassung von Kapitalvermögen resultieren. Diese Einnahmen bestehen in der Regel aus Geld; aber auch Einnahmen in Geldeswert[54] (z. B. Stock-Dividende, d. h. der Anleger erhält statt einer Bardividende weitere Aktien der Gesellschaft) zählen zu den Einnahmen aus Kapitalvermögen.

Rückzahlungen des überlassenen Kapitals, z. B. die Einlösung einer Schuldverschreibung, gehören nicht zu den Einnahmen aus Kapitalvermögen, sondern sind der nicht steuerbaren privaten Vermögenssphäre zuzuordnen.

Die im Rahmen der privaten Vermögensanlage relevanten Einnahmen aus Kapitalvermögen können in folgende Hauptgruppen eingeteilt werden (s. Abb. 8, S. 40).

Soweit jedoch diese Einnahmen zu den Einkünften aus Land- und Forstwirtschaft, Gewerbebetrieb, selbstständiger Arbeit oder Vermietung und Verpachtung gehören, sind sie vorrangig diesen Einkunftsarten zuzuordnen (Subsidiaritätsprinzip).

Von den steuerpflichtigen Zinserträgen abzugrenzen sind Erträge aus rein spekulativen Kapitalüberlassungen auf schuldrechtlicher Basis, die grundsätzlich steuerfrei sind. Für die Abgrenzung ist entscheidend, ob das Entgelt für die Kapitalüberlassung bzw. die Rückzahlung des Kapitals garantiert ist oder ob es bei ungünstiger Marktentwicklung zu einem Totalverlust kommen kann.

---

[54] § 8 Abs. 1 EStG

Gewinnanteile und ähnliche Erträge[55]	Zinsen und zinsähnliche Erträge[56]	Erträge aus Ver-äußerungsgeschäften[57]
▦ Gewinnanteile (Dividenden) aus Gesellschaftsanteilen (Aktien, GmbH-Anteile, Genossenschaftsanteile) ▦ Erträge aus aktienähnlichen Genussrechten ▦ der auf Dividenden entfallende Teil der steuerpflichtigen Erträge aus Investmentfonds ▦ aus (typisch) stillen Beteiligungen und partiarischen Darlehen	▦ Zinsen auf Hypotheken und Grundschulden ▦ Schuldverschreibungen, Gläubigerpapiere und Einlagen ▦ der auf Zinsen entfallende Teil der steuerpflichtigen Erträge aus Investmentfonds ▦ Überschüsse aus Lebensversicherungsverträgen, die nach dem 31.12.2004 abgeschlossen wurden ▦ Diskontbeträge von Wechseln	▦ Veräußerungsgewinn aus Finanzinnovationen ▦ Einnahmen aus dem Verkauf von Dividenden- und Zinsscheinen

Abbildung 8:   *Einnahmen aus Kapitalvermögen*

Eine Steuerpflicht besteht stets dann, wenn mindestens die Kapitalverzinsung (z. B. in Form einer Bonuszahlung) oder aber die (teilweise) Kapitalrückzahlung garantiert ist.[58] Steuerpflichtige Erträge liegen daher insbesondere in folgenden Fällen vor:

▦ Anlagen, bei denen Kapitalertrag und Kapitalrückzahlung garantiert werden (Anleihen mit fester oder variabler Verzinsung),

▦ Anlagen mit ungewissem Kapitalertrag, aber garantierter Rückzahlung (Garantie-Zertifikate, bei denen die Verzinsung an einen Index gekoppelt ist),

▦ Kapitalanlagen, bei denen zwar der Kapitalertrag garantiert wird, nicht aber die Rückzahlung (Index-Anleihen, Anleihen mit Tilgungswahlrecht).

Als rein spekulative Papiere können z. B. angesehen werden,

▦ Eurex-Produkte (financial futures,'Optionen),

▦ Zinsbegrenzungszertifikate (floors,'caps,'collars)',

▦ Swapgeschäfte.

---

[55] § 20 Abs. 1 Nr. 1–4 EStG
[56] § 20 Abs. 1 Nr. 5–8 EStG
[57] § 20 Abs. 2 Nr. 2–4 EStG
[58] § 20 Abs. 1 Nr. 7 EStG

Vermögensmehrungen (z. B. Gewinne bei Glattstellung) sind bei diesen Anlageformen nur dann steuerpflichtig, wenn sie vor Ablauf der einjährigen Veräußerungsfrist anfallen. In diesem Fall liegen Einkünfte aus privaten Veräußerungsgeschäften vor.[59]

Zusammenfassend ergibt sich somit folgende Übersicht hinsichtlich der steuerpflichtigen und steuerfreien Gestaltungen bei Kapitalüberlassungen:

		Verzinsung	
		garantiert	nicht garantiert
Rückzahlung	garantiert	Anleihen mit fester oder variabler Verzinsung (steuerpflichtig)	Garantiezertifikate (steuerpflichtig)
	nicht garantiert	Anleihen mit Tilgungs- wahlrecht (steuerpflichtig)	Vollrisikozertifikate (grundsätzlich steuerfrei)

Abbildung 9: *Steuerpflicht von Erträgen aus Kapitalüberlassungen*

Finanzinnovationen

Der Begriff „Finanzinnovation" ist gesetzlich nicht definiert. Er ist die Sammelbezeichnung für Wertpapiere, bei denen die erzielten Zinserträge nicht bzw. nicht in vollem Umfang ersichtlich sind, da diese teilweise in den Kurs- bzw. Einlösungsgewinnen enthalten sind. Unter Finanzinnovationen werden im Steuerrecht insbesondere die nachfolgenden Kapitalforderungen (Schuldverschreibungen, Schuldbuchforderungen) zusammengefasst:[60]

- Forderungen mit ungewissem Kapitalertrag (Verzinsung), aber garantierter Rückzahlung,

- Forderungen mit garantiertem Kapitalertrag, aber ungewisser Rückzahlung,

- auf- und abgezinste Kapitalforderungen (z. B. Zero-Bonds),

- Schuldverschreibungen ohne Zinsscheine bzw. Zinsscheine ohne Schuldverschreibung („stripped bonds"),

- Forderungen ohne gesonderte Stückzinsberechnung („flat" gehandelte Papiere),

- Forderungen, bei denen die Kapitalerträge in unterschiedlicher Höhe („floating rate notes", Gleitzinsanleihen) oder für unterschiedlich lange Zeiträume gezahlt werden.

---

[59] Zu Einzelheiten siehe Kapitel 4.
[60] § 20 Abs. 2 Nr. 4 EStG

Finanzinnovationen sind für steuerliche Zwecke danach zu unterscheiden, ob sie eine Emissionsrendite besitzen oder ob für sie keine Emissionsrendite bestimmt werden kann.

Die **Emissionsrendite** ist die bei Ausgabe des Papiers von vornherein versprochene Rendite, die bei Einlösung mit Sicherheit erzielt wird, d. h., die bei Ausgabe der Anleihe abgeleitete rechnerische Verzinsung.[61] Sie ist aus dem Emissionsprospekt ersichtlich.

Eine Emissionsrendite kann für folgende Anlageformen ermittelt werden:

- auf- und abgezinste Kapitalforderungen (z. B. Zero-Bonds)
- Forderungen ohne gesonderte Stückzinsberechnung („flat" gehandelte Papiere)
- Forderungen mit steigender oder fallender Verzinsung (Gleitzinsanleihen).

Demgegenüber kann für Finanzinnovationen, bei denen Zinsertrag oder Rückzahlungsbetrag von einem ungewissen Ereignis abhängig und daher nicht garantiert sind, keine Emissionsrendite ermittelt werden. Zu diesen Anlageformen gehören insbesondere:

- Garantiezertifikate
- „floating rate notes"
- Aktienanleihen.

Bei Finanzinnovationen, die eine Emissionsrendite besitzen, ist bei Verkauf/Einlösung der Anleihe nur der Teil des Verkaufserlöses einkommensteuerpflichtig, der auf die mittels Emissionsrendite ermittelten besitzzeitanteiligen Erträge entfällt.[62] Ein darüber hinausgehender Kursgewinn ist unter Beachtung der Spekulationsfrist steuerfrei. Voraussetzung für die Besteuerung nach der Emissionsrendite ist, dass der Anleger diese gegenüber dem Finanzamt nachweist.

Beispiel:

Ingo Invest hat eine Nullkupon-Anleihe im Januar 2001 erworben, Laufzeit zehn Jahre, Ausgabekurs 6.100 EUR, Emissionsrendite lt. Ausgabeprospekt 6 Prozent. Da das Zinsniveau seit dem Erwerb gesunken ist, veräußert er das Wertpapier nach 3 1/2 Jahren zu einem Kurswert von 7.800 EUR. Unter Berücksichtigung der planmäßigen Emissionsrendite hätte der Kurs zum Verkaufszeitpunkt bei 7.500 EUR gelegen. Ingo weist dem Finanzamt die Emissionsrendite nach. Die Einnahmen aus Kapitalvermögen ermitteln sich wie folgt:

	EUR
Rechnerischer Kurs auf Basis der Emissionsrendite	7.500
abzüglich Anschaffungskosten	– 6.100
Einnahmen aus Kapitalvermögen bei Ansatz der Emissionsrendite	1.400

---

[61] BMF 30. 4. 1993 IV B 4 – S 2252 – 480/93, BStBl 1993 I, 343

[62] § 20 Abs. 2 Nr. 4 EStG, BMF, 14. 7. 2004, IV C 1 – S 2252 – 171/04, BStBl I, 2004, 611

Der über den rechnerischen Kurs hinausgehende Anteil des Verkaufserlöses in Höhe von 300 EUR ist steuerfreier Kursgewinn, da die Spekulationsfrist bereits abgelaufen ist.

Wird die Emissionsrendite vom Anleger nicht nachgewiesen oder haben Wertpapiere keine Emissionsrendite, so ist der steuerpflichtige Ertrag mittels der **Marktrendite** zu errechnen.[63] Der steuerpflichtige Ertrag ergibt sich als Differenz zwischen Verkaufspreis und Ankaufspreis. Durch die Marktrendite werden somit auch Kursgewinne bzw. -verluste in die Besteuerung einbezogen. Es wird pauschal unterstellt, dass die Differenz zwischen Verkaufspreis und Ankaufspreis einen Zinsertrag darstellen.

Beispiel:

In Fortführung des obigen Beispiels würde bei Ansatz der Marktrendite folgendes Ergebnis eintreten:

	EUR
Verkaufspreis	7.800
abzüglich Anschaffungskosten	− 6.100
Einnahmen aus Kapitalvermögen bei Ansatz der Marktrendite	1.700

Die Marktrendite ist gegenüber der Emissionsrendite immer dann vorzuziehen, wenn das Marktzinsniveau zwischen dem Emissionszeitpunkt und dem Veräußerungszeitpunkt gestiegen ist. In diesem Fall kann ein Teil der steuerpflichtigen Zinserträge mit den Kursverlusten kompensiert werden, was zu einem steuerlich günstigeren Ergebnis führt.

Banken bescheinigen ihren Anlegern stets den nach der Marktrendite ermittelten Zinsertrag. Die Ermittlung der Erträge auf Basis der Emissionsrendite muss der Anleger selbst in seiner Steuererklärung vornehmen.

Bei Fremdwährungsanleihen ist bei Ermittlung der Marktrendite zu beachten, dass der Differenzbetrag jeweils in ausländischer Währung zu ermitteln ist. Die so in ausländischer Währung ermittelte Kursdifferenz wird dann mit dem Wechselkurs zum Verkaufsstichtag in EUR umgerechnet.[64] Diese Rechnungsweise bewirkt, dass Wechselkursschwankungen, die auf die Kapitalvermögensebene entfallen, nicht bei Ermittlung in der Marktrendite als Einkünfte aus Kapitalvermögen erfasst werden, sondern allenfalls – falls das Papier nicht mehr als ein Jahr gehalten wird – als Einkünfte aus privaten Veräußerungsgeschäften.

Beispiel:

Ingo Invest erwirbt eine „floating rate note" der American Railways Corp. am 1.6.2006 zu einem Kurs von 15.000 USD. Der EUR-Kurs beträgt zu diesem Zeitpunkt 1,27 USD. Am 1.9.2007 verkauft er das Wertpapier zu einem Kurs von 16.000 EUR, der EUR-Kurs beträgt zu diesem Zeitpunkt 1,36 USD.

---

[63] § 20 Abs. 2 S. 2 EStG, BMF, 14.7.2004, IV C 1 – S 2252 – 171/04, BStBl I, 2004, 611

[64] § 20 Abs. 2Nr. 4 S. 2 EStG, OFD Frankfurt, 30.10.2022, S 2252 A – 49 – St II 32

Der steuerpflichtige Gewinn ermittelt sich auf Basis der Marktrendite wie folgt:

	USD
Verkaufspreis	16.000
abzüglich Anschaffungskosten	− 15.000
Einnahmen aus Kapitalvermögen bei Ansatz der Marktrendite in USD	1.000
EUR-Kurs per 1.9.2007	1,36
	EUR
Einnahmen aus Kapitalvermögen bei Ansatz der Marktrendite in EUR	1.360

Bei der Besteuerung von Finanzinnovationen ist die Marktrendite anzusetzen, wenn die Wertpapiere und Kapitalforderungen keine Emissionsrendite haben oder der Steuerpflichtige sie nicht nachweist. Nach Auffassung der Finanzverwaltung hat der Anleger die Möglichkeit, alleine durch „Nichtnachweis" der Emissionsrendite den Ansatz der Marktrendite zu wählen (echtes Wahlrecht). Im Rahmen der Veranlagung zur Einkommensteuer soll den Angaben des Anlegers zur Höhe der Erträge aus den Finanzinnovationen gefolgt werden, obwohl nach Auffassung der Finanzrechtssprechung[65] kein Wahlrecht mehr zwischen Emissionsrendite und Marktrendite besteht. Die Finanzverwaltung schließt sich diesem Urteil nicht an. Nur in Fällen mit erheblichen steuerlichen Auswirkungen oder Erklärung eines Verlustes unter Anwendung der Marktrendite kann der Steuerpflichtige aufgefordert werden, die Emissionsrendite nachzuweisen, bzw. die Berücksichtigung des Verlustes kann versagt weden.[66]

Allerdings erkennt die Finanzverwaltung Verluste im Rahmen der Marktrendite regelmäßig nicht an, wenn diese der Vermögenssphäre des Emittenten zuzuordnen sind (Konkurs, Zahlungsunfähigkeit o. ä.).[67]

3.1.2 Zuflusszeitpunkt

Kapitaleinkünfte sind grundsätzlich im Zeitpunkt des Zuflusses zu versteuern (Zuflussprinzip). Zeitpunkt des Zuflusses ist, wenn die Empfänger die wirtschaftliche Verfügungsmacht über die Einnahmen erhält.[68] Dies erfolgt entweder durch Barzahlung, Verrechnung oder durch Gutschrift auf dem Konto des Empfängers. Regelmäßig wiederkehrende Einnahmen (z.B. Zinsgutschriften auf einem Sparkonto zum Jahresende) sind dem Jahr zuzurechnen, in das sie wirtschaftlich gehören, auch wenn sie erst innerhalb der ersten zehn Tage des Folgejahres dem Konto des Empfängers gutgeschrieben werden.

Aus der nachfolgenden Übersicht ist für ausgewählte Anlageprodukte der Zuflusszeitpunkt der Erträge ersichtlich:

---

[65] BFH 11.7.2006, VIII R 67/04, BStBl II, 2007, 553
[66] BMF 17.7.2004, IV B 8 – S 2252/0, BStBl I, 2007, 548
[67] BMF 14.7.2004
[68] Schmidt/Weber-Grellet, § 20 EStG, Rz. 30

Abgezinste Wertpapiere	Die Erträge aus abgezinsten Wertpapieren (z. B. Zero-Bonds) fließen zum Zeitpunkt der Einlösung bzw. der Veräußerung zu.
Bausparguthaben	Die Zinsen gelten als jährlich zugeflossen, auch wenn sie nicht ausgezahlt, sondern dem Bausparguthaben zugeschlagen werden.
Bundesschatzbriefe Typ A	Bei diesem Typ werden die Zinsen jährlich ausgezahlt und gelten zu diesem Zeitpunkt als zugeflossen.
Typ B	Die Zinsen fließen erst am Ende der Laufzeit oder bei vorzeitiger Einlösung zu.
Thesaurierende Fonds	Ausschüttungsgleiche Erträge aus thesaurierenden Fonds gelten mit dem Ablauf des Fondsgeschäftsjahres als zugeflossen.

3.1.3 Personelle Zuordnung der Einnahmen

Die Einnahmen aus Kapitalvermögen sind regelmäßig dem zivilrechtlichen bzw. dem wirtschaftlichen Eigentümer der Kapitalanlage zuzurechnen. Hiervon abweichend gelten in folgenden Fällen abweichende Zuordnungen:

- Zinsen aus Treuhandkonten und Anderkonten sind regelmäßig dem Treugeber zuzuordnen.
- Zinsen aus Mietkautionen sind Erträge des Mieters und deshalb auch bei diesem zu versteuern.
- Zinsen aus festverzinslichen Wertpapieren oder sonstigen Darlehensforderungen sind im Falle der Gesamtrechtsnachfolge (Erbschaft) in voller Höhe dem Erben zuzurechnen. Eine besitzzeitanteilige Aufteilung auf Erblasser und Erbe ist nicht vorzunehmen.
- Einnahmen aus Gemeinschaftskonten (Oder-/Und-Konten), wie sie von Eheleuten häufig unterhalten werden, sind je zur Hälfte dem einzelnen Ehepartner zuzurechnen. Die Herkunft des jeweiligen Kapitalvermögens ist irrelevant.
- Im Falle des Nießbrauchsrechts sind die Kapitalerträge dem Nießbrauchsberechtigten zuzurechnen.[69]

3.2   Werbungskosten

3.2.1 Begriff der Werbungskosten

Als **Werbungskosten** sind von den Kapitaleinnahmen alle Aufwendungen absetzbar, die in einem wirtschaftlichen Zusammenhang mit der Erzielung der Kapitalerträge stehen.

Werbungskosten sind im Zeitpunkt ihres Abflusses zu berücksichtigen. Sie sind bei der Ermittlung der Einkünfte aus Kapitalvermögen vor Gewährung des Sparerfreibetrags abzuziehen.

---

[69] Ausführlich hierzu Schmidt/Weber-Grellet, § 20 EStG, Rz. 20 ff.

Im Rahmen der Einkünfte aus Kapitalvermögen können insbesondere folgende Aufwendungen als Werbungskosten berücksichtigt werden:[70]

- Beratungskosten,
- Beiträge an die Deutsche Schutzvereinigung für Wertpapierbesitz e.V.,
- Depotgebühren/Safemieten,
- Fachliteratur, Aufwendungen für Börseninformationsdienste (Börsenbriefe),
- Reisekosten zu Hauptversammlungen,
- Seminarkosten, wenn sich die Veranstaltung mit der Erzielung von Kapitaleinkünften beschäftigt,
- Steuerberatungskosten, die mit den Einkünften aus Kapitalvermögen zusammenhängen,
- Telefonkosten, soweit durch Einkünfte aus Kapitalvermögen veranlasst,
- Vermögensverwaltungskosten,
- Prämien für Zinsbegrenzungsvereinbarungen (Cap, Floor), soweit die Absicherung gegen in einem Wertpapierdepot enthaltene Zinsänderungsrisiken im Vordergrund steht.

Nicht zu den Werbungskosten zählen solche Aufwendungen, die als Anschaffungskosten bzw. **Anschaffungsnebenkosten** oder Veräußerungskosten einer Kapitalanlage bei Erwerb bzw. Verkauf des Kapitalvermögens in Rechnung gestellt werden. Hierzu gehören insbesondere:

- Agio beim Kauf einer festverzinslichen Schuldverschreibung,
- im Ausgabepreis enthaltener Ausgabeaufschlag beim Kauf von Anteilen an Investmentfonds,
- Provisionen und Gebühren für den Kauf bzw. Verkauf von Wertpapieren,
- Maklerprovisionen,
- Courtage.

Diese Transaktionskosten können unter bestimmten Bedingungen bei der Ermittlung des Gewinns bzw. Verlusts aus privaten Veräußerungsgeschäften berücksichtigt werden.

Von den Werbungskosten zu unterscheiden sind die **negativen Einnahmen aus Kapitalvermögen**, die mit den Einnahmen aus Kapitalvermögen zu verrechnen sind. Hierzu gehören gezahlte Stückzinsen beim Erwerb von Schuldverschreibungen sowie gezahlte Zwischengewinne beim Kauf von Investmentfonds.

Keine Werbungskosten liegen vor, wenn die Absicht der Realisierung von steuerfreien Wertsteigerungen im Vordergrund steht. Erfolgsabhängige Verwaltungsgebühren, deren Höhe sich nach (nicht steuerbaren) Wertsteigerungen des verwalteten Vermögens berechnen (so genannte „performance fee"), können daher nicht als Werbungskosten abgezogen werden.[71]

Steht jedoch die Erwartung auf (steuerpflichtige) Einnahmenüberschüsse im Vordergrund, so ist es für den Werbungskostenabzug unschädlich, wenn darüber hinaus auch steuerfreie

---

[70] Ausführlich Schmidt/Weber-Grellet, § 20 EStG, Rz. 230
[71] H 20.1 EStH, „Verwalterentgelt"

Wertsteigerungen erzielt werden. Hierbei ist kein betragsmäßiges Überwiegen des steuerpflichtigen Überschusses erforderlich, sondern es reicht aus, wenn eine Überschusserzielungsabsicht festgestellt werden kann. In diesem Fall tritt eine daneben stehende Absicht, steuerfreie Vermögensvorteile zu erzielen, zurück.

Ob die Aufwendungen erforderlich, zweckmäßig oder üblich sind, ist hingegen kein Kriterium für die Abzugsfähigkeit der Werbungskosten.

Steuerlich nicht abzugsfähig sind Aufwendungen, die zumindest teilweise auch durch die private Lebensführung mitveranlasst sind. Hierzu gehören z. B. auch Abonnementkosten für überregionale Tageszeitungen (FAZ etc.).

Zusammenfassend ergibt sich folgende steuerliche Anerkennung von Aufwendungen, die in Zusammenhang mit Kapitalanlagen stehen:

Aufwendungen im Zusammenhang mit Kapitalanlagen		
Negative Einkünfte aus Kapitalvermögen	**Werbungskosten**	**Anschaffungsnebenkosten**
▨ gezahlte Stückzinsen ▨ gezahlte Zwischengewinne	▨ Beratungskosten ▨ Beiträge an die Deutsche Schutzvereinigung für Wertpapierbesitz e.V. ▨ Depotgebühren/Safemieten ▨ Fachliteratur, Aufwendungen für Börseninformationsdienste (Börsenbriefe) ▨ Reisekosten zu Hauptversammlungen ▨ Seminarkosten, wenn sich die Veranstaltung mit der Erzielung von Kapitaleinkünften beschäftigt ▨ Steuerberatungskosten, die mit den Einkünften aus Kapitalvermögen zusammenhängen ▨ Telefonkosten, soweit durch Einkünfte aus Kapitalvermögen veranlasst ▨ Vermögensverwaltungskosten ▨ Prämien für Zinsbegrenzungsvereinbarungen (Cap, Floor), soweit die Absicherung gegen in einem Wertpapierdepot enthaltenen Zinsänderungsrisiken im Vordergrund steht	▨ Agio beim Kauf einer festverzinslichen Schuldverschreibung ▨ im Ausgabepreis enthaltener Ausgabeaufschlag beim Kauf von Anteilen an Investmentfonds ▨ Provisionen und Gebühren für den Kauf von Wertpapieren ▨ Maklerprovisionen ▨ Courtage
▨ Minderung der Einnahmen aus Kapitalvermögen im Jahr der Zahlung	▨ Abzug als Werbungskosten und damit Minderung der Einkünfte aus Kapitalvermögen im Jahr der Zahlung	▨ Erhöhung der Anschaffungskosten (Anschaffungsnebenkosten) der Kapitalanlage ▨ Minderung des Gewinns bzw. Erhöhung des Verlusts aus privaten Veräußerungsgeschäften, sofern innerhalb der einjährigen Spekulationsfrist realisiert

Abbildung 10: *Klassifizierung der Aufwendungen im Zusammenhang mit Kapitalanlagen*

3.2.2 Aufteilung von Werbungskosten

Die Werbungskosten sind grundsätzlich jeder Kapitalanlage einzeln zuzuordnen. Diese Zuordnung ist insbesondere seit der Einführung des Halbeinkünfteverfahrens erforderlich, da die mit diesen Einnahmen in Zusammenhang stehenden Werbungskosten ebenfalls nur zur Hälfte abgezogen werden können.[72]

> Beispiel:
>
> Ingo Invest ist Gesellschafter der G-GmbH. Seine Stammeinlage in Höhe von 100.000 EUR wurde zu einem Drittel mit Fremdmitteln finanziert. Er erhält von der G-GmbH eine Ausschüttung in Höhe von 12.500 EUR.
>
> Die erhaltene Ausschüttung unterliegt dem Halbeinkünfteverfahren und ist daher nur zur Hälfte steuerpflichtig. Die gezahlten Schuldzinsen sind ausschließlich durch die Beteiligung an der G-GmbH veranlasst und können daher auch nur zur Hälfte steuerlich geltend gemacht werden.

Werbungskosten, die nicht unmittelbar einer einzelnen Vermögensanlage zugeordnet werden können (z. B. Depotgebühren, Vermögensverwaltungskosten), sind aufzuteilen.[73]

Hierzu sind die Kapitalanlagen in zwei Gruppen aufzuteilen. Einer Gruppe sind alle Anlagen zuzuordnen, deren Erträge dem Halbeinkünfteverfahren unterliegen (z. B. Aktien); die andere Gruppe enthält alle anderen Kapitalanlagen. Grundlage für die Aufteilung der Werbungskosten ist dann die vertraglich vereinbarte Gebührenregelung (z. B. die Depotwerte zum Jahresultimo). Wenn eine Aufteilung nach der vertraglich vereinbarten Gebührenregelung nicht möglich ist (z. B. bei Fachliteratur, Telefonkosten, Steuerberaterkosten), hat diese im Rahmen einer Schätzung zu erfolgen. Maßstab hierfür sind die jeweiligen Kurse zum Abrechnungsstichtag.

> Beispiel:
>
> Ingo Invest erzielt diverse Einnahmen aus Kapitalvermögen. Die ihm berechnete Vermögensverwaltungsgebühr beläuft sich auf 1,5 Promille des Depotwertes zum 31. 12. Die Einzelwerte ergeben sich aus folgender Aufstellung:
>
> | | Inländische Dividenden | Ausländische Dividenden | Zinsen |
> |---|---|---|---|
> | | EUR | EUR | EUR |
> | Einnahmen | 10.000 | 12.000 | 15.000 |
> | Depotwerte zum 31.12. | 400.000 | 600.000 | 400.000 |
>
> Die Aufteilung nach den oben dargestellten Grundsätzen ergibt folgendes Bild:

---

[72] § 3 c EStG
[73] BMF 12. 06. 2002, IV C 1 – S 2252 – 184/02, BStBl I, 2002, 647

	Gruppe 1 Halbeinkünfteverfahren	Gruppe 2 Voll steuerpflichtig
Inländische Aktien	40.000	
Ausländische Aktien	60.000	
Renten		40.000
Summe	1.000.000	400.000
Vermögensverwaltungsgebühr (1,5 Promille der Depotwert)	1.500	600
Davon anzusetzen (auf Aktien entfallende Gebühr nur hälftig)	750	600

Werbungskostenaufteilung bei Investmentfonds

Besonderheiten ergeben sich bei Investmentfonds. Wenn dem Anleger nicht bekannt ist, aus welchen Kapitalanlagen das Fondsvermögen sich zusammensetzt, soll die Aufteilung der Depotwerte nach dem Verhältnis der voll zu besteuernden Erträge und den Erträgen, die dem Halbeinkünfteverfahren unterliegen, erfolgen.[74]

Beispiel:

Der Depotbestand setzt sich zum 31. 12. wie folgt zusammen:

	Depotwert zum 31.12. EUR
Inländische Aktien	90.000
Renten	65.000
Investmentfonds (gemischt)	45.000

In der Ausschüttung des Investmentfonds von 1.500 EUR sind steuerpflichtige Erträge von 900 EUR enthalten, von denen 600 EUR auf Erträge entfallen, die dem Halbeinkünfteverfahren unterliegen, und 300 EUR auf sonstige steuerpflichtige Erträge. Die Depotgebühren betragen 1,5 Promille des Depotwertes zum 31. 12.

Die Gruppierung der Kapitalanlagen führt zu folgendem Ergebnis:

	Gruppe 1 Halbeinkünfte- verfahren EUR	Gruppe 2 Voll steuer- pflichtig EUR
Inländische Aktien	90.000	
Renten		65.000
Investmentanteile (Aufteilung im Verhältnis 600 : 300)	30.000	15.000
Summe	120.000	80.000
Vermögensverwaltungsgebühr (1,5 Promille der Depotwert)	180	120
Davon anzusetzen (auf Aktien entfallende Gebühr nur hälftig)	90	120

---

[74] BMF 12.06.2002, IV C 1 – S 2252 – 184/02, BStBl I, 2002, 647

Vermögensverwaltungsgebühr

In der Vergangenheit sind Banken zunehmend dazu übergegangen, mit ihren Kunden eine Vermögensverwaltungsgebühr entweder in Form eines pauschalen Festhonorars oder erfolgsabhängig zu vereinbaren. Hierbei sind folgende Fallkonstellationen zu beachten:[75]

▨ Bemisst sich die Gebühr ausschließlich nach der nichtsteuerbaren Wertsteigerung („performance"), so ist der Abzug als Werbungskosten nicht möglich.

▨ Sofern Transaktionskosten (Provisionen, Spesen) nicht gesondert in Rechnung gestellt werden, entfällt nach der Handhabung der Finanzämter 1/3 der Gebühr auf Transaktionskosten. Diese Transaktionskosten können nicht als Werbungskosten bei den Einkünften aus Kapitalvermögen abgezogen werden, sondern es handelt sich um Anschaffungsneben- und Veräußerungskosten, welche gegebenenfalls bei der Ermittlung des Gewinns aus privaten Veräußerungsgeschäften zu berücksichtigen sind.

▨ Die danach verbleibende Vermögensverwaltungsgebühr ist im Verhältnis der Depotwerte zum Jahresende auf

– ertragslose Kapitalanlagen (Zertifikate, Optionen, Optionsscheine, Devisen) und

– ertragsbringende Kapitalanlagen (Aktien, Renten, Fondsanteile)

aufzuteilen. Die auf ertragslose Kapitalanlagen entfallende Vermögensverwaltungsgebühr kann steuerlich nicht als Werbungskosten geltend gemacht werden.

▨ Soweit die Vermögensverwaltungsgebühr auf die ertragsbringenden Kapitalanlagen entfallen, ist sie zu 50 Prozent der Bestandsverwaltung (z.B. Überwachung von Dividenden- und Zinszahlungen, Teilnahme an Hauptversammlungen) und zu 50 Prozent der Umschichtung des Vermögens (Entscheidung über An- und Verkäufe; Entscheidung, die Kapitalanlage zu halten mit der Absicht, spätere Wertsteigerungen zu realisieren) zuzuordnen.

▨ Soweit die Leistungen mit der Bestandsverwaltung zusammenhängen, liegen Werbungskosten aus Einkünften aus Kapitalvermögen vor.

▨ Der Anteil „Umschichtung" ist nach den Verkaufspreisen für steuerpflichtige private Veräußerungsgeschäfte und für nicht steuerbare Umschichtungen aufzuteilen.

▨ Die auf steuerpflichtige private Veräußerungsgeschäfte entfallenden Aufwendungen sind den Werbungskosten aus privaten Veräußerungsgeschäften zuzuordnen. Die Umschichtungskosten, die mit nicht steuerbaren Veräußerungen zusammenhängen, stellen regelmäßig Werbungskosten aus Einkünften aus Kapitalvermögen dar.

---

[75] OFD Düsseldorf, 28.10.2004, S 2210 – 10 – St 222 – K/ S 2210 A – St 212

Beispiel:

Ingo Invest hat mit seiner Bank einen Vermögensverwaltungsvertrag abgeschlossen. Die Vermögensverwaltungsgebühr beträgt pauschal 18.000 EUR. Transaktionskosten werden nicht gesondert in Rechnung gestellt.

Das Depot setzt sich am 31.12.06 wie folgt zusammen:

Assetklasse	Kurswert
Aktien	600.000
Zertifikate	300.000

Es wurden folgende Einnahmen erzielt:

– Dividendeneinnahmen: 30.000 EUR

– Gewinne aus privaten Veräußerungsgeschäften innerhalb der Spekulationsfrist

	EUR
Veräußerungspreise	100.000
Anschaffungskosten	40.000
Gewinn aus privaten Veräußerungsgeschäften	60.000

– steuerfreie Kursgewinne

	EUR
Veräußerungspreise	300.000
Anschaffungskosten	100.000
Gewinn (außerhalb der Spekulationsfrist	200.000

Da keine Transaktionskosten separat in Rechnung gestellt werden, müssen von der gesamten Vermögensverwaltungsgebühr 1/3 von 18.000 EUR = 6.000 EUR als Transaktionskosten separiert werden.

Die verbleibende Gebühr von 12.000 entfällt zu 1/3 (= 4.000 EUR) auf ertragslose Kapitalanlagen (Zertifikate) und zu 2/3 (= 8.000 EUR) auf die ertragsbringenden Kapitalanlagen.

Hinsichtlich der Gebühren, die auf die ertragsbringenden Kapitalanlagen entfallen (8.000 EUR), ergibt sich folgende Aufteilung:

	Werbungskosten aus Einkünften aus Kapitalvermögen	Werbungskosten aus privaten Veräußerungsgeschäften
	EUR	EUR
Bestandsverwaltung (50 Prozent)	4.000	
Umschichtung (50 Prozent) (Aufteilung in Verhältnis der Veräußerungspreise	$3/4$ von 4.000 = 3.000	$1/4$ von 4.000 = 1.000
Gesamt	7.000	1.000

Die Kostenaufteilung der all-in-fee-Gebühr lässt sich wie folgt zusammenfassend darstellen (die Zahlenangeben in Klammern beziehen sich auf das vorstehende Beispiel).

Vermögensverwaltungsgebühr			
(18.000)			
Transaktionskosten *1/3 der Vermögensver-* *waltungsgebühr* *(6.000 EUR)*	**Vermögensverwaltungskosten** *2/3 der Vermögensverwaltungsgebühr* *(12.000 EUR)*		
	Aufteilung im Verhältnis der Depotwerte		
	ertragslose Kapitalanlage *(4.000 EUR)*	ertragsbringende Kapitalanlage *(8.000 EUR)*	
		Bestands- verwaltung (50 Prozent) *(4.000 EUR)*	Bestands- umschichtung (50 Prozent) *(4.000 EUR)*
			Aufteilung im Verhältnis der Veräußerungspreise
			Bestands- umschich- tung außer- halb der Spekulati- onsfrist (3.000 EUR)	Bestands- umschich- tung inner- halb der Spekulati- onsfrist (1.000 EUR)
Anschaffungs- nebenkosten	**nicht ab- ziehbare Aufwen- dungen**	**Werbungskosten aus Einkünften aus Kapitalvermögen**	**Werbungs- kosten aus privaten Veräuße- rungsge- schäften**

Abbildung 11: *Schematische Darstellung der Aufteilung einer Vermögensverwaltungsgebühr*

Bagatellregelung

Lassen sich die Werbungskosten nicht unmittelbar einer einzelnen Kapitalanlage zuordnen und betragen die Werbungskosten nicht mehr als 500 EUR pro Jahr (bei Zusammenveranlagung 1.000 EUR), so folgen die Finanzämter aus Vereinfachungsgründen der vom Anleger vorgenommenen Aufteilung.[76]

---

[76] BMF 12.06.2002, IV C 1 – S 2252 – 184/02, BStBl I, 2002, 647

In der Praxis findet sich bei den meisten Banken in den Erträgnisaufstellungen zum Jahresende eine den oben dargestellten Grundsätzen entsprechende Aufteilung der Werbungskosten, die in der Anlage KAP übernommen werden kann.

3.2.3 Besonderheiten von Schuldzinsen als Werbungskosten[77]

Schuldzinsen für aufgenommene Kredite, die im Zusammenhang mit dem Erwerb von Kapitalanlagen stehen (Refinanzierungszinsen), sind Werbungskosten, wenn auf die Gesamtdauer der Kapitalanlage gesehen mit einem Überschuss der Einnahmen über die Werbungskosten gerechnet werden kann (Überschussprognose).[78]

Bei der Überschussprognose sind nur die steuerpflichtigen Einnahmen (d. h. Zinsen und Dividenden) und die auf diese entfallenden Werbungskosten einzubeziehen. Wenn Wertpapiere nicht erworben werden, um daraus laufende Erträge – wie Zinsen und Dividenden – zu erzielen, sondern steuerfreie Kursgewinne im Vordergrund stehen, so können die Finanzierungskosten nicht als Werbungskosten abgezogen werden. Dem Abzug als Werbungskosten steht jedoch nicht entgegen, wenn neben der Erwartung auf die Erträge auch die Hoffnung auf steuerfreie Wertsteigerung besteht.

Für Erwerb oder Halten einer Kapitalanlage unter bloßer Mitnahme laufender Erträge spricht, wenn die Finanzierungskosten ständig die laufenden Erträge übersteigen. Die für den Ansatz von Schuldzinsen als Werbungskosten maßgebliche Überschusserzielungsabsicht bezieht sich auf die Gesamthaltedauer der betreffenden Papiere. Es muss also nicht bereits in dem Veranlagungszeitraum, in dem die Werbungskosten geltend gemacht werden sollen, endgültig feststehen, dass ein Gesamtüberschuss erzielt wird.

Jede Kapitalanlage ist dabei für sich zu sehen, d. h., es ist keine Gesamtbetrachtung durchzuführen. Wird z. B. ein Wertpapierdepot mit wechselnden Kapitalanlagen mit einem Kredit finanziert, sind die Schuldzinsen jeder Kapitalanlage einzeln zuzuordnen. Die Aufteilung kann durch einfache Verhältnisrechnung, nach der Zinszahlenstaffelmethode oder durch Schätzung erfolgen. Unterliegen die Einnahmen aus Kapitalvermögen dem Halbeinkünfteverfahren, können die damit wirtschaftlich zusammenhängenden Schuldzinsen ebenfalls nur zur Hälfte abgezogen werden.

3.2.4 Werbungskosten-Pauschbetrag und Sparerfreibetrag

Werbungskosten-Pauschbetrag

Sofern keine höheren Kosten nachgewiesen werden, kann der Werbungskosten-Pauschbetrag in Höhe von 51 EUR, maximal in Höhe der erzielten Einnahmen, geltend gemacht

---

[77] Ausführlich hierzu Schmidt/Weber-Grellet, § 20 EStG, Rz. 230, „Schuldzinsen"
[78] H 20.1 „Schuldzinsen" EStH

werden. Bei zusammenveranlagten Ehegatten beträgt der Werbungskosten-Pauschbetrag 102 EUR, und zwar unabhängig davon, welcher Ehegatte die Einnahmen erzielt hat.[79]

Nicht möglich ist hingegen, dass ein Ehegatte die nachgewiesenen Werbungskosten in Anspruch nimmt, während der andere Ehegatte den Werbungskosten-Pauschbetrag geltend macht.[80]

Weil es sich um einen gemeinsamen Werbungskosten-Pauschbetrag handelt, können zusammenveranlagte Ehegatten entweder nur den Pauschbetrag oder die gemeinsamen höheren Werbungskosten ansetzen. Auch bei der Besteuerung nach dem Halbeinkünfteverfahren wird der Pauschbetrag von 51 EUR/102 EUR in voller Höhe gewährt. Eine Halbierung findet nicht statt.[81]

Der Werbungskosten-Pauschbetrag wird nicht gewährt, wenn aufgrund des Subsidaritätsprinzips die Einnahmen einer anderen Einkunftsart zuzurechnen sind.

Sparerfreibetrag

Von den Einnahmen aus Kapitalvermögen darf ein Sparerfreibetrag von 750 EUR (bis einschließlich 2006: 1.370 EUR) bei Ledigen und 1.500 EUR (bis einschließlich 2006: 2.740 EUR) bei zusammenveranlagten Ehepaaren abgezogen werden. Ebenso wie der Werbungskosten-Pauschbetrag kann auch der Sparerfreibetrag auf den anderen Ehegatten übertragen werden.

Der Sparerfreibetrag wird – ebenso wie der Werbungskosten-Pauschbetrag – nicht gewährt, wenn aufgrund des Subsidaritätsprinzips die Einnahmen einer anderen Einkunftsart zuzurechnen sind.[82]

3.3 Kapitalertragsteuer/Zinsabschlagsteuer als besondere Erhebungsform der Einkommensteuer

3.3.1 Grundzüge des Kapitalertragsteuerabzugs[83]

Einkünfte aus Kapitalvermögen müssen beim unbeschränkt steuerpflichtigen Anleger stets mit dessen individuellem Steuersatz versteuert werden.

---

[79] Schmidt/Weber-Grellet, § 20 EStG, Rz. 4

[80] BFH VIII R45/85, BStBl II, 90, 975

[81] Schmidt/Heinicke, § 3c EStG, Rz. 3

[82] Schmidt/Weber-Grellet, § 20 EStG, Rz. 222

[83] Zur ausführlichen Darstellung von Einzelfragen zur Kapitalertragsteuer siehe BMF, 5.11.2002, IV C 1 – S 2400 – 23/02.

Die Besteuerung setzt jedoch nicht erst im Rahmen der Einkommensteuerveranlagung an. Vielmehr unterliegen eine Vielzahl von Kapitalerträgen bei Auszahlung einem Steuerabzug (Kapitalertragsteuer).[84] Die Kapitalertragsteuer ist eine besondere Erhebungsform der Einkommensteuer. Sie wird auf die spätere Einkommensteuerschuld des Anlegers angerechnet.[85]

Die auf Zinserträge erhobene Kapitalertragsteuer nennt man Zinsabschlagsteuer. Auf die Kapitalertragsteuer bzw. die Zinsabschlagsteuer wird darüber hinaus 5,5 Prozent Solidaritätszuschlag erhoben. Der Kapitalertragsteuerabzug ist auch dann vorzunehmen, wenn die Kapitalerträge beim Gläubiger Einkünfte aus Land- und Forstwirtschaft, Gewerbebetrieb, selbstständiger Arbeit oder Vermietung und Verpachtung sind.[86]

3.3.2 Kapitalerträge mit Steuerabzug

Folgende Kapitalerträge unterliegen der Kapitalertragsteuer/Zinsabschlagsteuer, wobei der Kapitalertragsteuersatz von der Art der Kapitalerträge abhängig ist:[87]

	Steuersatz
I. Allgemeine Kapitalertragsteuer	
▦ Inländische Beteiligungserträge (Dividenden und Gewinnausschüttungen)	20 Prozent
▦ Erträge aus aktienähnlichen Genussscheinen	20 Prozent
II. Besondere Kapitalertragsteuer	
▦ Erträge aus inländischen stillen Beteiligungen und partiarischen Darlehen	25 Prozent
▦ Steuerpflichtige Erträge aus Lebensversicherungen	25 Prozent
▦ Erträge aus inländischen Wandelanleihen und Gewinnobligationen	25 Prozent
▦ Erträge aus anleiheähnlichen Genussscheinen	25 Prozent
III. Zinsabschlagsteuer	
Zinserträge aus	
▦ in- und ausländischen Schuldbuchforderungen (Schuldverschreibungen)	30 Prozent
▦ ausländischen Wandelanleihen und Gewinnobligationen	30 Prozent
▦ sonstigen inländischen Kapitalforderungen gegenüber Kreditinstituten	30 Prozent
▦ Veräußerung/Einlösung von Zinsscheinen	30 Prozent
▦ Vereinnahmte Stückzinsen/erhaltene Zwischengewinne	30 Prozent
▦ Veräußerung/Einlösung von Finanzinnovationen	30 Prozent
▦ Tafelgeschäfte	35 Prozent

Abbildung 12:   *Steuersätze der Kapitalertragsteuer*

---

[84] § 43 ff. EStG
[85] § 36 Abs. 2 EStG
[86] § 43 Abs. 4 EStG
[87] § 43 a EStG

Inländische Kapitalerträge liegen dann vor, wenn der Schuldner Wohnsitz, Geschäftsleitung oder Sitz im Inland hat.[88]

Von der Zinsabschlagsteuer sowie der besonderen Kapitalertragsteuer (nicht von der allgemeinen Kapitalertragsteuer) ausgenommen sind Personen mit Wohnsitz im Ausland (beschränkt Steuerpflichtige), da dieser Personenkreis insoweit auch in Deutschland nicht zur Einkommensteuer herangezogen wird. Ausländische Kreditinstitute sowie ausländische Zweigstellen eines inländischen Kreditinstituts müssen ebenfalls keinen Zinsabschlag erheben, wohl aber inländische Tochtergesellschaften und inländische Zweigstellen ausländischer Institute.[89]

Weiterhin sind von der Zinsabschlagsteuer befreit:[90]

– Erträge auf Girokonten, für die kein höherer Zins oder Bonus als ein Prozent gezahlt wird,
– Kapitalerträge aus Guthaben bei einer Bausparkasse, wenn eine Arbeitnehmer-Sparzulage oder eine Wohnungsbauprämie gewährt wird,
– Zinsen, die bei einem einzelnen Guthaben nicht mehr als 10 EUR jährlich betragen und nur einmalig gutgeschrieben werden.

Gleichwohl sind diese Zinserträge im Rahmen der Einkommensteuererklärung anzugeben und zu versteuern. Eine weitere Sonderregelung gibt es für so genannte lose Personenzusammenschlüsse, wie etwa Spar- und Investmentclubs, Schulkassen und Sportgruppen, die aus mindestens sieben Mitgliedern bestehen. In diesem Fall kann die Bank vom Zinsabschlag Abstand nehmen, wenn:

– das Konto neben dem Namen des Kontoinhabers einen Zusatz enthält, der auf die Vereinigung hinweist,
– die Kapitalerträge pro Mitglied im Jahr 10 EUR nicht übersteigen und nicht höher als insgesamt 300 EUR im Jahr sind,
– der Kontoinhaber der Bank jeweils vor dem ersten Zufluss im Jahr eine Erklärung über die Mitgliederzahl angibt.

Diese Vereinfachungsregelung gilt nicht für Grundstücks-, Erben- und Wohnungseigentümergemeinschaften.[91]

3.3.3 Bemessungsgrundlage der Kapitalertragsteuer

Bemessungsgrundlage für die Kapitalertragsteuer bzw. die Zinsabschlagsteuer ist der jeweilige Bruttoertrag ohne jeden Abzug. Dies gilt auch für Einnahmen, die dem Halbeinkünfte-

---

[88] § 43 Abs. 3 EStG
[89] § 44 Abs. 1 EStG
[90] § 43 Abs. 1 Nr. 7 b S. 2 EStG
[91] BMF 5. 11. 2002, IV C 1 – S 2400 – 23/02, BStBl I, 2002, 1346

verfahren unterliegen. Hier ist die Kapitalertragsteuer von der Gesamtausschüttung und nicht nur von der steuerpflichtigen Hälfte einzubehalten.[92]

Finanzinnovationen

Eine Besonderheit hinsichtlich der Bemessungsgrundlage für die Zinsabschlagsteuer ergibt sich bei Finanzinnovationen. Bei diesen bemisst sich die Zinsabschlagsteuer entweder nach der Marktrendite (Differenzmethode) oder nach der Ersatzbemessungsgrundlage (30-Prozent-Regel).[93]

Differenzmethode

Im Falle der Differenzmethode ist Bemessungsgrundlage der Zinsabschlagsteuer die Differenz zwischen dem Erlös bei Verkauf bzw. bei Fälligkeit und dem Kaufpreis.

Die Differenzmethode ist anzuwenden, wenn

- das Kreditinstitut das Wertpapier für den Kunden erworben hat,

- es seitdem für ihn im Depot verwahrt hat,

- es aus dem Depot veräußert oder einlöst.

Beispiel:

Ingo Invest kauft am 30.6.2004 einen Zero-Bonds zu 69 Prozent (Nominalbetrag 10.000 EUR) bei seiner Bank, die das Papier bei sich im Depot verwahrt. Der Verkauf des Papiers erfolgt am 23.4.2006 zu 87 Prozent.

Bemessungsgrundlage für die Zinsabschlag ist: 8.700 EUR – 6.900 EUR = 1.800 EUR. Die Zinsabschlagsteuer beträgt 30 Prozent auf 1.800 EUR = 540 EUR.

Ersatzbemessungsgrundlage (30-Prozent-Regel)

Ist eine der Voraussetzungen für die Differenzmethode nicht erfüllt, hat z.B. das Kreditinstitut infolge eines Depotübertrags oder der Einlieferung effektiver Stücke keine Kenntnis vom Erwerbspreis des Anlegers, ist Bemessungsgrundlage für den Zinsabschlag die Ersatzbemessungsgrundlage. Diese beträgt pauschal 30 Prozent des Verkaufspreises. Von diesem Betrag wird die Zinsabschlagsteuer in Höhe von 30 Prozent berechnet. In diesen Fällen kann der Anleger im Rahmen seiner Einkommensteuererklärung dem Finanzamt den Kaufpreis nachweisen und sich die zuviel einbehaltene Kapitalertragsteuer anrechnen und erstatten lassen.

---

[92] § 43 Abs. 1 S. 3 EStG
[93] § 43a Abs. 2 S. 2 und 3 EStG

Beispiel:

Ingo Invest überträgt am 30.06.2004 einen Zero-Bonds aus seinem Depot bei der Hamburger Elbebank in sein Depot bei der Frankfurter Mainbank. Ingo hatte den Zerobonds ehemals bei der Hamburger Elbebank zu 69 Prozent (Nominalbetrag 10.000 EUR) erworben. Ingo verkauft das Wertpapier am 23.04.2006 zu 87 Prozent.

Da der Bonds nicht ununterbrochen im Depot der Frankfurter Mainbank verwahrt wurde, muss diese die Zinsabschlagsteuer nach der so genannten 30-Prozent-Regel berechnen. Die Bemessungsgrundlage für die Zinsabschlagsteuer beträgt 30 Prozent von 8.700 EUR = 2.610 EUR. Die einzubehaltende Zinsabschlag beläuft sich auf 30 Prozent auf 2.610 EUR = 783 EUR.

Ausnahmen von der Pauschalbesteuerung[94]

Die Differenzmethode ist im Billigkeitswege auch dann anzuwenden, wenn eine Bank, die bisher nur Ansprechpartner des Kunden für dessen Wertpapiergeschäfte war und seine Aufträge an die Verwahrbank weiterleitete (Botenbank), das Wertpapierdepot von der Verwahrbank übernimmt, sofern die bisherige Botenbank (und jetzige Verwahrbank) lückenlos über sämtliche Kauf- und Verkaufsaufträge des Kunden verfügt und – anders als bei einem „normalen" Depotwechsel – vom Zeitpunkt des Erwerbs der Wertpapiere an über alle Bestandsveränderungen im Depot des Kunden informiert ist. Gleiches gilt im Falle einer Geschäftsstellenveräußerung von einem Kreditinstitut an ein anderes Kreditinstitut, wenn das die Geschäftsstelle erwerbende Kreditinstitut sämtliche Kauf- und Verkaufsaufträge des Kunden sowie Bestandsveränderungen im Depot des Kunden kennt.

Zusammenfassend ergibt sich hinsichtlich der Besteuerung von Finanzinnovationen im Rahmen der Einkommensteuer sowie beim Einbehalt der Zinsabschlagsteuer folgende Verfahrensweise (s. Abb. 13, S. 59).

3.3.4   Stückzinsen/Stückzinstopf[95]

Grundsätzlich sind als Bemessungsgrundlage für die Zinsabschlagsteuer die ungekürzten Zinserträge heranzuziehen (Bruttoprinzip). Hierzu gibt es jedoch in der Praxis eine wichtige Ausnahme.

Bei Zinserträgen aus festverzinslichen Wertpapieren, erhaltenen Stückzinsen, Veräußerungsgewinnen aus dem Verkauf von Zinskupons sowie erhaltenen Zwischengewinnen bei Investmentfonds kann das Kreditinstitut die im Zuflussjahr von Anleger gezahlten Stückzinsen und Zwischengewinne als negative Einnahmen aus Kapitalvermögen abziehen (modifiziertes Nettoprinzip, „Topflösung")[96]. Dabei ist es unerheblich, für welche Wertpapiere die Stückzinsen gezahlt wurden. Das depotführende Institut bildet für jeden Anleger einen

---

[94] Hierzu ausführlich: OFD Frankfurt, 17.1.2007, S 2406 A – 1 – St 54
[95] Ausführlich siehe Schmidt/Weber-Grellet, § 43 b EStG, Rz. 26 ff.
[96] OFD Frankfurt, 17.5.2004, S 2400 A – 34 – St 1.04

Finanzinnovationen	
Mit Emissionsrendite	**Ohne Emissionsrendite**

	Mit Emissionsrendite	**Ohne Emissionsrendite**

Einkommensteuer	**Emissionsrendite**
	
	   Kurs lt. Emissionsrendite
	– Kauf-/ Ausgabepreis
	= Einkünfte aus Kapitalvermögen
	
	   Verkaufs-/ Einlösungspreis
	– Kurs lt. Emissionsrendite
	= Kursgewinn/-verlust (ggf. privates Veräußerungsgeschäft)
	
	Voraussetzung
	Nachweis durch den Anleger
	
	Marktrendite
	     Verkaufs-/Einlösungspreis
	  – Kauf-/Ausgabepreis
	  = Bemessungsgrundlage für ESt	

Kapitalertragsteuer	**Differenzmethode**
	     Verkaufs-/ Einlösungspreis
	  – Kauf-/ Ausgabepreis
	  = Bemessungsgrundlage für ZAST
	  x 30 Prozent
	  = Zinsabschlagsteuer
	
	Voraussetzungen für Anwendung:
	▪ das Kreditinstitut hat das Wertpapier für den Kunden erworben,
	▪ es seitdem für ihn im Depot und
	▪ es wird aus dem Depot veräußert oder einlöst.
	
	30-Prozent-Regel
	     Verkaufs-/Einlösungspreis
	  x 30 Prozent
	  = Bemessungsgrundlage für ZAST
	  x 30 Prozent
	  = Zinsabschlagsteuer
	
	Anwendung, wenn Voraussetzungen für Differenzmethode nicht vorliegen (z. B. bei Depotüberträgen)	

Abbildung 13: *Zusammenhang zwischen Bemessungsgrundlage für die Einkommensteuer und die Zinsabschlagsteuer bei Finanzinnovationen*

Stückzinstopf. In diesen werden gezahlte und erhaltene Stückzinsen und Zwischengewinne eingestellt und miteinander verrechnet.[97]

Stückzinsen sind der rechnerische Zinsanteil, der auf den Zeitraum vom letzten Zinszahlungstermin (Kupontermin) bis zum Verkaufstermin eines festverzinslichen Wertpapiers entfällt. Beim Kauf des Wertpapiers hat der Käufer die Stückzinsen an den Verkäufer zu entrichten.

Zwischengewinne sind die im Rücknahmepreis eines Fondsanteils seit der letzten Ausschüttung bzw. Thesaurierung aufgelaufenen, noch nicht gutgeschriebenen steuerpflichtigen Zinseinnahmen.[98] Die bei Kauf bezahlten Zwischengewinne werden als negative Einnahmen im Stückzinstopf berücksichtigt.

Beispiel:
Der Rentenfonds Euro-Interest investiert in Unternehmensanleihen im Euro-Raum.

Der Fonds hat zu Beginn des Geschäftsjahres 2007 ein Volumen von 100.000.000 Mio. EUR, die Anzahl der umlaufenden Anteile beträgt 1.000.000 Stück. Der Fondspreis (Rücknahmepreis) beträgt somit zu Jahresbeginn 100 EUR. Aus didaktischen Gründen wird im Folgenden angenommen, dass das Zinsniveau sowie die Bonität der Emittenten unverändert bleiben (es entstehen innerhalb des Fonds somit keine Änderung der Kurswerte der erworbenen Wertpapiere), so dass Änderungen des Fondsvermögens ausschließlich auf im Fonds angefallene Zinserträge zurückzuführen sind. Auch die Anzahl der Anteile bleibt unverändert. Auch Kosten, die innerhalb des Fonds anfallen (Verwaltungsgebühren, Depotgebühren, Depotbankgebühren, etc.) bleiben aus Vereinfachungsgründen unberücksichtigt.

Der Fonds vereinnahmt bis zum 30. 6. 2007 Zinskupons aus Wertpapieren in Höhe von 2.000.000 EUR. Dieser Betrag hat die Liquidität des Fonds erhöht. Außerdem grenzt er zu diesem Zeitpunkt Zinsen in Höhe von 3.000.000 EUR ab, die im Laufe des Jahres noch fällig werden, diese werden im Fonds als Zinsansprüche ausgewiesen. Insgesamt weist die Fonds-Gewinn-und-Verlustrechnung somit Zinserträge in Höhe von 5.000.000 EUR aus, die den Anleger bisher noch nicht zugeflossen sind (= Zwischengewinne). Um diesen Betrag hat sich auch das Fondsvermögen erhöht.

Das Fondsvermögen beträgt somit per 30. 6. 2007 105.000.000 EUR. Darin enthalten sind Zinserträge in Höhe von 5.000.000 EUR. Der Fondspreis beträgt zum 20. 6. 2007 105 EUR. Darin enthalten sind 5 EUR Zwischengewinn je Anteil.

Ingo Invest erwirbt nun 1.000 Fondsanteile und zahlt dafür (ohne Berücksichtigung eines Ausgabeaufschlags) 105.000 EUR. Dieser Betrag enthält 5.000 EUR gezahlte Zwischengewinne (= 5 EUR je Anteil). Diese sind bei Ingo negative Einnahmen aus Kapitalvermögen und werden analog den gezahlten Stückzinsen (= negative Einnahmen aus Kapitalvermögen) behandelt. Diese werden in seinen Stückzinstopf eingestellt.

Umgekehrt stellen die im Rückgabepreis des Fonds enthaltenen Zwischengewinne beim Verkäufer Einnahmen aus Kapitalvermögen dar.

---

[97] § 43 a Abs. 3 EStG sowie OFD Frankfurt, 17. 5. 2004, S 2400 A – 34 – St I 1.04
[98] § 1 Abs. 4 InvStG

Die Zinsabschlagsteuer wird während des laufenden Kalenderjahres nur auf den positiven Saldo zwischen vereinnahmten und verausgabten Stückzinsen und Zwischengewinne erhoben. Ist der Saldo negativ, d.h. wurden mehr Stückzinsen gezahlt als vereinnahmt, so ist kein Zinsabschlag einzubehalten. Sinn des Stückzinstopfes ist es, eine zu hohe Steuervorauszahlung für den Anleger zu vermeiden.

> Beispiel:
>
> Ingo Invest erwirbt am 1.11.2006 eine festverzinsliche Anleihe von nominal 40.000 EUR zum Kurs von 100 Prozent und zahlt an den Verkäufer Stückzinsen in Höhe von 1.100 EUR. Am 1.12.2006 verkauft er die Anleihe wieder zum Kurs von 100 Prozent und erhält zusätzlich Stückzinsen in Höhe von 1.200 EUR. Per Saldo hat Ingo somit Zinseinnahmen in Höhe von 100 EUR erzielt. Ohne die Regelungen des Stückzinstopfes würde Ingo von der Bank Zinsabschlagsteuer in Höhe von 30 Prozent von 1.200 EUR = 360 EUR einbehalten, obgleich er per Saldo nur Zinseinnahmen von 100 EUR hat.
>
> Da im Rahmen der Stückzinstopfregelung jedoch gezahlte und erhaltene Stückzinsen verrechnet werden, beträgt die einzubehaltende Zinsabschlagsteuer 30 Prozent von 100 EUR = 30 EUR.

Ob von einem nach Verrechnung verbleibenden Nettoertrag tatsächlich ein Zinsabschlag einzubehalten ist, ist davon abhängig, ob ein Freistellungsauftrag bzw. eine Nichtveranlagungsbescheinigung vorliegt. Nähere Erläuterungen zum Freistellungsauftrag und zur Nichtveranlagungsbescheinigung finden sich in Kapitel 3.3.6.

Das System des Stückzinstopfes kann wie in Abbildung 14 (s. S. 62) dargestellt werden.

Folgende Positionen werden in den Stückzinstopf nicht einbezogen:

– Zinserträge aus nicht verbrieften Kapitalforderungen wie z.B. Tages- und Termingelder sowie Spareinlagen,

– Kapitalerträge, die der allgemeinen Kapitalertragsteuer von 20 Prozent bzw. 25 Prozent unterliegen (z.B. Dividenden).

Ebenfalls nicht in den Stückzinstopf einbezogen werden Tafelgeschäfte, da hier die Bank über gezahlte Stückzinsen nicht informiert ist.

Der Stückzinstopf kann nur für unbeschränkt steuerpflichtige Anleger geführt werden. Der Stückzinstopf wird am Ende des Kalenderjahres geschlossen und auf null gestellt. Ist es bis zum Jahresende nicht möglich, einen Überhang an gezahlten Stückzinsen beim Zinsabschlag zu berücksichtigen, können diese nicht auf das Folgejahr übertragen werden. Der Steuerpflichtige kann jedoch den Überhang im Rahmen seiner Einkommensteuererklärung als negative Einkünfte aus Kapitalvermögen geltend machen. Der Überhang wird in der Jahresbescheinigung ausgewiesen.

Zuführungen

▪ Gezahlte Stückzinsen bei Kauf depotverwahrter Wertpapiere

▪ Gezahlte Zwischengewinne

Entnahmen

▪ Erhaltene Stückzinsen bei Verkauf depotverwahrter Wertpapiere

▪ Fällige Kupons in- und ausländischer Wertpapiere sowie aus ausländischen Wandelanleihen und Gewinnobligationen

▪ Erhaltene Zwischengewinne aus der Veräußerung von depotverwahrten Anteilscheinen in- und ausländischer Investmentfonds

▪ Erhaltenen Ausschüttungen von Investmentfonds, soweit kapitalertragsteuerpflichtig

▪ Einnahmen aus der Veräußerung von Zinskupons

▪ Zinserträge aus durchgehaltenen oder weiterveräußerten Finanzinnovationen

Verrechnung

⇩

Überhang zinsabschlagsteuerpflichtiger Erträge

⇩

Freistellungsauftrag

⇩

Verbleibende Überhang zinsabschlag-steuerpflichtiger Erträge

⇩

Zinsabschlagsteuer

Abbildung 14:   *Schematische Darstellung des Stückzinstopfs*

Beispiel:

Ingo Invest (ledig) erteilt seiner Bank am 1.1.2007 einen Freistellungsauftrag in Höhe von 801 EUR. Am 15.1.2007 erhält er einen Zinskupon aus einer Bundesanleihe in Höhe von 1.000 EUR. Am 1.4.2007 kauft er eine Bundesanleihe und zahlt an den Verkäufer Stückzinsen von 2.500 EUR. Dividenden aus inländischen Aktien werden per 1.6.2007 ausgeschüttet, die Bruttodividende (vor Abzug der Kapitalertragsteuer) beträgt 2.000 EUR. Am 1.8.2007 erhält er aus einem Festgeld Zinsen von 2.000 EUR. Am 1.9.2007 verkauft er eine Anleihe und erhält vom Käufer Stückzinsen von 1.500 EUR.

Zur Berechnung des Zinsabschlags ist wie folgt vorzugehen:

Schritt 1:

Die Zinsgutschrift am 15.1.2007 führt zur vollständigen Ausnutzung des erteilten Freistellungsauftrags. Auf den übersteigenden Teil (1.000 EUR − 801 EUR =) 199 EUR sind 30 Prozent Kapitalertragsteuer zuzüglich 5,5 Prozent Solidaritätszuschlag einzubehalten.

Schritt 2:

Die am 1.4.2007 gezahlten Stückzinsen werden in den Stückzinstopf eingestellt.

Schritt 3:

Die Dividenden werden nicht in den Stückzinstopf einbezogen. Auf die Dividenden muss die ausschüttende Gesellschaft einen Kapitalertragsteuerabzug in Höhe von 20 Prozent zuzüglich 5,5 Prozent Solidaritätszuschlag vornehmen.

Schritt 4:

Auch die Festgeldzinsen werden nicht in den Stückzinstopf einbezogen. Da der Freistellungsauftrag bereits ausgeschöpft ist, muss die Bank auf die Festgeldzinsen die 30-prozentige Zinsabschlagsteuer zuzüglich Solidaritätszuschlag) vornehmen.

Schritt 5:

Die am 1.9.2007 vereinnahmten Stückzinsen von 1.500 EUR werden aus dem Stückzinstopf entnommen. Da im Stückzinstopf 2.500 EUR gezahlte Stückzinsen enthalten sind (vergleiche Schritt 2), ist keine Zinsabschlagsteuer einzubehalten. Nach Entnahme aus dem Stückzinstopf sind noch 1.000 EUR Stückzinsen darin enthalten.

Schritt 6:

Der Stückzinstopf wird zum 31.12.2007 geschlossen und auf null gestellt. Die noch darin enthaltenen gezahlten Stückzinsen in Höhe von 1.000 EUR werden Ingo in der Jahresbescheinigung ausgewiesen. Er kann sie als negative Einkünfte aus Kapitalvermögen im Rahmen seiner persönlichen Einkommensteuererklärung mit anderen positiven Einkunftsarten verrechnen.

Der Stückzinstopf wird rein personenbezogen geführt. Bei Ehegatten wird ein gemeinsamer Stückzinstopf nur im Falle eines Gemeinschaftskontos geführt. Soweit die Ehegatten jeweils auf ihren Namen lautende Einzelkonten führen, ist ein gemeinsamer Stückzinstopf nicht zugelassen.[99]

Bei Tod eines Anlegers ist der Stückzinstopf abzuschließen. Ein verbleibender Restbetrag kann nicht von den Erben, auch nicht vom Ehegatten, übernommen werden. Verrechnungen zwischen mehreren Depots eines Anlegers sind zulässig.

Eine Übertragung des Stückzinstopfes von einem Kreditinstitut auf ein anderes (z.B. bei Übertragung der Kontenverbindung) ist nicht möglich. In diesem Fall wird bei der abgeben-

---

[99] FinMin Sachsen, 9.2.1994, 32 − S 2252 − 24/2 − 5422

den Stelle der Stückzinstopf zum Jahresende geschlossen, während die übernehmende Stelle einen neuen Stückzinstopf für den Anleger eröffnen muss.

3.3.5 Entrichtung der Kapitalertragsteuer

Die Kapitalertragsteuer entsteht in dem Zeitpunkt, in dem die Kapitalerträge dem Gläubiger zufließen, also mit Auszahlung bzw. Gutschrift auf seinem Konto. Wer die Kapitalertragsteuer einzubehalten und abzuführen hat, richtet sich nach der Art der Kapitalerträge:[100]

Kapitalertrag	Kapitalertragsteuer ist einzubehalten durch
Gewinnanteile inländischer Gesellschaftsanteilen	Schuldner der Kapitalerträge
Erträge aus aktienähnlichen Genussrechten inländischer Emittenten	
Erträge aus (typisch) stillen Beteiligungen und partiarischen Darlehen an inländischen Handelsgewerben	
Zinsen aus Wandelschuldverschreibungen und Gewinnobligationen inländischer Emittenten	
Überschüsse aus Lebensversicherungsverträgen, die nach dem 31.12.2004 bei inländischen Versicherungsgesellschaften abgeschlossen wurden	Auszahlende Versicherungsgesellschaft
Zinsen aus Wertpapieren in- und ausländischer Emittenten	Auszahlendes inländisches Kreditinstitut bzw. Finanzdienstleistungsinstitut
Zinsen auf nicht verbriefte Guthaben bei inländischen Banken	

Abbildung 15:   *Einbehaltungspflicht bei der Kapitalertragsteuer*

Der Steuerabzug ist auf Rechnung des Gläubigers vorzunehmen. Die einzubehaltende Kapitalertragsteuer ist im Falle von Gewinnanteilen zum Zeitpunkt der Ausschüttung, in allen übrigen Fällen jeweils bis zum 10. des folgenden Kalendermonats an das zuständige Betriebsstättenfinanzamt abzuführen.[101] Eine Ausnahme hiervon bilden thesaurierende Investmentfonds. Hier wird die Kapitalertragsteuer auf die thesaurierten Erträge aus dem Fonds entnommen und mindert so den Anteilswert des Anlegers. Sofern der Anleger einen Freistellungsauftrag erteilt hat oder eine Nichtveranlagungsbescheinigung vorliegt, erfolgt in diesen Fällen eine Erstattung der einbehaltenen Kapitalertragsteuer durch die depotführende Bank, in der Regel durch Gutschrift zusätzlicher Fondsanteile (in der Praxis auch als „Steuerausschüttung" bezeichnet).

---

[100] § 44 Abs. 1 EStG

[101] § 44 Abs. 1 S. 5 EStG

3.3.6 Abstandnahme vom Kapitalertragsteuerabzug

Von Steuerabzug kann in folgenden Fällen Abstand genommen werden:

- Vorliegen eines Freistellungsauftrags[102]
- Vorliegen einer Nichtveranlagungsbescheinigung[103]

Freistellungsauftrag

Erteilt der Anleger seiner Bank einen Freistellungsauftrag, kann bis zur Höhe des Werbungs-kosten-Pauschbetrags und des Sparerfreibetrags der Einbehalt der Kapitalertragsteuer unter-bleiben. Hierdurch können ab 2007 Kapitalerträge von bis zu 801 EUR bei Ledigen und 1.602 EUR bei Zusammenveranlagten von der Kapitalertragsteuer freigestellt werden. Ist ein Freistellungsauftrag vor dem 1.1.2007 (und damit unter Berücksichtigung der damals noch höheren Freibeträge) erteilt worden, darf der Freistellungsbetrag für Erträge, die ab 2007 zufließen, nur zu 56,37 Prozent des Volumens des erteilten Freistellungsauftrags be-rücksichtigt werden.[104] Dabei darf eine Glättung auf den nächst höheren Euro-Betrag vorge-nommen werden.

Ein Freistellungsauftrag kann nur erteilt werden, wenn die Erträge zu den Einnahmen aus Kapitalvermögen gehören. Sind sie entsprechend dem Subsidaritätsprinzip einer anderen Einkunftsart zuzurechnen (z.B. Einkünfte aus Gewerbebetrieb oder selbstständiger Arbeit), so kann kein Freistellungsauftrag erteilt werden.

Der Freistellungsauftrag kann wahlweise einem Kreditinstitut zugeordnet oder bis zum o.g. Maximalbetrag auf mehrere Kreditinstitute verteilt werden. Freistellungsaufträge können bis zum Ende eines Jahres terminiert oder unbefristet erteilt werden. Sie können jederzeit gemindert, erhöht oder aber vollständig widerrufen werden. Wird der Frei-stellungsauftrag erst eingereicht, nachdem die Kapitalertragsteuer schon einbehalten wurde, so kann das Kreditinstitut die einbehaltene Kapitalertragsteuer nachträglich dem Anleger erstatten.

Freistellungsauftrag bei Ehegatten[105]

Ehegatten, die die Voraussetzung für die Zusammenveranlagung erfüllen, können nur einen gemeinsamen Freistellungsauftrag erteilen. Allerdings kann der gemeinsame Freistellungs-auftrag sowohl für Gemeinschaftskonten als auch für auf den Namen nur eines der Ehe-

---

[102] § 44a Abs. 1 Nr. 1 i. V. m. Abs. 2 Nr. 1 EStG
[103] § 44a Abs. 1 Nr. 2 i. V. m. Abs. 2 Nr. 2 EStG
[104] BMF, 4.8.2006, IV C 1 – S 2056 – 3/06, BStBl I, 2006, 490
[105] Siehe hierzu ausführlich BMF, 5.11.2002, IV C 1 – S 2400 – 27/02, BStBl 2002, 1346.

gatten geführten Kontos oder Depots erteilt werden. Partner einer nichtehelichen Lebensgemeinschaft sowie Partner eingetragener Lebenspartnerschaften nach dem Lebenspartnerschaftsgesetz dürfen für Gemeinschaftskonten – anders als Ehegatten – keine Freistellungsaufträge erteilen.

Haben Ehegatten bereits vor ihrer Eheschließung einzelne Freistellungsaufträge erteilt, können die Ehegatten für das Jahr der Eheschließung einen gemeinsamen Freistellungsauftrag für die Zeit nach der Eheschließung erteilen. Hierbei darf aber nur das verbleibende Freistellungsvolumen angegeben werden. Dieses errechnet sich aus dem ursprünglichen Freistellungsbetrag abzüglich der Summe der Kapitalerträge, die bereits aufgrund der von den Ehegatten einzeln erteilten Freistellungsaufträge „unbesteuert" geblieben sind. Alternativ können die Ehegatten den gemeinsamen Freistellungsauftrag für das ganze Kalenderjahr der Eheschließung erteilen. In diesem Fall muss in dem Freistellungsauftrag mindestens der von den Ehegatten bisher ausgenutzte Freistellungsbetrag angegeben werden. Eine rückwirkende Erstattung der bereits einbehaltenen Kapitalertragsteuer ist aufgrund des gemeinsamen Freistellungsauftrags nicht möglich.

Bei Scheidung darf im Jahr der Trennung noch ein gemeinsames Freistellungsvolumen berücksichtigt werden. Für die folgenden Kalenderjahre dürfen die Ehegatten nur auf ihre Person bezogene Freistellungsaufträge ausstellen.

Ab dem Todestag des Kontoinhabers verliert der Freistellungsauftrag seine Gültigkeit für die Konten, die auf seinen Namen lauten, und für ein eventuell bestehendes Gemeinschaftskonto mit seinem überlebenden Ehegatten. Der gemeinsame Freistellungsauftrag ist bis zum Ende des laufenden Kalenderjahres noch für Kapitalerträge wirksam, bei denen der verwitwete Ehegatte alleiniger Gläubiger ist (d. h. für ein bestehendes Einzelkonto des überlebenden Ehegattens). Die Bank ist verpflichtet, das ausgenutzte Freistellungsvolumen dem Bundeszentralamt für Steuern mitzuteilen. Die Daten werden dort gesammelt und ausgewertet. Übersteigen die Freistellungsaufträge einer Person den gesetzlich zulässigen Betrag, wird das Wohnsitzfinanzamt des Anlegers informiert.

Nichtveranlagungsbescheinigung

Der Abzug der Kapitalertragsteuer kann ebenfalls unterbleiben, wenn der Anleger unbeschränkt steuerpflichtig ist und anzunehmen ist, dass die Kapitalerträge die Sparerfreibeträge und den Werbungskosten-Pauschbetrag nicht übersteigen und für ihn eine Veranlagung zur Einkommensteuer nicht in Betracht kommt. Eine Nichtveranlagung zur Einkommensteuer ist dann gegeben, wenn das zu versteuernde Einkommen bei Ledigen 7.664 EUR und bei Verheirateten 15.328 EUR nicht übersteigt. Diese allgemeinen Veranlagungsgrenzen erhöhen sich um die bei den einzelnen Einkunftsarten zu berücksichtigenden Werbungskosten-Pauschbeträge sowie den Sonderausgaben-Pauschbetrag.

Bei ledigen Personen, die ausschließlich Zinseinkünfte erzielen (z. B. Kinder), erhöht sich die Grenze zur Veranlagung von 7.664 EUR um folgende Beträge:

	EUR
Werbungskosten-Pauschbetrag	51
Sparerfreibetrag	750
Sonderausgaben-Pauschbetrag	36

Das bedeutet z. B., dass ledige Personen, die keine weiteren Einkünfte beziehen, eine Nicht-veranlagungsbescheinigung (NV-Bescheinigung) erhalten können, wenn ihre Zinserträge 8.501 EUR nicht übersteigen.

Eine NV-Bescheinigung gibt es auf Antrag beim zuständigen Finanzamt auf hierfür speziell vorgesehenen Antragsvordrucken. Die NV-Bescheinigung gilt für drei Jahre, falls zwischenzeitlich keine Änderungen eintreten, die zur Einkommensteuerveranlagung führen. Es ist zu beachten, dass der Bank das Original vorgelegt werden muss und diese sich eine Kopie erstellen kann. Es ist dann ein entsprechender Vermerk „Original lag vor" anzubringen.

3.3.7 Erstattung der Kapitalertragsteuer

Bei Dividenden hat das auszahlende Unternehmen die Kapitalertragsteuer einzubehalten und abzuführen. Freistellungsaufträge sowie Nichtveranlagungsbescheinigungen gelten daher grundsätzlich nicht für den allgemeinen Kapitalertragsteuerabzug auf Gewinnausschüttungen, wie z. B. Dividenden, da hier das auszahlende Unternehmen und nicht das Kreditinstitut den Steuerabzug vorzunehmen hat. Damit in diesen Fällen zwecks Geltendmachung der einbehaltenen Kapitalertragsteuer nicht eine Einkommensteuerveranlagung erforderlich ist, ist für diese Fälle unter bestimmten Voraussetzungen eine Erstattung der Kapitalertragsteuer durch das Bundeszentralamt für Steuern vorgesehen, sodass im Ergebnis die Erträge dem Anleger ohne jeden Steuerabzug ausgezahlt werden.[106] Bei Vorliegen eines Freistellungsauftrags wird der steuerpflichtige Ertrag auf das Freistellungsvolumen angerechnet.

Das Kreditinstitut kann als Vertreter für den Anleger den Antrag auf Erstattung der Kapitalertragsteuer im Rahmen des Sammelantragsverfahrens stellen.[107] Dies setzt voraus, dass sich die Wertpapiere in einem auf den Namen des Dividendenempfängers lautenden Wertpapierdepot befinden. Das Kreditinstitut zahlt in diesen Fällen die Bruttodividende an den Anleger aus und beantragt anschließend beim Bundeszentralamt für Steuern die Erstattung der Kapitalertragsteuer.

Die Erstattung der Kapitalertragsteuer setzt voraus, dass der Anleger unbeschränkt steuerpflichtig ist. Bei beschränkt steuerpflichtigen Kapitalanlegern erfolgt immer der Einbehalt der Kapitalertragsteuer.

---

[106] § 44 b EStG
[107] § 45 b EStG

3.4   Ausländische Kapitalerträge

3.4.1 Welteinkommensprinzip

In Deutschland unbeschränkt steuerpflichtige Kapitalanleger unterliegen mit allen ihren Einkünften der deutschen Einkommensteuer (Welteinkommensprinzip). Hierzu gehören nicht nur die Einkünfte, die im Inland bezogen wurden, sondern auch solche Einkünfte, die im Ausland erwirtschaftet wurden. Das bedeutet, dass z. B. auch Erträge aus im Ausland angelegtem Kapitalvermögen auch der deutschen Einkommensteuer unterworfen wird und zwar unabhängig davon, in welchem Umfang bereits im Ausland eine Besteuerung erfolgt ist.

Da Kapitaleinkünfte im Ausland dort aber im Regelfall ebenfalls einer beschränkten Besteuerung in Form einer Quellensteuer unterliegen (da aus Sicht des Auslandes eine beschränkte Steuerpflicht vorliegt), kann es bei grenzüberschreitenden Kapitalanlagen zu einer Mehrfachbelastung (Doppelbesteuerung) ein und derselben Erträge kommen. Das Problem der internationalen Doppelbesteuerung tritt immer dann auf, wenn dieselben Einkünfte ein und derselben Person in zwei verschiedenen Staaten der Besteuerung unterworfen werden.

3.4.2 Grundzüge der Doppelbesteuerungsabkommen

Um diese Doppelbesteuerung zu vermeiden, wurden bilaterale Doppelbesteuerungsabkommen (DBA) zwischen den betroffenen Staaten geschlossen. Hierin wird das Besteuerungsrecht für eine bestimmte Einkunftsart grundsätzlich entweder dem Wohnsitzstaat des Steuerpflichtigen oder dem Quellenstaat der Einkünfte zugestanden. Ob und gegebenenfalls wie diese beiden Staaten im Anschluss dann auch tatsächlich von ihrem DBA-gemäßen Besteuerungsrecht Gebrauch machen, ist abhängig von den nationalen steuerrechtlichen Vorschriften des jeweiligen Staates.

Durch eine klare Zusortierung des Besteuerungsrechts für eine bestimmte Einkunftsart an den einen oder anderen Staat soll die Gefahr einer internationalen Doppelbesteuerung, d. h. einer gleichzeitigen Steuererhebung sowohl im Wohnsitz- als auch im Quellenstaat, von vornherein verhindert oder zumindest abgemildert werden.

Die Zahl der von der Bundesrepublik Deutschland mit anderen Staaten geschlossenen Doppelbesteuerungsabkommen erweitert sich ständig. Es bestehen Abkommen mit allen wichtigen westlichen Industriestaaten und mit einer Reihe von osteuropäischen und asiatischen Staaten sowie Entwicklungsländern, insgesamt derzeit knapp 100 Abkommen. Eine Zusammenstellung der geltenden Doppelbesteuerungsabkommen wird jährlich im Bundessteuerblatt abgedruckt.[108] Hierbei handelt es sich um Abkommen zwischen zwei Staaten.

---

[108] Zuletzt BMF 17. 1. 2007, IV B 5 – S 1301 – 68/06, BStBl I, 2007, 101

Ein EU-weites DBA besteht nicht. Diese Doppelbesteuerungsabkommen haben meist einen identischen Regelungsinhalt, der dem Musterabkommen der OECD[109] entspricht. Die Abmilderung der Doppelbesteuerung erfolgt entweder

- durch eine Befreiung der ausländischen Einkünfte von der Besteuerung in einem der beiden Staaten (**Freistellungsmethode**) oder
- durch eine Anrechnung der in Ausland gezahlten Steuern auf die im Inland festzusetzende Einkommensteuer (**Anrechnungsmethode**).

3.4.3 Freistellungsmethode

Bei der Freistellungsmethode werden die Einkünfte des Steuerpflichtigen in einem der beiden Staaten von der Besteuerung ausgenommen (freigestellt). Dies bedeutet, dass die betreffenden Einkünfte entweder

- nur in dem Staat versteuert werden, in dem sie erwirtschaftet wurden (Quellenstaat) oder aber
- nur in dem Staat einer Besteuerung unterliegen, in dem der Anleger ansässig ist (Ansässigkeitsstaat).

Die Freistellungsmethode findet insbesondere Anwendung auf folgende im Ausland erzielten Einkünfte:

- Einkünfte aus Land- und Forstwirtschaft,
- Einkünfte aus Gewerbebetrieb,
- Einkünfte aus selbstständiger Arbeit,
- Einkünfte aus nichtselbstständiger Arbeit,
- Zinserträge,
- Einkünfte aus unbeweglichem Vermögen (z. B. Vermietung und Verpachtung, mit Ausnahme Schweiz und Spanien)[110],
- Einkünfte aus Wertpapiergeschäften sowie Termin- und Optionsgeschäften,
- Einkünfte aus privaten Rentenversicherungen.

Einkünfte, die dem Freistellungsverfahren unterliegen, sind danach zu unterscheiden, ob sie im Ansässigkeitsstaat zu versteuern sind (somit im Quellenstaat steuerfrei bleiben) oder ob sie im Quellenstaat zu versteuern sind und daher im Ansässigkeitsstaat keiner Besteuerung unterliegen.

---

[109] Aktueller Stand des OECD-Musterabkommens 2005 ist der 15. Juli 2005.
[110] Stv. Art. 6 Abs. 1 bzw. Art. 23 Abs. 1 lB DBA Spanien

Einkünfte aus

- Zinsen,

- privaten Veräußerungsgeschäften,

- privaten Rentenversicherungen

werden nach den meisten Doppelbesteuerungsabkommen ausschließlich in dem Staat besteuert, in dem der Anleger ansässig ist. Diese Einkünfte blieben im Regelfall im Quellenstaat von der Besteuerung freigestellt. Nur einige wenige Staaten erheben z. B. auf Zinseinkünfte eine Quellensteuer.

> **Beispiel:**
>
> Ingo Invest hat bei einer französischen Bank ein Terminguthaben und bezieht hieraus Zinseinkünfte.
>
> Die Zinsen unterliegen in Deutschland der Einkommensteuer. In Frankreich sind die Zinsen nicht zu versteuern.

Demgegenüber sind die folgenden Einkünfte jeweils im Quellenstaat zu versteuern:

- Einkünfte aus Gewerbebetrieb,

- Einkünfte aus selbstständiger Arbeit,

- Einkünfte aus nichtselbstständiger Arbeit,

- Einkünfte aus unbeweglichem Vermögen (z. B. Vermietung und Verpachtung, mit Ausnahme Schweiz und Spanien).

In diesen Fällen werden die ausländischen Einkünfte von der Steuerbemessungsgrundlage im Inland ausgenommen. Damit werden allerdings auch ausländische Verluste im Ansässigkeitsstaat nicht berücksichtigt. Um dennoch eine Besteuerung nach der Leistungsfähigkeit sicherzustellen, wird auf das im Inland zu versteuernde Einkommen der Steuersatz angewendet, der sich für das Welteinkommen einschließlich der steuerfreien ausländischen Einkünfte ergibt (Progressionsvorbehalt).[111]

> **Beispiel:**
>
> Dr. Medicus (verheiratet) erzielt insgesamt inländische Einkünfte (zugleich zu versteuerndes Einkommen) von 105.000 EUR. Er bezieht darüber hinaus in Frankreich Einkünfte aus Vermietung und Verpachtung in Höhe von 20.000 EUR, die nach dem Doppelbesteuerungsabkommen in Deutschland steuerfrei sind. Jedoch unterliegen diese Einkünfte in Deutschland dem Progressionsvorbehalt:

---

[111] § 32 b Abs. 1 Nr. 3 EStG

	EUR
Zu versteuerndes Einkommen im Inland	105.000
Steuerfreie Einkünfte aus Vermietung und Verpachtung im Ausland	20.000
Steuersatz-Einkommen	125.000
Steuer auf Basis 125.000 EUR (aus EST-Tabelle)	44.586
Steuersatz auf Basis 125.000 EUR (44.586 EUR : 125.000 EUR)	35,67 Prozent
35,67 Prozent x 105.000 EUR zu versteuerndes Einkommen	37.454
Zum Vergleich:	
Steuer auf Basis 105.000 EUR (aus EST-Tabelle)	36.186
Mehrsteuer aufgrund Progressionsvorbehalt (37.454 − 36.186)	1.268

Aufgrund des Progressionsvorbehalts ergibt sich auf das in Deutschland zu versteuernde Einkommen in Höhe von 105.000 EUR eine Mehrsteuer von 1.268 EUR.

3.4.4 Anrechnungsmethode

Bei der Anrechnungsmethode wird zunächst im Ausland nach den dortigen steuerlichen Bestimmungen entsprechende Quellensteuer einbehalten. Dies sind bei Dividenden in der Regel 15–30 Prozent. Zinseinnahmen bleiben für den deutschen Anleger in den meisten Staaten unbelastet. Die im Ausland einbehaltene Quellensteuer gehört nach den deutschen steuerlichen Vorschriften mit zu den Einnahmen aus Kapitalvermögen. Entspricht die im Ausland erhobene Quellensteuer der deutschen Einkommensteuer, so wird diese auf die deutsche Einkommensteuer angerechnet, soweit diese auf die ausländischen Einkünfte dieses Staates entfällt.

Der Differenzbetrag zwischen der im Ausland erhobenen und nach dem Doppelbesteuerungsabkommen zulässigen Quellenbesteuerung wird zumeist auf Antrag im ausländischen Quellensteuerstaat erstattet (Ermäßigungsantrag). Die Anträge werden entweder vom kontoführenden Kreditinstitut im Auftrag des Anlegers oder auch direkt durch den Anleger gestellt. Die Antragsformulare hierfür sind beim Bundeszentralamt für Steuern erhältlich. Die Anrechnungsmethode findet insbesondere Anwendung auf folgende im Ausland erzielten Einkünfte:

- Dividendeneinkünfte,

- im Ausland erzielte Lizenzgebühren,

- Einnahmen aus der Tätigkeit als Künstler oder Berufssportler,

- Einnahmen aus der Tätigkeit als Mitglied im Aufsichts- und Verwaltungsrat einer ausländischen Gesellschaft,

- in Einzelfällen Einkünfte aus Vermietung und Verpachtung (z. B. Schweiz, Spanien).

Beispiel:

Ingo Invest bezieht von einer schweizerischen AG eine Dividende in Höhe von umgerechnet 10.000 EUR.

Aufgrund nationaler Vorschriften werden in der Schweiz von der AG 3.500 EUR Quellensteuer einbehalten und an den schweizerischen Fiskus abgeführt. Ingo erhält somit zunächst nur eine Gutschrift in Höhe von 6.500 EUR.

Da das Doppelbesteuerungsabkommen zwischen Deutschland und der Schweiz nur eine Quellensteuer in Höhe von 15 Prozent (1.500 EUR) vorsieht, kann sich Ingo den übersteigenden Betrag der Quellensteuer (3.500 EUR – 1.500 EUR =) 2.000 EUR auf Antrag vom schweizerischen Fiskus erstatten lassen. Die Definitivbelastung beträgt somit in der Schweiz 1.500 EUR.

In Deutschland muss Ingo die Dividenden als Einkünfte aus Kapitalvermögen besteuern, sie unterliegen hier dem Halbeinkünfteverfahren. Die in der Schweiz einbehaltene Quellensteuer in Höhe von 3.500 EUR gehört ebenfalls zu den Einkünften aus Kapitalvermögen. Soweit die deutsche Einkommensteuer auf die schweizerische Dividende entfällt, kann Ingo die in der Schweiz einbehaltene Quellensteuer von 15 Prozent auf die deutsche Einkommensteuer anrechnen. Unterstellt man für Ingo Invest einen persönlichen Einkommensteuersatz von 42 Prozent, so ergibt sich vereinfacht folgendes Ergebnis:

	EUR
Steuerbelastung bei Ausschüttung	
Bruttodividende	10.000
abzüglich schweizerische Quellensteuer (35 Prozent) abzuführen an den Schweizer Fiskus	– 3.500
(davon erstattungsfähig: 2.000 EUR), Erstattung erfolgt auf Antrag durch den Schweizer Fiskus	
(davon anrechenbar: 1.500 EUR)	
Nettoausschüttung	6.500
Besteuerung bei Ingo Invest	
Nettoausschüttung	6.500
zuzüglich erstattungsfähige Quellensteuer	+ 2.000
zuzüglich anrechenbare Quellensteuer	+ 1.500
Bruttodividende	10.000
davon steuerpflichtig (50 Prozent)	5.000
deutsche Einkommensteuer (z. B. 42 Prozent)	2.100
abzüglich anrechenbare Quellensteuer	– 1.500
noch zu zahlen	600

Zu beachten ist, dass die im Ausland einbehaltene Quellensteuer nur auf die deutsche Einkommensteuer angerechnet werden kann, die auf die Einkünfte des jeweiligen Landes entfällt („per-country-limitation").[112] Ist die anteilige deutsche Einkommensteuer geringer als die ausländische Quellensteuer, so entfällt eine darüber hinausgehende Anrechnung.

Beispiel:

Erno Baddels bezieht eine Dividende einer ausländischen AG in Höhe von 2.000 EUR, die einer ausländischen anrechenbaren Quellensteuer von 15 Prozent = 300 EUR unterliegen.

---

[112] § 34c EStG, § 68 a EStDV

Der Werbungskosten-Pauschbetrag sowie der Sparer-Freibetrag bleiben aus Vereinfachungsgründen außer Betracht. Der Steuersatz von Erno beträgt 25 Prozent.

Die Dividende ist aufgrund des Halbeinkünfteverfahrens in Höhe von 1.000 EUR einkommensteuerpflichtig, die hierauf entfallende deutsche Einkommensteuer beträgt 25 Prozent, somit 250 EUR. Zwar beträgt die anrechenbare Quellensteuer 300 EUR, jedoch kann diese nur bis zur Höhe der auf die ausländischen Einkünfte entfallende deutsche Einkommensteuer (250 EUR) angerechnet werden. Dies bedeutet, dass der Überhang an ausländischer Quellensteuer „verloren" geht.

3.4.5 Synopse ausländischer Quellensteuersätze

Nachfolgende Übersicht zeigt für ausgewählte Staaten die Belastung mit nationaler Quellensteuer sowie die nach dem DBA vorgesehene Ermäßigung:

Land	nationale Quellensteuer Dividenden (Prozent)	nationale Quellensteuer Zinsen (Prozent)	ermäßigte Quellensteuer gem. DBA	
			Dividenden (Prozent)	Zinsen (Prozent)
Belgien	25	25	15	0
Dänemark	28	0	15	0
Deutschland	20	30	15	0
Finnland	29	29	15	0
Frankreich	25	15	15	0
Griechenland	0	10	25	10
Großbritannien	25	20	15	0
Irland	20	27	0	0
Italien	27	12,5	15	10
Luxemburg	25	20	15	0
Niederlande	25	0	15	0
Norwegen	25	0	15	0
Österreich	25	20	15	0
Portugal	25	20	15	15
Schweden	30	0	15	0
Schweiz	30	35	15	0
Spanien	25	25/35	15	10

Abbildung 16:   *Quellensteuersätze ausgewählter europäischer Länder*

3.4.6 Fiktive Quellensteuer[113]

Bestimmte Entwicklungs- und Schwellenländer gewähren für Kapitalinvestoren Steuervergünstigungen in Form niedrigerer Quellensteuersätze bis hin zur völligen Quellensteuerfreiheit, um Investitionen im Land zu fördern. Die gewährten Vergünstigungen gehen beim

---

[113] Hamacher (2005)

unbeschränkt steuerpflichtigen Investor im Regelfall jedoch wieder verloren, da aufgrund der bestehenden Doppelbesteuerungsabkommen die Besteuerung der Kapitalerträge im Inland mit dem individuellen Steuersatz des Anlegers erfolgt. Um dies zu verhindern, wurde für diese Länder eine fiktive Quellensteuer eingeführt. Sie gilt für bestimmte Zinsen aus diesen Ländern.

Bei Kapitalerträgen aus diesen Ländern werden zwischen 10–20 Prozent der Zinsen als fiktive Abgabe in Form einer einbehaltenen Quellensteuer anerkannt, obwohl sie gar nicht anfällt, der Anleger also nicht belastet ist. Im Rahmen der Veranlagung zur deutschen Einkommensteuer kann der Anleger die fiktive Quellensteuer entweder als Werbungskosten von den Einkünften aus Kapitalvermögen abziehen oder direkt von der endgültigen Einkommensteuer abziehen lassen. Durch diesen Steuervorteil erhalten Anleger faktisch einen Renditezuschuss. Die Steigerung der Rendite nach Steuern fällt relativ gesehen umso größer aus, je höher der individuelle Einkommensteuersatz des Gläubigers liegt. Diese Renditeverbesserung wirkt sich allerdings nur aus, falls man tatsächlich Kapitalerträge über den Freigrenzen versteuern muss.[114]

Die Voraussetzungen für den Abzug der fiktiven Steuer sind in den einzelnen Doppelbesteuerungsabkommen unterschiedlich geregelt. Nachfolgende Tabelle zeigt eine Liste ausgewählter Länder, in denen die Anrechnung fiktiver Quellensteuer nicht an besondere Voraussetzungen geknüpft ist:

Land	anrechenbare fiktive Quellensteuer (Prozent)	Land	anrechenbare fiktive Quellensteuer (Prozent)
Bangladesch	15	Malaysia	15
Bolivien	20	Philippinen	15
China	15	Portugal	15
Ecuador	20	Türkei	10
Indonesien	10	Uruguay	20

Bei folgenden ausgewählten Ländern ist die Anrechnung der fiktiven Quellensteuer an den Nachweis geknüpft, dass die betreffenden Zinsen zur Förderung der wirtschaftlichen Entwicklung des Quellenstaats nicht oder nur ermäßigt besteuert werden:

Land	anrechenbare fiktive Quellensteuer (Prozent)	Land	anrechenbare fiktive Quellensteuer (Prozent)
Elfenbeinküste	15	Singapur	10
Griechenland	10	Trinidad/Tobago	15
Kenia	12,5	Tunesien	10
Marokko	10	Zypern	10

---

[114] BMF, 12.5.1998, IV C 6 – S 1301 – 18/98, BStBl I, 1998, 55

Bemessungsgrundlage für die Anrechnung der fiktiven Quellensteuer sind die um die tatsächlich einbehaltene Quellensteuer erhöhten Zinseinkünfte. Bei Zinseinkünften, die keinem Quellensteuerabzug unterlagen, entspricht der zugeflossene Zinsbetrag der Bemessungsgrundlage.

Die fiktive Quellensteuer wird ausschließlich auf den vereinnahmten Zinskupon angerechnet, daher sollten solche Anleihen nicht zwischen zwei Kuponterminen, sondern nach Möglichkeit unmittelbar nach Vereinnahmung des Kupons, d. h. ohne Stückzinsen veräußert werden.

Beispiel:

Ingo Invest möchte 100.000 EUR für zehn Jahre anlegen. Er überlegt, ob er eine Bundesanleihe (Kupon 4,25 Prozent) oder Türkeianleihe (Kupon 6,5 Prozent) mit Anrechnung fiktiver Quellensteuer erwerben soll. Die beiden Alternativen stellen sich wie folgt dar:

	Bundes-anleihe	Türkei-anleihe
	EUR	EUR
Anlagebetrag	100.000	100.000
Zinssatz	4,25 Prozent	6,5 Prozent
Zinseinnahmen	4.250	6.500
Werbungskosten-Pauschbetrag	– 51	– 51
Sparer-Freibetrag	– 750	– 750
Einkünfte aus Kapitalvermögen	3.449	5.699
deutsche Einkommensteuer (42 Prozent)	1.449	2.394
fiktive Quellensteuer (10 Prozent der Zinseinnahmen)		– 650
effektive Einkommensteuerbelastung	1.499	1.744
Nettoliquidität (= Zinseinnahmen – eff. Steuerbelastung)	2.751	4.756

3.5 Besteuerung der Kapitalerträge beschränkt Steuerpflichtiger im Inland

3.5.1 Inländische Einkünfte

Während für Steuerinländer das Welteinkommensprinzip gilt, unterliegen beschränkt einkommensteuerpflichtige Anleger (Steuerausländer) nur mit ihren inländischen Einkünften der Einkommensteuer.

Sofern mit dem jeweiligen Ansässigkeitsstaat des Kunden ein Doppelbesteuerungsabkommen besteht, richtet sich das Besteuerungsrecht nach dem jeweiligen Abkommen. Allerdings orientieren sich die meisten Doppelbesteuerungsabkommen am OECD-Musterabkommen, dessen Regelungsinhalt bereits oben dargestellt wurde.

Alle Einkünfte, die nicht inländische Einkünfte sind, insbesondere

▪ Zinserträge aus Guthaben bei inländischen Kreditinstituten,

▪ Zinsen aus festverzinslichen Wertpapieren oder

▪ Gewinne aus privaten Veräußerungsgeschäften

unterliegen nicht der deutschen Einkommensteuer. Sie können jedoch im Wohnsitzstaat des Anlegers nach dem Welteinkommensprinzip aufgrund der dort Rechtslage steuerpflichtig sein.

Verlegt ein Kunde aus privaten oder beruflichen Gründen seinen Wohnsitz ins Ausland, so endet in Deutschland seine unbeschränkte Einkommensteuerpflicht. Das uneingeschränkte Besteuerungsrecht steht ab diesem Zeitpunkt dem ausländischen Staat zu, da der Kunde dort im Normalfall seinen Lebensmittelpunkt hat. In Deutschland gilt der Kunde als Steuerausländer und ist nur noch beschränkt steuerpflichtig.

Der Steuersatz, mit dem die Einkünfte in Deutschland im Rahmen der Einkommensteuerveranlagung besteuert werden, richtet sich nach der allgemeinen Einkommensteuertabelle, allerdings beträgt der Mindeststeuersatz 25 Prozent.[115] Im Falle der Steuererhebung im Steuerabzugsverfahren gilt die erhobene Steuer jedoch als Definitivbelastung.

3.5.2 Steuerabzug bei beschränkt Steuerpflichtigen

Zur Sicherstellung des Steueraufkommens ist auch bei beschränkt Steuerpflichtigen bei bestimmten inländischen Einkünften ein Quellensteuerabzug vorgesehen. Neben den Einkünften aus nichtselbstständiger Arbeit (Quellensteuerabzug: Lohnsteuer) sind insbesondere die der beschränkten Steuerpflicht unterliegenden Einkünfte aus Kapitalvermögen (allgemeine Kapitalertragsteuer) hiervon betroffen.

Der Einbehalt der allgemeinen Kapitalertragsteuer auf Dividenden erfolgt – ebenso wie beim Steuerinländer – auf die Bruttoeinnahmen und nicht nur auf den steuerpflichtigen halben Ertrag. Mit dem Steuereinbehalt gilt bei beschränkt Steuerpflichtigen die Einkommensteuer als abgegolten. Die Abgabe einer deutschen Steuererklärung ist daher für diese Einkünfte nicht erforderlich. Der Steuerabzug kann auch nicht durch einen Freistellungsauftrag oder eine Nichtveranlagungsbescheinigung vermieden werden, da diese Möglichkeiten für Steuerausländer nicht bestehen. Ein Ausgleich von (positiven) Einkünften aus Kapitalvermögen mit Verlusten aus anderen Einkunftsarten sowie ein Verlustabzug (Verlustvortrag/ Verlustrücktrag) sind ausgeschlossen.[116]

Demgegenüber sind Steuerausländer von der Zinsabschlagsteuer in Deutschland grundsätzlich befreit. Somit bleiben insbesondere von Ausländern bei inländischen Kreditinstituten

---

[115] § 50 Abs. 3 EStG
[116] § 50 Abs. 2 EStG

unterhaltene Bankguthaben und Schuldverschreibungen vom Zinsabschlag ausgenommen. Eine Ausnahme gilt für Tafelgeschäfte. Hier ist ein Zinsabschlag von 35 Prozent einzubehalten. Für die Abstandnahme vom Zinsabschlag reicht es aus, dass das Kreditinstitut die Eigenschaft „Steuerausländer" aus dem ihm zur Verfügung stehenden Konto oder Depotunterlagen entnehmen kann. Entscheidend ist nicht die Nationalität, sondern die Ansässigkeit im Ausland. Diese muss gegenüber dem Kreditinstitut nachgewiesen werden.

3.5.3 Veranlagung beschränkt Steuerpflichtiger

Bei der Veranlagung beschränkt steuerpflichtiger Personen werden folgende steuerliche Vergünstigungen nicht gewährt:[117]

- kein Werbungskostenabzug und kein Werbungskosten-Pauschbetrag,

- kein Sparerfreibetrag für Einkünfte aus Kapitalvermögen,

- kein Verlustabzug,

- kein Kinderfreibetrag,

- keine Berücksichtigung außergewöhnlicher Belastungen,

- keine Abzugsfähigkeit von Unterhaltsleistungen an den geschiedenen Ehegatten,

- keine Gewährung des Splittingtarifs.

3.6 Zinsinformationsverordnung und EU-Zinsrichtlinie

Seit 1.7.2005 ist die von der Bundesregierung beschlossene Zinsinformationsverordnung (ZIV) wirksam, welche die EU-Zinsrichtlinie in nationales Recht transferiert.[118] Danach sind alle Kreditinstitute in Deutschland verpflichtet, für nach dem 30.6.2005 anfallende Zinserträge von natürlichen Personen mit Wohnsitz in einem anderen EU-Mitgliedstaat Meldungen an das Bundeszentralamt für Steuern zu machen, das diese dann an die zuständige Behörde des Wohnsitzstaates weiterleitet.[119] Umgekehrt werden die Banken in anderen EU-Ländern verpflichtet, Meldungen über Zinserträge an die für sie zuständige Behörde zu erstatten, die diese dann an das Bundeszentralamt für Steuern weiterleitet. Hierdurch werden die Finanzämter auch dann über Zinszahlungen informiert, wenn diese nicht in der Steuererklärung aufgeführt sind. Dieser Informationsaustausch erfolgt zwischen den Mitgliedstaaten der EU in einem automatisierten Verfahren.

---

[117] § 50 Abs. 1 EStG

[118] § 45 e EStG

[119] §§ 8, 9 ZIV

Der Meldepflicht unterliegen nur **Zinserträge**. Hierunter fallen:[120]

▧ Zinsen aus Bankguthaben,

▧ Zinsen aus verzinslichen Wertpapieren einschließlich Stückzinsen,

▧ Erträge aus Finanzinnovationen (ab- und aufgezinste Kapitalforderungen),

▧ Erträge aus Wandelschuldverschreibungen und anleihenähnlichen Genussrechten,

▧ Erträge aus typisch stillen Beteiligungen und partiarischen Darlehen.

Bei ausschüttenden Investmentfonds unterliegt nur der „Zinsanteil" der Meldepflicht. Ausschüttungsanteile, die auf Dividenden oder Veräußerungsgewinne zurückzuführen sind, sind nicht zu melden.

Bei thesaurierenden Fonds sind nur die Zinserträge von Fonds betroffen, die mehr als 40 Prozent ihres Vermögens in „Zinspapieren" angelegt haben.[121] Daher beschränkt sich die Anwendung der EU-Zinsrichtlinie auf thesaurierende Geldmarkt-, Renten- bzw. (gegebenenfalls) gemischte Fonds. Ab dem 1.1.2011 sinkt diese Grenze auf 25 Prozent.[122] Außerdem weichen bei thesaurierenden Fonds der Meldezeitpunkt und der Versteuerungszeitpunkt voneinander ab, da die thesaurierte Erträge mit Ablauf des Geschäftsjahres steuerlich als zugeflossen gelten; die Meldung nach der EU-Zinsrichtlinie jedoch erst bei der Rückgabe der Anteile erfolgt.

Nicht von der Zinsrichtlinie betroffen sind insbesondere:

▧ Dividendenerträge,

▧ Erträge aus Zertifikaten (Ausnahme: Garantiezertifikate),

▧ Erträge aus Investmentfonds, die die o.g. Kriterien nicht erfüllen.

Meldepflicht besteht auch gegenüber solchen Staaten, die selbst noch nicht an diesem Meldeverfahren teilnehmen, sondern für eine Übergangzeit noch berechtigt sind, eine Quellensteuer zu erheben. Dies gilt insbesondere neben den EU-Ländern Belgien, Luxemburg und Österreich auch für die Schweiz, Liechtenstein Monaco und San Marino.

Diese Staaten erheben auf die o.g. (eigentlich meldepflichtigen) Erträge, die ein Anleger mit Wohnsitz in einem anderen EU-Mitgliedstaat erzielt, einen Steuerabzug, der derzeit 15 Prozent beträgt, ab 1.7.2008 auf 20 Prozent und ab 1.7.2011 auf 35 Prozent ansteigt. Von der einbehaltenen Quellensteuer werden 75 Prozent an den Wohnsitzstaat weitergeleitet, ohne über Namen oder andere Daten des Anlegers zu informieren. Dieser hat jedoch die Möglichkeit, die Quellensteuer im Wohnsitzstaat auf seine persönliche Einkommensteuerschuld in voller Höhe anrechnen zu lassen, ähnlich der deutschen Kapitalertragsteuer. Daher unterscheidet sich diese Quellensteuer wesentlich von der „normalen" ausländischen Steuer, wel-

---

[120] § 6 Abs. 1 ZIV
[121] § 6 Abs. 3 ZIV, BMF, 6.1.2005, IV C 1 – S 2000 – 363/04, BStBl 2005, 29
[122] § 6 Abs. 6 ZIV

che nur unter Beachtung der Anrechnungsbegrenzung des § 34 a EStG angerechnet werden kann.

Hierzu erhält er von der ausländischen Zahlstelle eine Bescheinigung über die einbehaltene Quellensteuer, die er seiner Einkommensteuererklärung beifügen kann. Die Meldepflicht gilt für einen Übergangszeitraum bis 31. 12. 2010 nicht für in- und ausländische Anleihen, die erstmals vor dem 1. 3. 2001 begeben oder deren Emissionsprospekte vor diesem Zeitpunkt genehmigt wurde (so genannte „grandfather-bonds").

Um den Quellensteuerabzug zu vermeiden, sieht die EU-Zinsrichtlinie zwei Möglichkeiten vor:

- Der Anleger kann die ausländische Zahlstelle (Bank) zum Informationsaustausch ermächtigen.

- Der Anleger kann der ausländischen Zahlstelle eine vom zuständigen deutschen Finanzamt ausgestellte Bescheinigung vorlegen, die der Zahlstelle ermöglicht, den Quellensteuerabzug nicht vorzunehmen.

Ob im Staat der Quellensteuererhebung beide Verfahren oder gegebenenfalls nur eines der Verfahren angewandt wird, kann grundsätzlich bei der ausländischen Zahlstelle erfragt werden.

4. Besteuerung privater Veräußerungsgeschäfte

4.1 Grundsatzbemerkungen zur steuerfreien Vermögenssphäre

Mehrungen des Privatvermögens werden grundsätzlich einkommensteuerrechtlich nicht erfasst, selbst dann nicht, wenn aus ihrer Nutzung steuerpflichtige Einnahmen erzielt werden, z. B. Kapitalvermögen und Mietwohngrundstücke.

Soweit diese Vermögensmehrungen jedoch innerhalb eines bestimmten Zeitraums (Veräußerungsfrist) anfallen, handelt es sich um steuerpflichtige Gewinne aus privaten Veräußerungsgeschäften.[123] Die Besteuerung als privates Veräußerungsgeschäft ist – wie bereits die Besteuerung der Einkünfte aus Kapitalvermögen – im Verhältnis zu den anderen Einkunftsarten subsidiär. Werden also Wirtschaftsgüter, die zu einem Betriebsvermögen gehören, veräußert, sind die Veräußerungsgewinne stets bei den Einkünften aus Gewerbebetrieb, aus Land- und Forstwirtschaft oder selbstständiger Arbeit zu erfassen.

Beispiel:

Ingo Invest hat im Jahr 1999 fünf Prozent der Anteile der Baddels AG zum Preis von 1,5 Mio. EUR erworben. Er verkauft in 2007 die Anteile zum Preis von 2,1 Mio. EUR.

Da Ingo mehr als ein Prozent am Grundkapital der AG beteiligt war, ist der Veräußerungsgewinn in Höhe von 600.000 EUR gemäß § 17 EStG als Einkünfte aus Gewerbebetrieb steuerpflichtig. Auf die Beachtung der Jahresfrist kommt es in diesem Fall nicht an.

---

[123] § 23 EStG

4.2   Arten der privaten Veräußerungsgeschäfte

4.2.1 Grundstücksveräußerung

Hierunter fallen Veräußerungsgeschäfte von Grundstücken und grundstücksgleichen Rechten, bei denen der Zeitraum zwischen Anschaffung und Veräußerung nicht mehr als zehn Jahre beträgt.[124] Wurde das Grundstück innerhalb dieses Zeitraums bebaut, so ist der auf das Gebäude entfallenden Gewinn mit einzubeziehen. Gewinne aus dem Verkauf einer selbstgenutzten Immobilie unterliegen nicht der Spekulationsbesteuerung.

> Beispiel:
>
> Mit notariellem Vertrag vom 30.12.2005 erwirbt Ingo Invest ein unbebautes Grundstück zum Preis von 50.000 EUR. Er bebaut das Grundstück mit einer Wohnimmobilie und veräußert das bebaute Grundstück am 1.5.2007 zum Preis von 450.000 EUR.
>
> Der erzielte Gewinn von 400.000 EUR ist als privates Veräußerungsgeschäft einkommensteuerpflichtig.

4.2.2 Veräußerungsgeschäfte bei anderen Wirtschaftsgütern

Hierunter fallen Veräußerungsgeschäfte bei anderen Wirtschaftsgütern, insbesondere bei Wertpapieren, bei denen der Zeitraum zwischen Anschaffung und Veräußerung nicht mehr als ein Jahr beträgt.[125] Nicht hierunter fällt jedoch nach Auffassung der Finanzverwaltung der Verkauf von Gebrauchsgegenständen des täglichen Lebens, wie z. B. Jahreswagen.[126]

4.2.3 Leerverkäufe

Leerverkäufe sind Veräußerungsgeschäfte, bei denen die Veräußerung der Wirtschaftsgüter (z. B. Wertpapiere) früher erfolgt als der Erwerb (so genannte Fixgeschäfte).[127] Gewinne aus Leergeschäften sind stets einkommensteuerpflichtig – unabhängig von der einjährigen Veräußerungsfrist.

4.2.4 Termingeschäfte

Der Besteuerung unterliegen auch Termingeschäfte (= Abschluss und Erfüllung des Geschäfts fallen auseinander), durch die der Steuerpflichtige einen Differenzausgleich oder

---

[124] § 23 Abs. 1 Nr. 1 EStG

[125] § 23 Abs. 1 Nr. 2 EStG

[126] OFD Chemnitz, 18.12.2001, S 2256 – 38/5 – St 22

[127] § 23 Abs. 1 Nr. 3 EStG

einen durch den Wert einer veränderlichen Bezugsgröße bestimmten Geldbetrag oder Vorteil erlangt.[128] Hierunter fallen insbesondere Geschäfte,

- die ein Recht auf Zahlung eines Differenzbetrags einräumen (z. B. Devisentermingeschäfte mit Differenzausgleich, Index-Optionen, Futures, Swaps),
- die Zahlungsansprüche z. B. für den Fall gewähren, dass sich der Kurs der Bezugsgröße, z. B. der DAX, während der Laufzeit innerhalb einer bestimmten Bandbreite bewegt („range warrants"),
- bei denen sich der versprochene Geldbetrag an der Wertentwicklung von Wertpapieren oder anderen Bezugsgrößen, z. B. Indizes, Futures, Zinssätzen, orientiert. Als Termingeschäfte gelten auch Vollrisikozertifikate.[129]

Voraussetzung für die Steuerpflicht ist, dass der Zeitraum zwischen Erwerb und Beendigung des Rechts nicht mehr als ein Jahr beträgt.

Wird jedoch die volle oder teilweise Rückzahlung des eingesetzten Kapitals oder ein Entgelt für die Kapitalüberlassung garantiert, wie dies z. B. bei Garantiezertifikaten der Fall ist, liegen Einkünfte aus Kapitalvermögen vor.

4.3 Anschaffungs- und Erwerbsvorgang

4.3.1 Entgeltliche Anschaffung

Die Anschaffung der Wertpapiere bzw. Rechtspositionen durch den Kapitalanleger gegen Entgelt ist zwingende Voraussetzung für ein privates Veräußerungsgeschäft. Welche Beweggründe der Steuerpflichtige für die Anschaffung des Wirtschaftsguts hat, ist unerheblich. Es ist z. B. nicht erforderlich, dass der Anleger die Wertpapiere bereits mit Spekulationsabsicht kauft. Auch ist es unerheblich, aus welchen Gründen der Anleger die Wertpapiere veräußert. Werden Wertpapiere vererbt oder verschenkt, liegt keine Anschaffung in diesem Sinne vor. In diesen Fällen gelten die Wertpapiere als vom Schenker bzw. Erblasser angeschafft. Der auf ihn entfallende Besitzzeitraum ist bei Ermittlung des Ablaufs der Spekulationsfrist mit zu berücksichtigen (**Fußstapfen-Theorie**).

> Beispiel:
>
> Ingo Invest erbt am 1.7.2007 von seinem Onkel Theobald ein Wertpapierdepot mit 100 Aktien der Chemie AG. Der Onkel hatte diese Aktien am 1.5.2004 zum Kurs von 50 EUR erworben. Da Ingo dringend Geld benötigt, verkauft er die Aktien am 1.8.2007 zum Kurs von 60 EUR.

---

[128] § 23 Abs. 1 Nr. 4 EStG
[129] § 23 Abs. 1 Nr. 4 S. 2 EStG

Die Erbschaft stellt keinen entgeltlichen Erwerb dar. Bei Ermittlung der Spekulationsfrist ist daher die Vorbesitzzeit des Onkels mit zu berücksichtigen. Die Spekulationsfrist war daher am 1.8.2005 bereits abgelaufen. Der Gewinn in Höhe von 1.000 EUR ist nicht steuerpflichtig.

4.3.2 Fingierte Anschaffungsvorgänge[130]

Aktientausch

Bei Übernahme einer Aktiengesellschaft durch eine andere Gesellschaft wird den Anlegern des Übernahmekandidaten häufig ein Tausch ihrer Aktien gegen Aktien des Übernehmers angeboten. Ein Beispiel hierfür ist der Zusammenschluss zwischen UniCredit und HypoVereinsbank.

Steuerrechtlich wird der Aktientausch als Verkauf der Alt-Aktien und Kauf der neuen Aktien gewertet. Als Zeitpunkt der Veräußerung gilt der Tag, an dem der Steuerpflichtige das Angebot zum Tausch der Aktien annimmt.

Hat der Aktionär die hingegebenen (Alt-)Aktien innerhalb der Jahresfrist erworben, so liegt ein privates Veräußerungsgeschäft vor. Bei Verkauf der neuen Aktien innerhalb eines Jahres nach Tausch unterliegt der gegebenenfalls dabei erzielte Veräußerungsgewinn ebenfalls der Besteuerung als privates Veräußerungsgeschäft.

Bonusaktien

Bonusaktien wurden im Rahmen des Börsengangs der Deutschen Telekom AG sowie der Deutschen Post AG den Aktionären gewährt, wenn sie die ursprünglich zugeteilten Aktien über einen bestimmten Zeitpunkt hinaus gehalten haben.

Die Ausgabe von Bonusaktien ist ebenfalls ein Anschaffungsgeschäft. Die Bonusaktien gelten als in dem Zeitpunkt angeschafft, in dem die Aktiengesellschaft die Ausgabe der Bonusaktien beschließt. Ist der Bezug der Bonusaktien von einer bestimmten Leistung des Aktionärs abhängig (z.B. Einhalten einer Mindesthaltefrist für die bereits erworbenen Aktien), gelten die Bonusaktien erst mit dem Erbringen dieser Leistung als angeschafft.

Der Bezug der Bonusaktien ist beim Anleger als Einkünfte aus Kapitalvermögen[131] am Tag der Depoteinbuchung steuerlich zu erfassen. Hierbei wird der niedrigste Kurswert der Aktien an einer deutschen Börse einschließlich XETRA-Handel am Tag der Depoteinbuchung

---

[130] BMF 25.10.2004, IV C 3 – S 2256 – 238/04, BStBl I, 2004, 1034
[131] BFH, 7.12.2004, VIII R 70/02, BStBl II, 2005, 468

zugrunde gelegt.[132] Werden die Bonusaktien innerhalb der einjährigen Behaltefrist veräußert, wird dieser Wert als Anschaffungskosten bei Ermittlung der Veräußerungsergebnisses angesetzt.[133]

Stock-Options

Übt ein Arbeitnehmer eine ihm von seinem Arbeitgeber eingeräumte Option zum Bezug von Aktien des Arbeitgebers (Stock-Options) aus, gelten die Aktien am Tag der Optionsausübung als angeschafft. Bei späterem Verkauf der Aktien ist als Anschaffungspreis der als geldwerter Vorteil bei den Einkünften aus nichtselbstständiger Arbeit erfasste Wert anzusetzen einschließlich der zu leistenden Zuzahlung.[134]

Beispiel:

Ingo Invest erhält von seinem Arbeitgeber 100 nicht handelbare Aktienoptionen (Stock-Options), mit denen er Aktien seines Arbeitgebers zu einem Preis von 40 EUR nach Ablauf einer dreijährigen Sperrfrist beziehen kann.

Nach Ablauf der Sperrfrist erwirbt Ingo die Aktien, der Börsenkurs beträgt zu diesem Zeitpunkt 45 EUR. Zwei Monate später veräußert er die bezogenen Aktien zum Kurs von 47 EUR.

Bei Bezug stellt der gewährte Vorteil von 5 EUR pro Aktie, somit insgesamt 500 EUR einen geldwerten Vorteil dar, der als Einkünfte aus nichtselbständiger Arbeit zu erfassen ist. Gleichzeitig beginnt die einjährige Veräußerungsfrist zu laufen. Der Anschaffungskurs der Aktien ermittelt sich aus dem gezahlten Basispreis von 4.000 EUR zuzüglich dem bereits versteuerten geldwerten Vorteil von 500 EUR und beträgt daher 4.500 EUR. Der Gewinn aus dem privaten Veräußerungsgeschäft beträgt daher (4.700 EUR − 4.500 EUR =) 200 EUR.

Aktiensplit

Nicht als Anschaffungsvorgang behandelt wird der Aktiensplit. Als Anschaffungszeitpunkt der bei einem Aktiensplitt zugeteilten Aktien gilt der Tag, an dem der Steuerpflichtige ursprünglich die jetzt gesplitteten Aktien angeschafft hat. Daher kommt es bei einem Aktiensplit zu keinerlei Auswirkungen auf den Ablauf der Spekulationsfrist.

Die Anschaffungskosten der Aktien sind nach dem Split-Verhältnis auf die neue Anzahl an Aktien aufzuteilen.

---

[132] OFD Münster, 18.5.2005, o. Az. sowie BMF 10.12.1999, IV C 6 – S 1900 – 228/991, BStBl I, 1999, 1129

[133] Ausführlich hierzu OFD Magdeburg, 7.4.2006, S 2256 – 17 – St 214 sowie BMF 6.9.2000, C 3 – S 2256 – 226/00

[134] OFD Frankfurt, 16.10.2003, S 2256 A – 22 – St II 2.08

Wandlung

Die Ausübung von Rechten aus Wandelanleihen, Optionsanleihen und Umtauschanleihen stellt eine Anschaffung des bezogenen Wertpapiers dar. Mit der Ausübung des jeweiligen Rechts werden die Wertpapiere angeschafft.

4.3.3 Veräußerung

Die entgeltliche Veräußerung der Wertpapiere ist eine unentbehrliche Voraussetzung für das Vorliegen eines privaten Veräußerungsgeschäfts.

Der Begriff Veräußerung ist weit auszulegen. Unter den Tatbestand der Veräußerung fallen nicht nur Kaufverträge, sondern auch Tauschverträge. Die Rückabwicklungen von Anschaffungsgeschäften, wie etwa das Storno eines Wertpapierkaufs, stellt jedoch keine Veräußerung des Wertpapiers dar.

Eine Veräußerung liegt auch vor, wenn eine Forderung unter dem Nennbetrag erworben und dann eingezogen wird.[135] Dies ist regelmäßig bei festverzinslichen Wertpapieren der Fall, die innerhalb der Jahresfrist vor dem Fälligkeitstermin unter dem Rückzahlungsbetrag gekauft werden.

> Beispiel:
>
> Ingo Invest erwirbt am 1.5.2007 eine Niedrigzinsanleihe über nominal 200.000 EUR zum Kurs von 99,5 Prozent. Am 1.11.2007 wird die Anleihe zum Nennbetrag zurückgezahlt.
>
> Ingo erzielt einen Einlösungsgewinn in Höhe von 0,5 Prozent von 200.000 EUR = 1.000 EUR. Obwohl die Anlage nicht veräußert sondern eingelöst wurde, ist der Gewinn von 1.000 EUR als privates Veräußerungsgeschäfts steuerpflichtig, da er innerhalb der einjährigen Behaltefrist angefallen ist.

4.4 Berechnung der Veräußerungsfrist

Die Veräußerungsfrist beträgt für Aktien und andere Wertpapiere ab dem Erwerbszeitpunkt ein Jahr. Die Berechnung der Spekulationsfrist erfolgt nach den allgemeinen Rechtsvorschriften.[136]

Hierbei ist nicht die Verschaffung der Verfügungsmacht an den Wertpapieren, sondern der Abschluss des obligtorischen Rechtsgeschäfts maßgeblich. Werden Wertpapiere an der Börse erworben, wird das obligatorische Rechtsgeschäft in dem Zeitpunkt abgeschlossen, in dem der Börsenhändler, den der Steuerpflichtige oder das ihn vertretende Kreditinstitut beauf-

---

[135] BFH 13.12.1961, VI 133/60 U, BStBl III, 1962, 127
[136] § 108 AO i. V. m. §§ 187 – 193 BGB

tragt hat, den Kaufauftrag ausführt (so genannter Schlusstag). Wird ein neu emittiertes Wertpapier gezeichnet, liegt ein rechtsgültiger Kaufvertrag erst in dem Zeitpunkt vor, in dem entschieden wird, dass es zur Zuteilung der gezeichneten Wertpapiere kommt (Annahme des Kaufvertrags-Angebots durch den Emittenten oder seinen Vertreter).

Bei Wandel- und Optionsanleihen werden die bezogenen Aktien zum Zeitpunkt der Ausübung des Options- bzw. Wandlungsrechts erworben.

> Beispiel:
>
> Ingo Invest erteilt seinem Kreditinstitut am 25.5.2006 den Auftrag 5.000 Aktien der Solar-Energie AG billigst zu kaufen. Dias Geschäft wird noch am gleichen Tag an der Börse geschlossen. Die Abrechnung des Geschäfts gegenüber Ingo erfolgt am 28.5.2006.
>
> Der maßgebliche obligatorische Vertrag ist am 25.5.2006 zustande gekommen. Die einjährige Veräußerungsfrist beginnt mit dem 26.5.2006 und ist mit Ablauf des 25.5.2007 24:00 Uhr abgelaufen, so dass Ingo die Aktien ab 26.5.2007 steuerfrei veräußern kann.

Leerverkäufe sind stets private Veräußerungsgeschäfte, unabhängig von der Einhaltung der einjährigen Behaltefrist.

Befinden sich die Wertpapiere in Girosammelverwahrung und wurden gleiche Wertpapiere zu verschiedenen Zeitpunkten erworben, wird unterstellt, dass die zuerst angeschafften Wertpapiere zuerst veräußert werden (FiFo, First-in-First-out-Verfahren).[137]

> Beispiel:
>
> Ingo Invest kaufte Aktien der SolarEnergieAG, die sich in seinem Depot in Girosammelverwahrung befanden, zu folgenden Zeitpunkten:
>
> | | |
> |---|---|
> | 1.7.2006 | 50 Aktien zu 120 EUR |
> | 25.10.2006 | 80 Aktien zu 160 EUR |
> | 13.11.2006 | 120 Aktien zu 150 EUR |
>
> Am 1.8.2007 verkauft er 150 Aktien zum Preis von 200 EUR. Bei der Veräußerung wird unterstellt, dass die zuerst angeschafften Aktien auch zuerst veräußert wurden. Hinsichtlich der am 1.7.2006 angeschafften 50 Aktien ist somit die einjährige Spekulationsfrist zum Zeitpunkt der Veräußerung abgelaufen. Damit liegt nur für die übersteigenden 100 Aktien ein privates Veräußerungsgeschäft vor. Der Spekulationsgewinn wird wie folgt ermittelt:
>
> | | EUR |
> |---|---|
> | Veräußerungserlös (100 Aktien × 200 EUR) | 20.000 |
> | Anschaffungskosten von 80 Aktien am 25.10. erworben | – 12.800 |
> | Anschaffungskosten von 20 Aktien am 13.11. erworben | – 3.000 |
> | Gewinn | 4.200 |

---

[137] FinMin Bremen, 25.7.2005, S 2256 – 5589 – 11 – 1

4.5 Ermittlung des Veräußerungsgewinns und Halbeinkünfteverfahren

Das Veräußerungsergebnis ermittelt sich wie folgt:

	Veräußerungspreis
−	Anschaffungskosten
−	Anschaffungsnebenkosten
−	Veräußerungskosten
=	Gewinn/Verlust aus privatem Veräußerungsgeschäft

Abbildung 17:   *Ermittlungsschema für das Veräußerungsergebnis*

Werden Wertpapiere in Fremdwährung erworben, ist der Gewinn zunächst auch in Fremdwährung zu ermitteln und dann mit dem Euro-Kurs des Verkaufstages umzurechnen. Ein hierbei entstehender Fremdwährungsgewinn ist separat hinsichtlich der Spekulationsfrist zu würdigen.

Ein steuerpflichtiges privates Veräußerungsgeschäft liegt auch vor, wenn im Rahmen von Fremdwährungskonten Fremdwährungsbeträge gegen Umtausch in Euro erworben und innerhalb der Jahresfrist in Euro zurückgetauscht werden. Dieser Vorgang ist wirtschaftlich als Anschaffung und Veräußerung einer Forderung zu behandeln.

Bei der Ermittlung des Veräußerungsgewinns bzw. -verlusts von Aktien gilt das Halbeinkünfteverfahren. Danach dürfen der Veräußerungspreis, die ursprünglichen Anschaffungskosten sowie die angefallenen Werbungskosten nur zur Hälfte angesetzt werden. Im Ergebnis ist damit die Hälfte des Veräußerungsgewinns aus Aktienverkäufen steuerpflichtig; ein Veräußerungsverlust kann jedoch ebenfalls nur zu 50 Prozent berücksichtigt werden. Dies gilt ohne Unterschied beim Verkauf von Aktien inländischer und ausländischer Gesellschaften.

Beispiel:

Ingo Invest erwirbt am 2.1.2007 5.000 Aktien der SolarEnegie AG zum Kurs von 20 EUR. Die Bankspesen betragen 20 EUR. Ingo veräußert am 15.5.2007 die Aktien zum Preis von 30 EUR, die Bankspesen betragen 22 EUR.

Der steuerpflichtige Veräußerungsgewinn ermittelt sich wie folgt:

	EUR	EUR
Verkaufspreis 5.000 × 30 EUR, davon 50 Prozent		75.500
Anschaffungskosten (5.000 × 20 EUR), davon 50 Prozent	− 50.000	
Anschaffungsnebenkosten Bankspesen 20 EUR, davon 50 Prozent	− 10	− 50.010
Verkaufsspesen 22 EUR, davon 50 Prozent		− 11
Gewinn aus privatem Veräußerungsgeschäft		25.499

Der Veräußerungsgewinn ist in Höhe von 25.499 EUR steuerpflichtig.

Auf die Gewinne aus der Veräußerung von inländischen und ausländischen Investment-
fondsanteilen innerhalb der einjährigen Veräußerungsfrist ist das Halbeinkünfteverfahren
nicht anzuwenden.

4.6   Besteuerungsfreigrenze

Der Gesamtgewinn aus privaten Veräußerungsgeschäften ist nur steuerpflichtig, wenn er
mindestens 512 EUR beträgt. Bei der Vorschrift handelt es sich um eine Freigrenze, nicht
um einen Freibetrag, d. h. im Fall eines Veräußerungsgewinns von 512 EUR oder mehr ist
dieser in vollem Umfang steuerpflichtig, nicht nur der 512 EUR übersteigende Betrag. Für
die Anwendung der Freigrenze sind die Einkünfte aus allen Veräußerungsgeschäften im
Kalenderjahr zusammenzurechnen.

> Beispiel:
>
> Ingo Invest tätigt in 2007 insgesamt vier private Veräußerungsgeschäfte. Aus zwei Ver-
> äußerungsgeschäften erzielt er je einen Gewinn von 700 EUR bzw. 800 EUR, aus den bei-
> den anderen Geschäften erzielt er einen Verlust von je 300 EUR bzw. 400 EUR. Nach Ver-
> rechnung der Gewinne und Verluste ergibt sich ein Gesamtgewinn von 800 EUR. Dieser
> ist in voller Höhe zu versteuern.

Ob die Freigrenze von 512 EUR vor oder nach Anwendung des Halbeinkünfteverfahrens
anzuwenden ist, ist höchstrichterlich noch nicht entschieden. In der Literatur wird die Auffassung vertreten, dass zunächst die Einhaltung der Freigrenze zu prüfen ist, und erst danach
das Halbeinkünfteverfahren Anwendung finden soll.[138]

> Beispiel:
> Ingo Invest erwirbt Aktien zu einem Anschaffungskurs von 10.000 EUR. Zwei Monate spä-
> ter veräußert er diese Aktien zum Verkaufspreis von 11.000 EUR.
>
> Es ist ein Gewinn von 1.000 EUR entstanden. Da dieser die Besteuerungsfreigrenze über-
> steigt, ist der Gewinn grundsätzlich steuerpflichtig. Da der Gewinn dem Halbeinkünftever-
> fahren unterliegt, sind 500 EUR zu versteuern.
>
> Vertritt man die Auffassung, dass zuerst das Halbeinkünfteverfahren Anwendung findet, so
> liegt der steuerpflichtige Teil des Gewinns (500 EUR) unterhalb der Freigrenze. Der Ge-
> winn wäre dann vollumfänglich steuerfrei.

Die Einhaltung der Freigrenze ist auch bei zusammenveranlagten Ehegatten jeweils
gesondert zu betrachten. Dabei ist der Gesamtgewinn aus privaten Veräußerungsgeschäften
für jeden Ehegatten getrennt zu ermitteln. Dabei steht jedem Ehegatten die Freigrenze

---

[138] Blümich/Glenk, § 23 EStG, Rz. 226; Jacobs-Soyka in: Littmann/Bitz/Pust, § 23 EStG, Rz. 182

gesondert zu. Schöpft einer der Ehegatten die Freigrenze nicht voll aus, kann der nicht ausgeschöpfte Betrag nicht auf den anderen Ehegatten übertragen werden.

Haben die Ehegatten jedoch ein Gemeinschaftsdepot, so sind die Gewinne aus privaten Veräußerungsgeschäften den Ehegatten je zur Hälfte zuzurechnen, sofern diese nicht eine abweichende Aufteilung vereinbart haben. Da für jeden Ehegatten die Freigrenze zu beachten ist, kommt es im Rahmen von Gemeinschaftsdepots faktisch zu einer Verdoppelung der Beträge.

> Beispiel:
>
> Ingo Invest und seine Ehefrau Sylvia tätigen in 2007 in ihrem Gemeinschaftsdepot private Veräußerungsgeschäfte. Aus diesen erzielen sie einen Gewinn von 1.000 EUR.
>
> Da jedem der beiden ein (anteiliger) Veräußerungsgewinn von 500 EUR zuzurechen ist, der jeweils die Freigrenze nicht überschreitet, ist für jeden von beiden der Gewinn steuerfrei.

4.7   Beschränkung der Verlustverrechnung

Erzielt der Anleger sowohl Veräußerungsgewinne als auch Veräußerungsverluste, so können diese unmittelbar miteinander verrechnet werden (horizontaler Verlustausgleich). Veräußerungsverluste können jedoch nicht mit positiven Einkünften aus anderen Einkunftsarten ausgeglichen werden. Ein vertikaler Verlustausgleich ist also nicht möglich. Der Anleger darf außerdem im Entstehungsjahr nicht ausgeglichene Verluste mit Gewinnen aus privaten Veräußerungsgeschäften des unmittelbar vorangegangenen Veranlagungszeitraums und der folgenden Veranlagungszeiträume verrechnen. Ein Verlustvor- bzw. Verlustrücktrag nach den allgemeinen Regeln ist nicht möglich.

Der Steuerpflichtige kann den Verlustrücktrag betragsgemäß begrenzen oder auch ganz ablehnen, nicht aber den Verlustvortrag. Wird der im Verlustabzugsjahr erzielte Gesamtgewinn durch Verlustrücktrag oder Verlustvortrag unter die Freigrenze von 512 EUR „gedrückt", bleiben die um den Verlustabzug geminderten privaten Veräußerungsgewinne trotzdem steuerpflichtig.[139]

> Beispiel:
>
> Ingo Invest hat im Veranlagungszeitraum 2006 einen Gewinn aus privaten Veräußerungsgeschäften in Höhe von 1.000 EUR erzielt. Im Veranlagungszeitraum 2007 erzielt er einen Veräußerungsverlust von 1.000 EUR. Diesen kann er auf das Jahr 2006 zurücktragen und mit dem Gewinn aus privaten Veräußerungsgeschäften verrechnen. In diesem Fall ergibt sich kein steuerpflichtiger Veräußerungsgewinn in 2006.

---

[139] BFH 11.1.2005, IX R 27/04, BStBl II, 2005, 433

Er kann alternativ auch beantragen, den Verlustrücktrag auf 489 EUR zu begrenzen. Der danach verbleibende Gewinn des Veranlagungszeitraumes 2006 in Höhe von 511 EUR bleibt aber dennoch steuerpflichtig.

Bei zusammenveranlagten Ehegatten sind Veräußerungsverluste des einen Ehegatten mit Veräußerungsgewinnen des anderen Ehegatten auszugleichen. Dies gilt nur dann nicht, wenn der aus privaten Veräußerungsgeschäften erzielte Gesamtgewinn des anderen Ehegatten steuerfrei bleibt, weil er die Freigrenze von 512 EUR nicht überschreitet.

Die Begrenzung der Verlustverrechnung stellt nach der Auffassung des BFH[140] keinen Verstoß gegen den allgemeinen Gleichheitssatz nach Art. 3 Abs. 1 GG und seine besondere Ausprägung in Form des objektiven Nettoprinzips dar.

Die nicht ausgeglichenen Verluste werden in einem gesonderten Verwaltungsakt festgestellt (Verlustfeststellungsbescheid). Dies ist Voraussetzung, dass sie in späteren Jahren steuerlich geltend gemacht werden können.

4.8 Verfassungsmäßigkeit der Versteuerung von privaten Veräußerungsgeschäften

Die Besteuerung von Spekulationsgewinnen mit Wertpapieren in den Jahren 1997 und 1998 war verfassungswidrig, da die Besteuerung von Spekulationsgewinnen aus privaten Wertpapiergeschäften in diesen Jahren nicht den Anforderungen des Gleichheitssatzes im Steuerrecht entsprach.[141] Eine gleichheitsgerechte Steuerfestsetzung scheiterte an strukturellen Erhebungsmängeln, da die steuerliche Erfassung von Spekulationsgewinnen aus privaten Wertpapiergeschäften vor allem davon abhängig war, dass der Anleger diese auch in seiner Steuererklärung angab. Wer für die Jahre 1997 und 1998 unvollständige Angaben zu Spekulationsgeschäften bei Wertpapieren gemacht hatte, trug regelmäßig nur ein geringes Risiko, dass dies durch die Finanzverwaltung entdeckt wurde.

Für die Zeiträume ab dem Jahr 1999 hat der BFH entschieden, dass bei privaten Veräußerungsgeschäften mit Wertpapieren dieses Erhebungsdefizit durch die Einführung des Kontenabrufverfahrens nicht mehr bestehe, und daher die Besteuerung der privaten Veräußerungsgewinne verfassungsgemäß sei.[142] Gegen dieses Urteil ist jedoch Verfassungsbeschwerde eingelegt worden.[143]

---

[140] BFH 18.10.2006, IX R 28/05, BStBl II, 2007, 259

[141] BVerfG 9.3.2004, 2 BvL 17/02, BStBl II, 2005, 56

[142] BFH 29.11.2005, IX R 49/04, BStBl II, 2006, 178

[143] Az des BVerfG: 2 BvR 294/06

4.9   Besteuerung bei beschränkt steuerpflichtigen Anlegern

Beschränkt steuerpflichtige Anleger unterliegen nur mit ihren inländischen Einkünften der deutschen Einkommensteuer.

Gewinne aus privaten Veräußerungsgeschäften gehören nur im Falle der Veräußerung von im Inland belegenen Immobilien zu den inländischen Einkünften. Veräußerungsgewinne aus Wertpapieren, Termin- und Optionsgeschäften sowie Leerverkäufe werden nicht den inländischen Einkünften zugerechnet. Daher bleiben sie für den Steuerausländer in Deutschland steuerfrei. Ob eine Besteuerung im jeweiligen Wohnsitzstaat erfolgt, hängt von den dortigen nationalen steuerlichen Vorschriften ab.

5. Besteuerung ausgewählter Anlageklassen der traditionellen Kapitalanlage

Aufbauend auf den in den vorangegangenen Kapiteln dargestellten allgemeinen Besteuerungsgrundsätzen wird im Folgenden die Besteuerung ausgewählter Anlageklassen der klassischen Kapitalanlage dargestellt.

Die Darstellung umfasst einerseits die Berücksichtigung im Rahmen der persönlichen Einkommensteuerveranlagung, andererseits auch den gegebenenfalls einzubehaltenden Kapitalertragsteuerabzug.

5.1 Besteuerung von Bankguthaben

Zu den Bankguthaben gehören Guthaben auf:

- Girokonten,
- Spareinlagen,
- Tagesgelder,
- Termin- und Festgelder,
- Namensschuldverschreibungen.

Die auf diese Guthaben gutgeschriebenen Zinsen unterliegen beim unbeschränkt steuerpflichtigen Anleger (Steuerinländer) seinem persönlichen Einkommensteuersatz. Die Besteuerung der auf diese Guthaben entfallenden Zinserträge erfolgt im Rahmen der Einkommensteuererklärung. Dies gilt unabhängig davon, ob die Guthaben bei einem Kreditinstitut im Inland oder im Ausland unterhalten wird. Eine Pflicht zur Versteuerung in Deutschland besteht auch dann, wenn im Ausland auf die gutgeschriebenen Zinsen eine Quellensteuer oder die EU-Zinssteuer einbehalten wird. Die Besteuerung erfolgt in dem Veranlagungszeitraum, in dem die Zinsgutschrift auf dem Konto des Anlegers erfolgte.

Handelt es sich beim Anleger um eine nur beschränkt steuerpflichtige Person (Steuerausländer), so sind die Zinseinkünfte in Deutschland in keinem Fall einkommensteuerpflichtig. Sie unterliegen jedoch in seinem Ansässigkeitsstaat einer Besteuerung nach den dortigen nationalen Steuergesetzen.

Erfolgt die Gutschrift der Zinsen durch eine inländische Zahlstelle, d. h.

- ein inländisches Kreditinstitut,

- ein inländisches Finanzdienstleistungsinstitut oder

- eine inländische Zweigstelle eines ausländischen Kreditinstituts oder Finanzdienstleistungsinstituts,

so muss die inländische Zahlstelle auf die Zinsgutschriften an Steuerinländer die Zinsabschlagsteuer in Höhe von 30 Prozent zuzüglich 5,5 Prozent Solidaritätszuschlag einbehalten und an das Betriebsstättenfinanzamt abführen, sofern nicht aufgrund eines vorliegenden Freistellungsauftrags bzw. einer Nichtveranlagungsbescheinigung Abstand genommen werden kann. Die erhaltenen Zinserträge können auch nicht aus einem bestehenden Stückzinstopf entnommen werden. Die Zinsabschlagsteuer stellt eine Vorauszahlung auf die spätere Einkommensteuerschuld dar. Bei der Berechnung von Vorschusszinsen bei Spareinlagen wird der Zinsabschlag vom saldierten Zinsbetrag (Habenzinsen abzüglich Vorschusszinsen) erhoben.

Ausländische Kreditinstitute und Finanzdienstleistungsinstitute sowie ausländische Zweigstellen und inländische Kreditinstitute/Finanzdienstleistungsinstitute sind nicht zur Einbehaltung der Zinsabschlagsteuer verpflichtet.

Bei Girokonten wird die Zinsabschlagsteuer nur von den Habenzinsen erhoben; sie dürfen nicht mit gegebenenfalls angefallenen Sollzinsen saldiert werden. Jedoch erfolgt kein Einbehalt von der Zinsabschlagsteuer, wenn für die unterhaltenen Guthaben kein höherer Zins als 1 Prozent gezahlt wird.

Über die einbehaltene Kapitalertragsteuer erhält der Anleger eine Einzelsteuerbescheinigung oder eine Jahressteuerbescheinigung, die ihn zur Anrechnung auf die Einkommensteuer berechtigt.

Zinsgutschriften an Steuerausländer unterliegen nicht der Zinsabschlagsteuer. Da bereits die Zinserträge beim Steuerausländer nicht der deutschen Einkommensteuer unterliegen, kann auch keine Steuervorauszahlung darauf erhoben werden.

5.2   Besteuerung festverzinslicher Anleihen mit gesonderter Stückzinsberechnung

Festverzinsliche Wertpapiere mit gesonderter Stückzinsberechnung sind mit einem Zinskupon ausgestattet, die jährlich gleich bleibende Zinszahlungen garantieren. Bei An- und Verkauf werden die besitzzeitanteiligen Zinsen (Stückzinsen) gesondert abgerechnet. Zu den festverzinslichen Wertpapieren mit gesonderter Stückzinsberechnung gehören unter anderem:

- Bundesanleihen,
- Bundesobligationen,
- Bundesschatzbriefe Typ A,
- Pfandbriefe und Kommunalobligationen,
- Bank- und Industrieanleihen.

Die laufenden Zinskupons unterliegen beim Steuerinländer im Jahr der Zinszahlung der Einkommensteuer.

Erwirbt der Anleger das Wertpapier zwischen zwei Kuponterminen, so muss der Käufer dem Verkäufer die auf die Besitzzeit entfallenden Zinserträge (Stückzinsen) erstatten. Die bei Verkauf vereinnahmten Stückzinsen gehören beim Verkäufer ebenfalls zu den steuerpflichtigen Zinserträgen. Beim Käufer werden die an den Verkäufer gezahlten Stückzinsen als negative Zinseinnahmen in dessen Einkommensteuererklärung berücksichtigt.

Beispiel:

Ingo Invest erwirbt am 30.6. eine Bundesanleihe mit Kupontermin 31.12. über nominal 100.000 EUR, Verzinsung vier Prozent. Für die Zeit vom 1.1. bis 30.9. zahlt er an den Verkäufer Stückszinsen in Höhe von 3.000 EUR (= 4 Prozent von 100.000 EUR auf ein 3/4 Jahr Besitzzeit des Verkäufers).

Die erhaltenen Stückzinsen in Höhe von 3.000 EUR sind beim Verkäufer einkommensteuerpflichtig.

Ingo Invest vereinnahmt am 31.12. den vollen Kupon in Höhe von 4.000 EUR. Abzüglich der an den Verkäufer gezahlten Stückzinsen von 3.000 EUR ergeben sich bei Ingo steuerpflichtige Zinseinnahmen von 1.000 EUR.

Für den Steuerausländer bleiben Zinszahlungen – wie bereits bei Bankguthaben – einkommensteuerfrei.

Die erhaltenen Kuponzinsen sowie die dem Verkäufer gutgeschriebenen Stückzinsen werden beim Steuerinländer einem gegebenenfalls bestehenden Stückzinstopf entnommen. Auf den übersteigenden Betrag hat die inländische Zahlstelle bei Steuerinländern die 30-prozentige Zinsabschlagsteuer (zuzüglich 5,5 Prozent Solidaritätszuschlag) einzubehalten, sofern kein Freistellungsauftrag bzw. keine NV-Bescheinigung vorliegt. Bei Tafelgeschäften beträgt die Zinsabschlagsteuer 35 Prozent der steuerpflichtigen Zinserträge.

Die gezahlten Stückzinsen werden beim Käufer, der Steuerinländer ist, in dessen Stückzinstopf eingestellt.

	Einkommensteuer	Kapitalertragsteuer
laufende Zinszahlung	einkommensteuerpflichtig, sofern Freistellungsauftrag ausgeschöpft bzw. keine NV-Bescheinigung vorliegt	bei inländischer Zahlstelle: 30 Prozent Kapitalertragsteuer zuzüglich 5,5 Prozent Solidaritätszuschlag
gezahlte Stückzinsen	negative Einnahme aus Kapitalvermögen	---
erhaltene Stückzinsen	einkommensteuerpflichtig, sofern Freistellungsauftrag ausgeschöpft bzw. keine NV-Bescheinigung vorliegt	bei inländischer Zahlstelle: 30 Prozent Kapitalertragsteuer zuzüglich 5,5 Prozent Solidaritätszuschlag

Abbildung 18:   *Besteuerung festverzinslicher Anleihen mit gesonderter Stückzinsberechnung*

5.3   Besteuerung von Dividenden

5.3.1   Darstellung des Halbeinkünfteverfahrens

Gewinne von inländischen Kapitalgesellschaften, z. B. Aktiengesellschaften, unterliegen bei diesen der Körperschaftsteuer. Gewinne ausländischer Kapitalgesellschaften unterliegen nicht der deutschen Körperschaftsteuer, sondern der jeweiligen nationalen Unternehmensteuer.

Soweit die Gewinne an die Aktionäre in Form von Dividenden ausgeschüttet werden und es sich steuerlich um keine Rückzahlungen aus dem steuerlichen Einlagekonto handelt, werden die Dividenden beim Anleger nochmals der Einkommensteuer unterworfen, unabhängig davon, ob es sich beim Anleger um einen Steuerinländer oder einen Steuerausländer handelt. Hierdurch kommt es wirtschaftlich zu einer Doppelbelastung des ausgeschütteten Gewinns. Um diese Doppelbelastung zu begrenzen, werden inländische und ausländische Dividenden auf der Ebene des Aktionärs lediglich zur Hälfte in die Bemessungsgrundlage für die Einkommensteuer einbezogen. Im Gegenzug ist auch nur die Hälfte der mit diesen Einnahmen in Zusammenhang stehenden Werbungskosten steuerlich abzugfähig.

Erfolgt die Gewinnausschüttung durch eine Kapitalgesellschaft mit Sitz oder Geschäftsleitung im Inland (inländische Kapitalgesellschaft), so hat die Gesellschaft bei Ausschüttung auf die Bruttodividende (also nicht nur auf die steuerpflichtige Hälfte) die allgemeine Kapitalertragsteuer in Höhe von 20 Prozent zuzüglich 5,5 Prozent Solidaritätszuschlag einzubehalten. Der Kapitalertragsteuereinbehalt erfolgt unabhängig davon, ob der Anleger Steuerinländer oder Steuerausländer ist.

Sofern es sich beim Anleger um einen Steuerinländer handelt und die depotführende Stelle ein inländisches Kreditinstitut ist, kann dieses im Auftrag des Anlegers bei Vorliegen eines

Freistellungsauftrags bzw. einer Nichtveranlagungsbescheinigung bei der Finanzbehörde einen Antrag auf Erstattung der Kapitalertragsteuer stellen und diese an den Anleger auszahlen. Ein bestehender Freistellungsauftrag wird dabei nur mit der steuerpflichtigen Hälfte der Dividende ausgelastet.

Für den Steuerausländer besteht diese Erstattungsmöglichkeit nicht. Für ihn stellt die einbehaltene Kapitalertragsteuer eine Definitivbelastung dar.[144] Soweit ein Doppelbesteuerungsabkommen besteht, kann die einbehaltene Kapitalertragsteuer auf Antrag insoweit erstattet werden, als das Doppelbesteuerungsabkommen einen geringeren Quellensteuersatz vorsieht.

Beispiel:

Eine inländische Kapitalgesellschaft erwirtschaftet einen Gewinn vor Steuern in Höhe von 100. Der gemischte Steuersatz der Gesellschaft (Körperschaftsteuer, Solidaritätszuschlag, Gewerbesteuer) beträgt 39 Prozent. Der nach Steuern verbleibende Jahresüberschuss wird an Steuerinländer ausgeschüttet. Diese haben einen Steuersatz von 42 Prozent. Bestehende Werbungskostenpauschbeträge und Sparerfreibeträge bleiben außer acht.

	EUR
Besteuerung auf Ebene der Gesellschaft	
Gewinn vor Steuern	100,00
Steuerbelastung Gesellschaft (KöSt, GewSt)	– 39,00
Jahresüberschuss	61,00
abzüglich Kapitalertragsteuer (20 Prozent)	– 12,20
Solidaritätszuschlag auf Kapitalertragsteuer	– 0,67
Gutschrift auf Konto	48,13
Besteuerung beim Gesellschafter:	
Gutschrift	48,13
Kapitalertragsteuer	12,20
Solidaritätszuschlag	0,67
Brutto	61,00
davon steuerfrei (50 Prozent)	– 30,50
Steuerpflichtige Einnahmen	30,50
Persönliche Einkommensteuer (z. B. 42 Prozent)	12,81
anrechenbare Kapitalertragsteuer	– 12,20
Nachzahlung Einkommensteuer	0,61
Solidaritätszuschlag auf Einkommensteuer	0,71
anrechenbarer Solidaritätszuschlag	– 0,67
Nachzahlung Solidaritätszuschlag	0,04
Es verbleiben nach Steuern vom Gewinn 100,00	47,48

---

[144] § 50 Abs. 5 EStG

Grafisch stellt sich das oben aufgeführte Beispiel wie folgt dar:

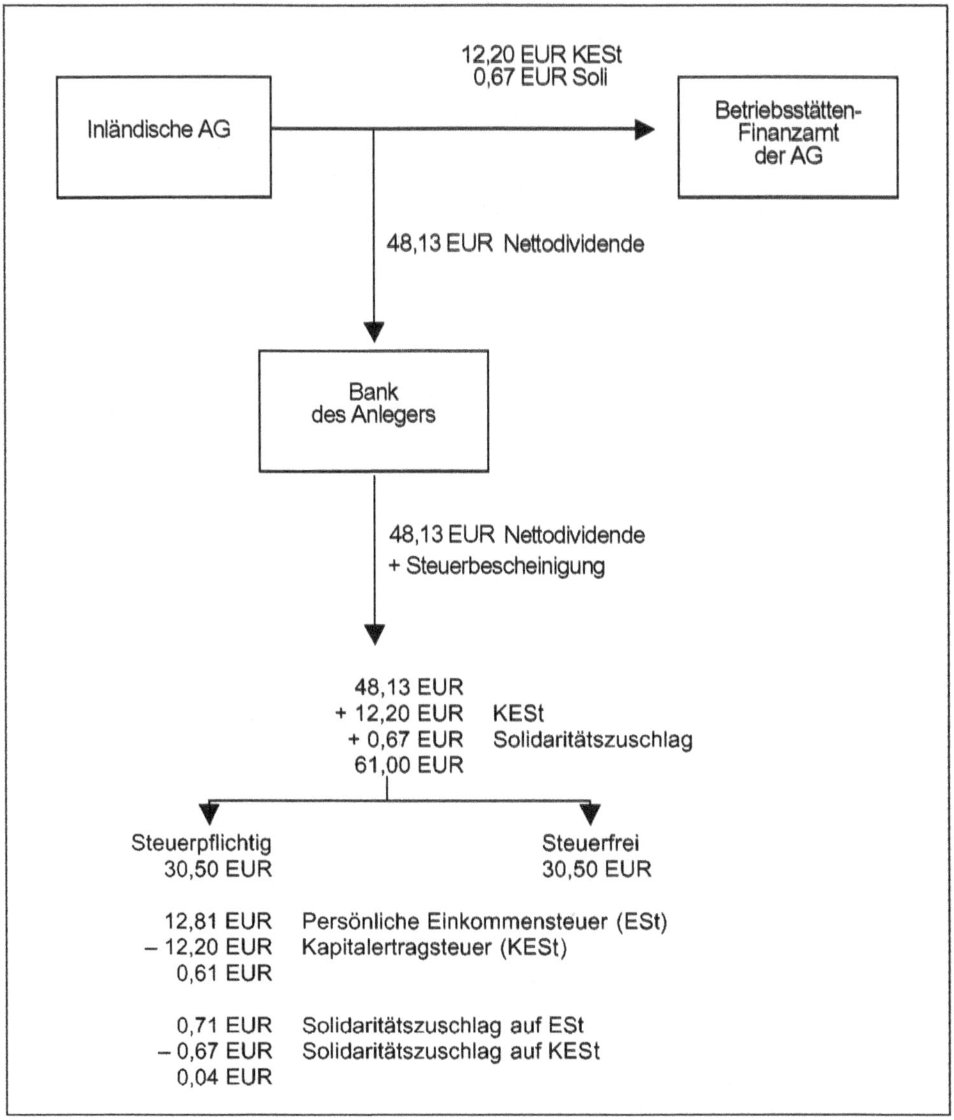

```
                         12,20 EUR KESt
                          0,67 EUR Soli
   ┌─────────────────┐                        ┌─────────────────┐
   │                 │                        │  Betriebsstätten-│
   │  Inländische AG │ ──────────────────────▶│     Finanzamt    │
   │                 │                        │      der AG      │
   └─────────────────┘                        └─────────────────┘
                     │
                     │  48,13 EUR  Nettodividende
                     ▼
              ┌──────────────┐
              │     Bank     │
              │  des Anlegers│
              └──────────────┘
                     │
                     │  48,13 EUR  Nettodividende
                     │  + Steuerbescheinigung
                     ▼
                    48,13 EUR
                  + 12,20 EUR   KESt
                  +  0,67 EUR   Solidaritätszuschlag
                    61,00 EUR
              ┌──────────────────┴──────────────────┐
              ▼                                      ▼
        Steuerpflichtig                         Steuerfrei
          30,50 EUR                             30,50 EUR

        12,81 EUR     Persönliche Einkommensteuer (ESt)
      − 12,20 EUR     Kapitalertragsteuer (KESt)
         0,61 EUR

         0,71 EUR     Solidaritätszuschlag auf ESt
      −  0,67 EUR     Solidaritätszuschlag auf KESt
         0,04 EUR
```

5.3.2 Sonderfälle der Dividendenerträge

Zu den Dividendenerträgen gehören nicht nur Geld, sondern auch geldwerte Vorteile, die ein Beteiligter von der Gesellschaft erhält und keine Rückzahlungen aus dem steuerlichen Einlagenkonto darstellen.

Stockdividenden

In manchen Ländern wird den Aktionären ermöglicht, die Dividenden entweder in bar oder in Form von Aktien zu beziehen (Stockdividenden). Ein Beispiel für diese Praxis bietet die niederländische ING Groep. Wie bei herkömmlichen Dividenden gilt das Halbeinkünfteverfahren. Steuern fallen daher nur auf 50 Prozent des Kapitalertrags an.

Gratisaktien

Bei der Gewährung von Gratisaktien an die Aktionäre nimmt die Gesellschaft bei Gratisaktien eine Kapitalerhöhung aus Gesellschaftsmitteln vor, bei der offene Rücklagen in Grundkapital umgewandelt werden.[145] Diese Maßnahme führt beim Aktionär nicht zu steuerpflichtigen Kapitalerträgen. Die gewährten Gratisaktien unterliegen der einjährigen Spekulationsfrist.

Aktiensplitt

Beim Aktiensplitt teilen börsennotierte Unternehmen ihr Grundkapital neu auf. Das dient dazu, optisch teure Aktien zu verbilligen und attraktiver zu machen. Für die Anleger hat das ebenfalls keine steuerlichen Folgen. Für die Ermittlung der Spekulationsfrist bleibt das Anschaffungsdatum der alten Aktien maßgebend. Der Kaufpreis muss jetzt aber auf die neue Anzahl der Aktien verteilt werden.[146]

Bonusaktien

Im Zusammenhang mit den Börsengängen der Deutschen Telekom AG sowie Bonusaktien der Deutschen Post AG wurden Aktionären die Zuteilung von Bonusaktien versprochen, wenn die Aktien einen bestimmten Zeitraum ununterbrochen gehalten wurden (Treue-Aktien). Solche Bonusaktien sind als Einkünfte aus Kapitalvermögen zu erfassen und unterliegen ebenfalls dem Halbeinkünfteverfahren.[147] Die Bonusaktien gelten mit Ablauf der Haltefrist als zugeflossen und sind mit dem Börsenkurs dieses Tages zu bewerten.[148]

---

[145] BMF 25.10.2004, IV C 3 – S 2256 – 238/04, Rn. 21, BStBl I, 2004, 1034

[146] BMF 25.10.2004, IV C 3 – S 2256 – 238/04, Rn. 16, BStBl I, 2004, 1034

[147] LfSt Bayern, 9.1.2006, S 2252 – 11 St 32/St 33, OFD Magdeburg, 14.8.2007, S 2256 – 17 – St 214 V

[148] BMF, 6.9.2000, IV C 3 – S 2256 – 226/00

5.4   Besteuerung von Investmentfonds

5.4.1 Transparenzprinzip

In einem Investmentfonds bündeln Investmentgesellschaften die Gelder ihrer Anleger nach dem Prinzip der Risikomischung in verschiedene Vermögenswerte (Aktien, Renten, Geldmarkttitel, Immobilien und stille Beteiligungen). Das Prinzip der Investmentidee besteht darin, dass einzelne Anleger geringe Geldbeträge in einen Fonds investieren. Die Investmentgesellschaft sammelt dieses Kapital und kann dafür verschiedene Wertpapiere oder Immobilien erwerben. Es bietet sich für den Fondsanleger dadurch der Vorteil, auch mit geringen Kapitalinvestitionen eine breit gestreute Vermögensstruktur zu erwerben.

Die Besteuerung von Fondserträgen ist im Investmentsteuergesetz geregelt und gilt sowohl für in- als auch ausländische Investmentfonds.

Tragendes Grundprinzip bei der Besteuerung von Erträgen aus Investmentfonds ist das so genannte Transparenzprinzip. Dieses Prinzip besagt, dass der Anleger in Investmentfonds grundsätzlich steuerlich so behandelt werden soll wie ein Anleger, der direkt in die vom Fonds verwalteten Vermögensgegenstände investiert. Dieses Prinzip wird aber nicht immer lückenlos verwirklicht.

Steuerfreiheit der Eingangsseite

Notwendig zur Verwirklichung des Transparenzprinzips ist zunächst, dass die Erträge auf Ebene des Investmentfonds nicht steuerlich vorbelastet werden. Kapitalerträge, die in den Fonds hineinfließen, sind daher steuerlich unvorbelastet. Dies hat zur Konsequenz, dass Zinserträge ohne Einbehalt der Zinsabschlagsteuer an den Fonds gezahlt werden. Kapitalertragsteuer, die auf erhaltene Dividenden entfällt, wird auf Antrag der Depotbank dem Fonds vom Finanzamt erstattet.[149] Somit werden sowohl Dividenden als auch Zinserträge von Fonds steuerlich unvorbelastet vereinnahmt.

Steuerfreiheit des Fonds

Inländische Investmentfonds sind daher sowohl von der Körperschaft- als auch der Gewerbesteuer befreit.[150] Ebenso sind ausländische Investmentfonds in ihren Sitzstaaten in der Regel weitgehend von der Besteuerung befreit. Die Besteuerung der Erträge greift demnach immer (erst) auf Ebene des Anteilseigners.

---

[149] § 11 Abs. 2 InvStG
[150] § 11 Abs. 1 InvStG

Besteuerung der Ausgangsseite

Bei privaten Anlegern sind die ausgeschütteten Erträge bei Gutschrift als Einkünfte aus Kapitalvermögen zu versteuern, es sei denn, sie sind steuerfrei gestellt. Bei thesaurierenden (nicht ausschüttenden) Fonds wird gesetzlich definiert, dass die thesaurierten (ausschüttungsgleichen) Erträge mit dem Ablauf des Fondsgeschäftsjahres beim privaten Anleger als zugeflossen gelten.[151]

Die ausschüttungsgleichen Erträge umfassen:[152]

- Zinsen,
- Dividenden,
- Mieten (bei Immobilienfonds),
- Gewinne aus Veräußerung von Grundstücken innerhalb der Spekulationsfrist.

Zu den Erträgen aus Investmentanteilen zählen auch bei Veräußerung im Rücknahmepreis enthaltene Zwischengewinne.[153] Sie sind die seit der letzten Ausschüttung bzw. Thesaurierung aufgelaufenen, noch nicht gutgeschriebenen steuerpflichtigen Zinseinnahmen. Die bei Kauf bezahlten Zwischengewinne werden als negative Einnahmen im Stückzinstopf berücksichtigt.

Beispiel:

Der Rentenfonds Euro-Interest investiert in Staatsanleihen im Euro-Raum.

Der Fonds hat zu Beginn des Geschäftsjahres 2007 ein Volumen von 100.000.000 Mio. EUR, die Anzahl der umlaufenden Anteile beträgt 1.000.000 Stück. Der Fondspreis beträgt somit zu Jahresbeginn 100 EUR. Aus didaktischen Gründen wird im Folgenden angenommen, dass das Zinsniveau unverändert bleibt (es entstehen innerhalb des Fonds somit keine Änderung der Kurswerte der erworbenen Wertpapiere), so dass Änderungen des Fondsvermögens ausschließlich auf im Fonds angefallene Zinserträge zurückzuführen sind. Auch die Anzahl der Anteile bleibt unverändert.

Der Fonds vereinnahmt bis zum 30.6.2007 Zinskupons aus Wertpapieren in Höhe von 2.000.000 EUR. Dieser Betrag hat die Liquidität des Fonds erhöht. Außerdem grenzt er zu diesem Zeitpunkt Zinsen ab, die im Laufe des Jahres noch fällig werden, in Höhe von 3.000.000 EUR, diese werden im Fonds als Zinsansprüche ausgewiesen. Insgesamt weist die Fonds-Gewinn-und-Verlustrechnung somit Zinserträge in Höhe von 5.000.000 EUR aus, die den Anleger bisher noch nicht zugeflossen sind (= Zwischengewinne). Um diesen Betrag hat sich auch das Fondsvermögen erhöht.

---

[151] § 2 Abs. 1 Satz 2 InvStG
[152] § 1 Abs. 3 Satz 3 InvStG, BMF, 2.6.2005, IV C 1 – S 1980 – 1 – 87/05, BStBl I, 2005, 728, Rn. 18
[153] § 1 Abs. 4 InvStG

Das Fondsvermögen beträgt somit per 30.6.2007 105.000.000 EUR. Darin enthalten sind Zinserträge in Höhe von 5.000.000 EUR. Der Fondspreis beträgt zum 20.6.2007 105 EUR. Darin enthalten sind 5 EUR Zwischengewinn je Anteil.

Ingo Invest erwirbt nun 1.000 Fondsanteile und zahlt dafür (ohne Berücksichtigung eines Ausgabeaufschlags) 105.000 EUR. Dieser Betrag enthält 5.000 EUR gezahlte Zwischengewinne (= 5 EUR je Anteil). Dies sind bei Ingo negative Einnahmen aus Kapitalvermögen und werden analog den gezahlten Stückzinsen (= negative Einnahmen aus Kapitalvermögen) behandelt. Diese werden in seinen Stückzinstopf eingestellt.

Umgekehrt stellen die im Rückgabepreis des Fonds enthaltenen Zwischengewinne beim Verkäufer Einnahmen aus Kapitalvermögen dar.

Der Zwischengewinn nach dem InvStG ist ein Nettowert. Von den genannten „Einnahmen" sind die zugehörigen abzugsfähigen Werbungskosten abzusetzen.[154]

Von den ausgeschütteten und ausschüttungsgleichen Erträgen wird in bestimmten Fällen eine Kapitalertragsteuer von 20 Prozent bzw. die Zinsabschlagsteuer in Höhe von 30 Prozent einbehalten.[155]

Voraussetzung für die Anwendung des Transparenzprinzips ist, dass die Investmentgesellschaft alle für den Anleger relevanten Besteuerungsgrundlagen (bezogen auf den einzelnen Investmentanteil) bei Ausschüttung ermittelt und innerhalb von vier Monaten nach Ablauf des Geschäftsjahres im elektronischen Bundesanzeiger veröffentlicht. Die Erfüllung dieser Veröffentlichungspflichten ist zwingende Voraussetzung, damit der Anleger in vollem Umfang in den Genuss des Transparenzprinzips kommt (transparente Fonds).

Bei thesaurierenden Fonds muss die Investmentgesellschaft den Anlegern die entsprechenden Angaben spätestens vier Monate nach Ablauf des Fonds-Geschäftsjahres, in dem sie als zugeflossen gelten, bekannt machen.

Folgende Angaben sind unter anderem zu veröffentlichen:[156]

1. Betrag der Ausschüttung

2. Betrag der ausgeschütteten Erträge

3. die in der Ausschüttung enthaltenen

   a) ausschüttungsgleichen Erträge der Vorjahre,

   b) für den Privatanleger steuerfreie Veräußerungsgewinne (nur bei Ausschüttung),

   c) Erträge, für die das Halbeinkünfteverfahren und die Beteiligungsertragsbefreiung gelten,

   d) Veräußerungsgewinne, für die das Halbeinkünfteverfahren und die Veräußerungsgewinnbefreiung gelten,

   e) steuerfreie Veräußerungsgewinne von Grundstücken,

---

[154] BMF, 2.6.2005, IV C 1 – S 1980 – 1 – 87/05, BStBl I, 2005, 728, Rn. 23

[155] § 7 InvStG

[156] § 5 InvStG

f) ausländische Einkünfte (Besteuerungsrecht Ausland),

g) ausländische Einkünfte (Besteuerungsrecht Inland),

4. Bemessungsgrundlage und anrechenbare oder erstattungsfähige Kapitalertragsteuer, getrennt nach allgemeiner Kapitalertragsteuer und Zinsabschlagsteuer

5. Betrag der ausländischen anrechenbaren bzw. abziehbaren Quellensteuer, sofern die Quellensteuer nicht im Fonds als Werbungskosten abgesetzt wurde

Darüber hinaus ist bewertungstäglich der Zwischengewinn zu ermitteln und zusammen mit dem Rücknahmepreis zu veröffentlichen.[157] Bei ausländischen Fonds muss ergänzend zu den o. g. Angaben die Summe der nach dem 31.12.1993 dem Inhaber der ausländischen Investmentanteile als zugeflossen geltenden (thesaurierten), noch nicht dem Steuerabzug unterworfenen Erträge ermittelt werden und der Rücknahmepreis bekannt gegeben werden. Darüber hinaus hat die ausländische Investmentgesellschaft auf Anforderung gegenüber dem Bundeszentralamt für Steuern innerhalb von drei Monaten die Richtigkeit der Besteuerungsgrundlagen nachzuweisen.

Verletzt ein Sondervermögen seine Pflichten der Veröffentlichung der Besteuerungsgrundlagen und des Jahresberichts im elektronischen Bundesanzeiger, so unterliegt der Anleger der Pauschalbesteuerung. In diesem Fall liegt ein intransparenter Fonds vor. Die Ermittlung der Bemessungsgrundlage erfolgt bei intransparenten Fonds in einem dreistufigen Verfahren:[158]

▨ In einem ersten Schritt wird der Mindestbetrag ermittelt, der der Besteuerung zu unterwerfen ist. Der Mindestbetrag beläuft sich auf sechs Prozent des letzten im Kalenderjahr festgesetzten Rücknahmepreises.

▨ Im zweiten Schritt wird eine alternative Bemessungsgrundlage ermittelt. Diese umfasst
   – die gesamten Ausschüttungen zuzüglich
   – 70 Prozent des Mehrbetrags zwischen dem ersten im Kalenderjahr festgesetzten Rücknahmepreis und dem letzten im Kalenderjahr festgesetzten Rücknahmepreis. Hierdurch wird die Besteuerung der thesaurierten Erträge sichergestellt.

▨ Im dritten Schritt werden Mindestbetrag und alternative Bemessungsgrundlage miteinander verglichen. Der höhere der beiden Werte ist dann der Besteuerung zu unterwerfen.

Im Falle der Rückgabe oder Veräußerung sind für die Besteuerung herzuziehen:

▨ die Ausschüttungen sowie der bekannt gemachte Zwischengewinn oder

▨ 6 Prozent des Rücknahmepreises: 360 Tage × Anzahl der Tage der tatsächlichen Dauer der Anlage (höchstens 360) = Ersatzwert.

▨ Der größere der beiden Werte ist heranzuziehen.

---

[157] § 5 Abs. 3 InvStG

[158] § 6 InvStG, BMF, 2.6.2005, IV C 1 – S 1980 – 1 – 87/05, BStBl I, 2005, 728, Rn. 126 ff.

Kommt das Sondervermögen den vorgeschriebenen Nachweis- und Veröffentlichungspflichten nur teilweise nach, so liegt ein teiltransparenter Fonds vor. Es greift in diesen Fällen nicht die Pauschalbesteuerung. Der Anleger erhält jedoch die steuerlichen Begünstigungen soweit nicht, wie die damit zusammenhängenden Verpflichtungen nicht erfüllt werden.[159]

5.4.2 Besteuerung der Ertragskomponenten transparenter in- und ausländischer Fonds[160]

Dividenden

Werden im Fonds vereinnahmte Dividenden inländischer bzw. ausländischer Kapitalgesellschaften an den Privatanleger ausgeschüttet, so sind diese bei ihm einkommensteuerpflichtig. Dies gilt sowohl für den Steuerinländer wie auch für den Steuerausländer. Die in- und
ausländischen Dividendenerträge unterliegen jedoch entsprechend dem Transparenzprinzip
dem Halbeinkünfteverfahren.[161] Diese Regelung gilt sowohl für inländische wie auch ausländische Fonds. Bei thesaurierenden Fonds gelten die in- und ausländischen Dividenden
als ausschüttungsgleiche Erträge mit Ablauf des Fondsgeschäftsjahres als zugeflossen. Hinsichtlich der einkommensteuerlichen Auswirkungen ergeben sich die gleichen Konsequenzen wie bei ausschüttenden Fonds.

Hinsichtlich des Kapitalertragsteuereinbehalts ist zu unterscheiden, ob es sich um einen
inländischen oder um einen ausländischen Fonds handelt, d.h., ob die verwaltende Kapital-
anlagegesellschaft eine inländische oder eine ausländische Gesellschaft ist.

Sofern es sich um einen inländischen ausschüttenden Fonds handelt, behält die Kapitalan-
lagegesellschaft auf den Teil der Ausschüttung, der auf die Dividenden inländischer Kapitalgesellschaften entfällt, 20 Prozent Kapitalertragsteuer zuzüglich 5,5 Prozent Solidaritätszuschlag ein.[162] Der Einbehalt erfolgt sowohl bei Steuerinländern als auch bei Steuerausländern. Werden Dividenden inländischer Kapitalgesellschaften nicht ausgeschüttet (wie dies
z.B. bei thesaurierenden Fonds der Fall ist), so wird die Kapitalertragsteuer direkt aus dem
Fondsvermögen entnommen.

> Beispiel:
>
> Der im Inland aufgelegte thesaurierende Fonds Mid-Cap-Thesaurus investiert in deutsche
> Aktien des M-Dax. Die Anzahl der umlaufenden Anteile beträgt 1.000.000. Er vereinnahmt
> im Laufe des Geschäftsjahre Dividenden in Höhe von 2.000.000 EUR. Die Erträge werden

---

[159] § 5 Abs. 1 Satz 2 InvStG

[160] Siehe auch Anlage 1 zu BMF, 2.6.2005, IV C 1 – S 1980 – 1 – 87/05, BStBl I, 2005, 728.

[161] BMF, 2.6.2005, IV C 1 – S 1980 – 1 – 87/05, BStBl I, 2005, 728, Rn. 33

[162] § 7 Abs. 3 InvStG

am Ende des Geschäftsjahres thesauriert. Zu diesem Zeitpunkt entsteht die Kapitalertrag-steuer in Höhe von 20 Prozent auf 2.000.000 EUR = 400.000 EUR sowie 5,5 Prozent Soli-daritätszuschlag auf 400.000 EUR = 22.000 EUR. Die Fondsgesellschaft entnimmt zum Geschäftsjahresende die Steuer aus dem Fondsvermögen und führt sie ans Finanzamt ab. Das Fondsvermögen vermindert sich um 422.000 EUR. Bezogen auf einen Anteilschein wurde somit 0,40 EUR Zinsabschlagsteuer sowie 0,02 EUR Solidaritätszuschlag abgeführt.

Hat der inländische Anleger einen Freistellungsauftrag oder eine NV-Bescheinigung vorge-legt, so wird ihm die einbehaltene Kapitalertragsteuer von der depotführenden Stelle erstattet.

Fortsetzung des Beispiels:

Der Rentner Erno Baddels hält 100 Anteile des Fonds Mid-Cap-Thesaurus. Er hat seiner Bank eine NV-Bescheinigung vorgelegt. Die Bank erstattet Erno somit 0,40 EUR Kapital-ertragsteuer sowie 0,02 EUR Solidaritätszuschlag je Anteil und lässt sich ihrerseits diesen Betrag vom Finanzamt erstatten.

Auf Dividenden ausländischer Kapitalgesellschaften wird keine Kapitalertragsteuerbelas-tung hergestellt.[163]

Zusammenfassend stellt sich die Besteuerung von Dividendenerträgen bei Fonds wie folgt dar:

	Inländischer Fonds		Ausländischer Fonds	
	ausschüttend	**thesaurierend**	**ausschüttend**	**thesaurierend**
Inlän-dische Divi-dende	Einkommensteuer-pflichtig (Halb-einkünfteverfahren) zum Zeitpunkt der Ausschüttung; gegebenenfalls Einbehalt von 20 Prozent KESt bei Ausschüttung, sofern kein Frei-stellungsauftrag/ NV-Bescheinigung vorliegt	Einkommensteuer-pflichtig (Halb-einkünfteverfahren) bei Geschäftsjahres-ende des Fonds; Einbehalt von 20 Prozent KESt bei Fonds-Geschäfts-jahresende; Erstattung, sofern Freistellungsauftrag/ NV-Bescheinigung vorliegt	Einkommensteuer-pflichtig (Halb-einkünfteverfahren) zum Zeitpunkt der Ausschüttung; KESt-Einbehalt durch ausschütten-de Kapitalgesell-schaft (AG); Keine KESt	Einkommensteuer-pflichtig (Halb-einkünfteverfahren) bei Geschäftsjahres-ende des Fonds; KESt-Einbehalt durch ausschütten-de Kapitalgesell-schaft (AG); Keine KESt
Auslän-dische Divi-dende	Einkommensteuer-pflichtig (Halb-einkünfteverfahren) zum Zeitpunkt der Ausschüttung; Keine KESt	Einkommensteuer-pflichtig (Halb-einkünfteverfahren) bei Geschäftsjahres-ende des Fonds; Keine KESt	Einkommensteuer-pflichtig (Halb-einkünfteverfahren) zum Zeitpunkt der Ausschüttung; Keine KESt	Einkommensteuer-pflichtig (Halb-einkünfteverfahren) bei Geschäftsjahres-ende des Fonds; Keine KESt

Abbildung 19:   *Besteuerung von Dividendenerträgen bei transparenten Investmentfonds*

---

[163] BMF, 2.6.2005, IV C 1 – S 1980 – 1 – 87/05, Rn. 33, BStBl I, 2005, 728

Zinsen

Schütten Fonds Zinserträge aus, so sind diese nur beim inländischen Anleger (Steuerinländer) steuerpflichtig. Die Steuerpflicht ist auch davon unabhängig, ob die Zinserträge von einem in- oder einem ausländischen Fonds stammen. Sofern die Zinserträge nicht an den Anleger ausgeschüttet werden (z. B. bei thesaurierenden Fonds), so wird der Zufluss mit Ablauf des Fondsgeschäftsjahres fingiert (ausschüttungsgleiche Erträge) und sind somit steuerpflichtig. Die Steuerpflicht ist unabhängig davon, ob der Fonds in Inland oder im Ausland aufgelegt wurde.

Hinsichtlich des Kapitalertragsteuereinbehalts ist zu unterscheiden, ob die Stelle, die die Zinserträge auszahlt, ein inländisches oder ein ausländisches Kreditinstitut (Zahlstelle) ist. Inländische Zahlstellen sind bei Steuerinländern zum Einbehalt von 30 Prozent Zinsabschlagsteuer (zuzüglich 5,5 Prozent Solidaritätszuschlag) verpflichtet, sofern kein Freistellungsauftrag bzw. keine NV-Bescheinigung vorliegt.[164] Bei Steuerausländern ist keine Zinsabschlagsteuer einzubehalten.

Werden die Zinserträge nicht an den Anleger ausgeschüttet, so wird bei in Deutschland aufgelegten Fonds die Zinsabschlagsteuer aus dem Fondsvermögen entnommen.[165] Hat der Anleger einen Freistellungsauftrag oder eine NV-Bescheinigung vorgelegt bzw. handelt es sich um einen Steuerausländer, wird ihm die Zinsabschlagsteuer nachträglich erstattet.[166]

Ausländische Zahlstellen sind in keinem Fall zum Einbehalt der der Kapitalertragsteuer verpflichtet. Ebenso erfolgt kein Einbehalt der Zinsabschlagsteuer bei ausländischen thesaurierenden Fonds.

Eine Besonderheit besteht bei ausländischen thesaurierenden Fonds, die bei einer inländischen Bank zurückgegeben werden.

Bei der Rückgabe von Fondsanteilen ist auf die im Rücknahmepreis enthaltenen kumulierten Zinserträge Zinsabschlagsteuer einzubehalten, soweit der Zwischengewinn auf die Besitzzeit des Anlegers entfällt. Ist der Bank die Anschaffung des Fondsanteil nicht bekannt (weil z. B. der Fonds von einer anderen depotführenden Stelle übertragen wurde), so ist auf die seit Auflegung des Fonds (höchstens seit dem 1. 1. 1994) aufgelaufenen kumulierten Zinserträge Zinsabschlagsteuer einzubehalten.[167]

Da der Anleger jedoch diese im Rahmen seiner Einkommensteuererklärung in den Vorjahren bereits versteuert hat, kann er sich die zuviel einbehaltene Zinsabschlagsteuer in Rahmen der Einkommensteuererklärung wieder erstatten lassen.

---

[164] BMF, 2. 6. 2005, IV C 1 – S 1980 – 1 – 87/05, Rn. 133, BStBl I, 2005, 728

[165] BMF, 2. 6. 2005, IV C 1 – S 1980 – 1 – 87/05, Rn. 146, BStBl I, 2005, 728

[166] § 7 Abs. 5 und Abs. 6 InvStG

[167] § 7 Abs. 1 Nr. 3 InvStG, LfSt Bayern, 12. 6. 2007, S 1980 – 9 St 31 M/St 32

Beispiel:

Ingo Invest hat in 2002 Anteile an dem thesaurierenden Rentenfonds Euro-Interest bei seiner Bank, der Kreissparkasse Stenkelwarder, erworben. Die Anteile werden dort im Depot verwahrt. Der Fonds wurde 1988 in Luxemburg von einer luxemburgischen Fondsgesellschaft aufgelegt.

Ingo hat seither die thesaurierten Zinserträge (ausschüttungsgleiche Erträge) im Rahmen seiner Einkommensteuererklärung angegeben und als Einkünfte aus Kapitalvermögen versteuert. Am 31.1.2008 veräußert Ingo die Anteile bei der Sparkasse.

Die Sparkasse ist verpflichtet, bei der Rückgabe der Anteile auf die Summe der seit dem 1.1.2002 im Fonds angefallenen Zinserträge 30 Prozent Zinsabschlagsteuer einzubehalten. Da Ingo diese Erträge aber bereits im Rahmen seiner Einkommensteuererklärung in den jeweiligen Jahren versteuert hat, kann er sich die einbehaltenen Zinsabschlagsteuer im Rahmen seiner Einkommensteuererklärung 2008 erstatten lassen.

Zusammenfassend stellt sich die Besteuerung von im Fonds angefallenen Zinserträgen (erhaltenen Kupons sowie abgegrenzte Stückzinsen) wie folgt dar:

	Inländischer Fonds		Ausländischer Fonds	
	ausschüttend	**thesaurierend**	**ausschüttend**	**thesaurierend**
Steuer-inländer	Einkommensteuer-pflichtig zum Zeitpunkt der Ausschüttung; gegebenenfalls Einbehalt von 30 Prozent ZASt bei Ausschüttung, sofern kein Freistellungsauftrag/ NV-Bescheinigung vorliegt	Einkommensteuer-pflichtig bei Geschäftsjahresende des Fonds; Einbehalt von 30 Prozent KESt bei Fonds-Geschäftsjahresende; Erstattung, sofern Freistellungsauftrag/NV-Bescheinigung vorliegt	Einkommensteuer-pflichtig zum Zeitpunkt der Ausschüttung; 30 Prozent ZASt Einbehalt, wenn die auszahlende Stelle ein inländisches Kreditinstitut (inländische Zahlstelle) ist; sofern kein Freistellungsauftrag/NV-Bescheinigung vorliegt	Einkommensteuer-pflichtig bei Geschäftsjahresende des Fonds; Keine ZASt; 30 Prozent ZASt-Einbehalt erst bei Rückgabe, wenn die auszahlende Stelle ein inländisches Kreditinstitut (inländischen Zahlstelle) ist; Erstattung, sofern Freistellungsauftrag/NV-Bescheinigung vorliegt
Steuer-aus-länder	Einkommensteuer-frei in Deutschland; keine ZASt	Einkommensteuer-frei in Deutschland; keine ZASt	Einkommensteuer-frei in Deutschland; keine ZASt	Einkommensteuer-frei in Deutschland; keine ZASt

Abbildung 20:   *Besteuerung von Zinserträgen bei transparenten Investmentfonds*

Mieterträge

Mieten aus inländischen Grundstücken sind beim Privatanleger voll einkommensteuerpflichtig zum Zeitpunkt der Ausschüttung. Sie werden als Einkünfte aus Kapitalvermögen besteuert und unterliegen daher der 30-prozentigen Zinsabschlagsteuer. Im Gegensatz zu geschlossenen Fonds erzielt der Privatanleger also keine Einkünfte aus Vermietung und Verpachtung. Bei thesaurierenden Fonds gelten die inländischen Mieteinnahmen als mit Ablauf des Fondsgeschäftsjahres zugeflossen und sind voll steuerpflichtig. Dies gilt sowohl für inländische wie auch für ausländische Immobilienfonds.

Bei Mieten aus im Ausland belegenen Grundstücken ist das mit dem jeweiligen Staat getroffene Doppelbesteuerungsabkommen zu beachten:

▨ Im Regelfall sehen die von Deutschland abgeschlossenen Doppelbesteuerungsabkommen für Mieterträge die Freistellungsmethode vor. In diesem Fall sind die ausgeschütteten und thesaurierten Mieterträge in Deutschland steuerfrei. Allerdings unterliegen diese Erträge bei Ermittlung des individuellen Steuersatzes des Anlegers dem Progressionsvorbehalt. Für steuerfreie Mieterträge wird weder bei Ausschüttung noch bei Thesaurierung ein Zinsabschlag vorgenommen.

▨ Besteht mit dem ausländischen Staat hingegen ein DBA, das für Mieterträge die Anrechnungsmethode vorsieht (dies trifft zum Beispiel für die Schweiz und Spanien zu), so sind die ausgeschütteten und thesaurierten Mieterträge in Deutschland als Einkünfte aus Kapitalvermögen voll steuerpflichtig. Eine im Ausland gegebenenfalls gezahlte Steuer auf die Mieterträge kann auf die deutsche Einkommensteuer angerechnet werden oder von den Einkünften wie Werbungskosten abgezogen werden.

Gewinne aus Wertpapierumschichtungen sowie aus Options- und Termingeschäften

Werden Gewinne aus dem Verkauf von Wertpapieren des Fondsvermögens sowie Erträge aus Termin- und Optionsgeschäften an den Privatanleger ausgeschüttet, so sind sie bei diesem stets steuerfrei.[168] Bei thesaurierenden Fonds gelten die Gewinne als nicht zugeflossen. Dies ist eine Durchbrechung des Transparenzgrundsatzes und stellt eine steuerliche Begünstigung des privaten Fondsinvestors gegenüber dem Direktanleger dar. Im Falle der Direktanlage wären die Kursgewinne steuerpflichtig (bei Aktienkursgewinnen im Rahmen des Halbeinkünfteverfahrens), soweit sie innerhalb der einjährigen Spekulationsfrist erzielt worden wären. Die einjährige Behaltefrist gilt jedoch nicht für Fonds, so dass vom Sondervermögen innerhalb der Spekulationsfrist erzielte Kursgewinne steuerfrei an den Privatanleger ausgeschüttet werden können. Dabei ist unerheblich, ob es sich um einen inländischen oder einen ausländischen Fonds handelt.

Beispiel:

Der im Aktien-Fonds EuroStoxxGrotwth investiert in europäische Aktien. Aus dem Verkauf von Aktien erzielt er Gewinne von 2.500.000 EUR, die neben den erwirtschafteten Dividen-

---

[168] § 2 Abs. 3 InvStG, BMF, 2. 6. 2005, IV C 1 – S 1980 – 1 – 87/05, Rn. 37, BStBl I, 2005, 728

den an die Anleger (Privatanleger) ausgeschüttet werden. Während die Dividenden beim Anleger steuerpflichtig sind, unterliegen die ausgeschütteten Kursgewinne beim Privatanleger keiner Einkommensteuerpflicht.

Gewinne aus Grundstücksverkäufen

Gewinne aus der Veräußerung von im Inland belegenen Grundstücken sind beim Privatanleger einkommensteuerfrei, wenn die Veräußerung des Grundstückes im Fonds außerhalb des 10-jährigen Spekulationszeitraums stattgefunden hat. Ansonsten sind die Einkünfte voll steuerpflichtig.[169] Sie unterliegen jedoch keinem Kapitalertragsteuerabzug. Bei thesaurierenden Fonds gelten die Veräußerungsgewinne nur dann als zugeflossen, wenn sie innerhalb der 10-jährigen Spekulationsfrist angefallen sind.[170]

Bei Veräußerungsgewinnen von im Ausland belegenen Grundstücken ist zu unterscheiden, ob die Veräußerungsgewinne nach dem bestehenden DBA der Freistellungsmethode oder dem Anrechnungsverfahren unterliegen.

- Besteht mit dem Staat ein DBA, das die Freistellungsmethode vorsieht (das ist der Regelfall), so gelten folgende Besteuerungsregeln:

Ausschüttung	Steuerfreiheit mit Progressionsvorbehalt, wenn die Veräußerung innerhalb der 10-Jahres-Frist stattgefunden hat; ansonsten Steuerfreiheit ohne Progressionsvorbehalt.
Thesaurierung	Steuerfreiheit mit Progressionsvorbehalt, wenn die Veräußerung innerhalb der 10-Jahres-Frist stattgefunden hat; ansonsten gelten die Gewinne als nicht zugeflossen.

- Besteht mit dem Staat ein DBA, das für Veräußerungsgewinne die Anrechnungsmethode vorsieht (das ist z. B. bei in der Schweiz oder Spanien belegenen Grundstücken der Fall), so gelten folgende Besteuerungsregeln:

Ausschüttung	Steuerfreiheit, wenn die Veräußerung außerhalb der 10-Jahres-Frist stattgefunden hat; ansonsten Steuerpflicht mit Anrechnung/Abzug der ausländischen Steuer
Thesaurierung	Steuerpflicht, wenn die Veräußerung innerhalb der 10-Jahres-Frist stattgefunden hat, mit Anrechnung/Abzug der ausländischen Steuer; ansonsten gelten die Gewinne als nicht zugeflossen.

---

[169] § 2 Abs. 3 Nr. 2 InvStG
[170] § 1 Abs. 3 Satz 3 InvStG

5.4.3 Besteuerung der Veräußerung/ Rückgabe von Fondsanteilen

Die Veräußerung bzw. die Rückgabe der Fondsanteile ist für Steuerinländer nur innerhalb eines Jahres nach Anschaffung der Anteile als privates Veräußerungsgeschäft in voller Höhe steuerpflichtig (Spekulationsfrist). Ein Kapitalertragsteuerabzug findet nicht statt. Das Halbeinkünfteverfahren findet bei der Ermittlung des Veräußerungsgewinns/-verlusts beim Privatanleger keine Anwendung.[171]

Veräußerungen außerhalb der Spekulationsfrist sind nicht steuerbar.

Da Gewinne aus der Veräußerung von Wertpapieren nicht zu den inländischen Einkünften zählen, sind die Veräußerungsgewinne, die Steuerausländer erzielen, stets steuerfrei, und zwar unabhängig davon, ob die einjährige Behaltefrist beachtet wurde oder nicht.

Die bei Veräußerung gutgeschriebenen Zwischengewinne sind jedoch stets steuerpflichtig, auch wenn seit dem Erwerb der Fondsanteile mehr als ein Jahr vergangen ist. Sie gehören zu den Einnahmen aus Kapitalvermögen.[172]

Bei Verkauf von Fondsanteilen sind die im Rücknahmepreis/Verkaufspreis enthaltenen, noch nicht thesaurierten Erträge und Zwischengewinne bei Ermittlung eines gegebenenfalls anfallenden Spekulationsgewinns/-verlusts herauszurechnen. Es handelt sich insoweit um Einkünfte aus Kapitalvermögen und wird dort erfasst.

Beispiel:

Ingo Invest erwirbt am 1.1.07 1.500 Fondsanteile zum Kurs von 40,00 EUR, darin enthalten sind 1,50 EUR (gezahlte) Zwischengewinne. Am 30.6.07 veräußert er die Fondsanteile zum Kurs von 45,00 EUR, darin enthalten (erhaltene) Zwischengewinne in Höhe von 3,50 EUR.

Der im Ausgabe- bzw. Rücknahmepreis enthaltene Zwischengewinn gehört nicht zu den Anschaffungskosten der Anteile, sondern ist bei den Einkünften aus Kapitalvermögen zu berücksichtigen. Die Anschaffungskosten (1.1.07) betragen somit 38,50 EUR, der Verkaufspreis (30.6.07) liegt bei 41,50 EUR.

Die Einkünfte ermittelten sich wie folgt:

	EUR
Erhaltene Zwischengewinne 3,50 EUR x 1.500	5.250
abzügl. gezahlte Zwischengewinne 1,50 EUR x 1.500	− 2.250
Einnahmen	3.000
Werbungskosten-Pauschbetrag	− 51
Sparerfreibetrag	− 750
Einkünfte aus Kapitalvermögen	**2.199**
Verkaufskurs (45,00 EUR − 3,50 EUR)	62.250
Kaufskurs (40,00 EUR − 1,50 EUR)	57.750
Gewinn aus privatem Veräußerungsgeschäft	**4.500**

---

[171] § 8 Abs. 1 InvStG

[172] BMF, 2.6.2005, IV C 1 – S 1980 – 1 – 87/05, Rn. 21, BStBl I, 2005, 728

Der Gewinn ist steuerfrei, wenn die Gewinne aus allen privaten Veräußerungsgeschäften im Jahr 2006 insgesamt weniger als 512 EUR betragen.

Bei thesaurierenden Fonds ist zu beachten, dass während der Besitzzeit des Anlegers bereits eine Versteuerung der thesaurierten Erträge als Einkünfte aus Kapitalerträgen stattfand. Gleichzeitig hat sich bei Thesaurierung der Rücknahmepreis um diesen Betrag erhöht. Daher ist bei thesaurierenden Fonds der Rücknahmepreis um die steuerlich bereits erfassten (akkumulierten) Erträge zu vermindern.[173]

5.5   Besteuerung von Zertifikaten

Bei Zertifikaten handelt es sich um von Kreditinstituten und Brokerhäusern herausgegebene Inhaberschuldverschreibungen, die es dem Kunden ermöglichen, je nach Ausgestaltung, an der Wertentwicklung eines Referenzgegenstandes unter anderem Indizes, Aktien, Aktienkörben, Anleihen oder Fonds zu partizipieren. Zertifikate unterscheiden sich von klassischen Geldanlagen wie z. B. der Direktanlage in Aktien durch ihr besonderes Chance-Risiko-Profil. Je nach Ausgestaltung ermöglichen Zertifikate nicht nur an steigenden, sondern auch fallenden oder sich seitwärts bewegenden Märkten zu partizipieren.[174]

Im Gegensatz zu Investmentfonds erwirbt der Anleger keinen Miteigentumsanteil an einem Sondervermögen, sondern einen schuldrechtlichen Anspruch gegenüber der emittierenden Bank. Da Zertifikate nicht in den Referenzgegenstand (Basiswert) investieren, sondern die Wertentwicklung des Basiswertes lediglich mittels Derivaten abbilden, entstehen im Unterschied zu Investmentfonds bei Anpassungen z. B. eines Aktienkorbes keine Transaktionskosten. Anders als bei Fonds, deren Laufzeit in der Regel unbegrenzt ist (Open-End-Fonds), weisen Zertifikate zumeist eine feste Laufzeit auf.

Laufende Kapitalerträge (Zinsen, Dividenden) fallen während der Laufzeit des Zertifikats im Regelfall nicht an. Der Anleger partizipiert über die Kurssteigerungen des Zertifikates an der Wertentwicklung der darin enthaltenen Anlagen (z. B. Aktien, Anleihen, Indizes).

Anders als bei Investmentfonds, werden Kapitalanlagen in Zertifikaten nicht nach Transparenzgrundsatz besteuert. Für steuerliche Zwecke ist es vielmehr von Interesse, ob theoretisch ein vollständiger Verlust des eingesetzten Kapitals eintreten kann (Vollrisikozertifikat) oder ob die Rückzahlung des investierten Kapitals ganz oder teilweise garantiert ist und/oder ein Anspruch auf Zinszahlungen oder Ähnlichem besteht (Garantiezertifikat).[175] Die Klassifizierung als Garantiezertifikat kann sich auch daraus ergeben, dass aufgrund der

---

[173] BMF, 2. 6. 2005, IV C 1 – S 1980 – 1 – 87/05, Rn. 17, BStBl I, 2005, 728
[174] Faust (2007c), S. 55
[175] Vgl. hierzu auch die Ausführungen in Kapitel 3.1.1.

Ausgestaltung des Zertifikats sicher ist, dass der Anleger sein Kapital zurückerhält. In diesem Fall ist eine ausdrückliche Kapitalrückzahlungsgarantie nicht erforderlich (z. B. REX-P-Zertifikate).[176]

Vollrisikozertifikat

Besteht die Möglichkeit des vollständigen Kapitalverlusts und ist damit der Wert des Zertifikats ausschließlich an die Wertentwicklung des Bezugsobjektes gekoppelt, erzielt der Anleger hieraus keine Einkünfte aus Kapitalvermögen. Zinsabschlag- bzw. Kapitalertragsteuer fallen deshalb nicht an. Dies gilt auch für Performance-Indizes wie beispielsweise den DAX, in dessen Berechnung Dividenden einbezogen werden.

Veräußert der Steuerinländer Vollrisikozertifikate innerhalb der einjährigen Spekulationsfrist, so liegt ein steuerpflichtiges privates Veräußerungsgeschäft vor. Die in diesen Fällen erzielten Veräußerungsgewinne sind als sonstige Einkünfte zu versteuern. Veräußerungsverluste können nur mit Gewinnen aus privaten Veräußerungsgeschäften verrechnet werden. Realisierte Gewinne und Verluste nach Ablauf der Jahresfrist sind steuerlich unbeachtlich.[177] Bei Steuerausländern ist die Veräußerung eines Vollrisikozertifikats stets einkommensteuerfrei – unabhängig von der Einhaltung der Jahresfrist.

Garantiezertifikat

Garantiezertifikate zeichnen sich dadurch aus, dass dem Inhaber unabhängig von der Entwicklung des Basiswertes, an den die Rückzahlung gekoppelt ist, meist im Wege eines Floor eine „Mindestrückzahlung" des Kapitals zugesagt wird.

Bei Zusage der vollständigen oder nur teilweisen Rückzahlung des Kapitals erfolgt die Besteuerung nach den Grundsätzen für Finanzinnovationen. Dies hat zur Folge, dass beim Steuerinländer unabhängig von der Haltedauer des Finanzproduktes im Fall der Veräußerung und Endeinlösung die Differenz zwischen Veräußerungspreis/Wert der Anleihe bei Endeinlösung und Erwerbspreis als Einkünfte aus Kapitalvermögen zu versteuern ist. Hierauf sind inländische Zahlstellen verpflichtet, die Zinsabschlagsteuer in Höhe von 30 Prozent zuzüglich 5,5 Prozent Solidaritätszuschlag einzubehalten.

Bei DAX-Zertifikaten ist die Anwendung der Regelungen für Finanzinnovationen noch nicht vollständig geklärt. Nach Auffassung der Finanzverwaltung reicht eine „Teil-Rückzahlungsgarantie" für die Klassifizierung als Finanzinnovation aus.[178] Demgegenüber vertritt der Bundesfinanzhof die Auffassung, dass der Überschuss aus der Veräußerung von

---

[176] OFD Rheinland, 5. 3. 2007, o. Az.

[177] BMF 27. 11. 2001, IV C 3 – S 2256 – 265/01, R. 47, BStBl 2001, 986

[178] BMF, 16. 3. 1999, IV C 1 – S 2252 – 87/99, BStBl I, 1999, 422

Indexzertifikaten, mit einer garantierten Mindestrückzahlung nur hinsichtlich des Teils als Finanzinnovation (und damit steuerpflichtig) einzuordnen ist, der der garantierten Mindestrückzahlung entspricht.[179]

Für Steuerausländer ergibt sich hinsichtlich der deutschen Einkommensteuer keine Steuerpflicht, da keine inländischen Einkünfte vorliegen.

5.6 Besteuerung von Wandel- und Optionsanleihen sowie Optionsscheinen

5.6.1 Besteuerung von Wandelanleihen

Wandelanleihen sind festverzinsliche Schuldverschreibungen mit gesonderter Stückzinsberechnung, die dem Anleger zusätzlich das Recht einräumen, die Anleihe in Aktien des Emittenten umzuwandeln. Dieses Recht kann nur innerhalb einer bestimmten Frist bzw. zu einem bestimmten Zeitpunkt zu vorher festgelegten Konditionen ausgeübt werden. Die Wandelanleihe geht mit der Wandlung unter.[180] An ihre Stelle treten die bezogenen Aktien.

Besteuerung der Anleihe

Für den Steuerinländer erfolgt die Besteuerung der Wandelanleihe entsprechend den Grundsätzen, die für alle festverzinslichen Wertpapiere mit Stückzinsberechnung gelten:[181]

	Einkommensteuer	Zinsabschlagsteuer
Laufende Erträge und Einlösung durch den Ersterwerber	Die zu den Zinsterminen fälligen Zinsen unterliegen im Jahr der Zinszahlung der Einkommensteuer	30-prozentige Zinsabschlagsteuer auf die steuerpflichtigen Zinsen
Zwischenveräußerung vor Fälligkeit	▪ Beim Veräußerer vereinnahmte Stückzinsen sind steuerpflichtig. ▪ Beim Erwerber sind gezahlte Stückzinsen als negative Einnahmen zu berücksichtigen und werden in den Stückzinstopf eingestellt.	Kein Zinsabschlag auf vereinnahmte Stückzinsen

Abbildung 21: Besteuerung von Wandelanleihen

Die Wandlung der Anleihe ist selbst kein steuerrelevanter Vorgang (Vermögensebene).

---

[179] BFH-Urteil von 4.12.207, VIII R 35/05, BFH/NV 2008, 462
[180] BMF 25.10.2004, IV C 3 – S 2256 – 238/04, BStBl I, 2004, 1034, Rn. 5
[181] Angermayer-Michler (2007), S. 78

Besteuerung der bezogenen Aktien

Übt der Inhaber der Anleihe das Wandlungsrecht aus, werden die Aktien des Schuldners im Zeitpunkt der Ausübung des Wandlungsrechts angeschafft. Da der Kauf der Anleihe und der spätere Erwerb der Aktien einen einheitlichen Rechtsvorgang darstellen, entsteht durch die Wandlung weder ein Kapitalertrag aus der Anleihe noch ein privater Veräußerungsgewinn durch Tausch der Anleihe in Aktien. Die für den Erwerb der Anleihe aufgewendeten Anschaffungskosten gehören neben der gegebenenfalls zu leistenden Barzuzahlung zu den Anschaffungskosten der Aktien. Ein bei der Veräußerung der Aktien innerhalb eines Jahres nach Ausübung des Wandlungsrechts erzielter Veräußerungsgewinn ist bei Steuerinländern als privates Veräußerungsgeschäft steuerpflichtig.[182]

Für den Steuerausländer ergeben sich keine einkommensteuerlichen Konsequenzen, da die aus der Anleihe resultierenden Zinseinnahmen keine inländischen Einkünfte darstellen.

5.6.2 Besteuerung von Optionsanleihen

Optionsanleihen sind niedrig festverzinsliche Schuldverschreibungen, mit denen neben der Verzinsung zusätzlich das Recht eingeräumt wird, Aktien (in der Regel der Emittentin der Schuldverschreibung) zu beziehen.[183] Im Gegensatz zur Wandelanleihe erlischt mit der Ausübung der Option das Rechts auf Rückzahlung des Nominalbetrags der Anleihe nicht. Optionsanleihen werden zu einem einheitlichen Preis ausgegeben. Anleihe und Optionsschein können häufig (nach der Emission) getrennt gehandelt werden.

Der Erwerber einer Optionsanleihe erwirbt zwei getrennte Wirtschaftsgüter, nämlich eine Anleihe und ein Optionsrecht (Zwei-Wirtschaftsgüter-Theorie).[184]

Zu Einkünften aus Kapitalvermögen kann beim Steuerinländer aber nur das Entgelt für die Überlassung des Kapitals zur Nutzung (= Anleihe) führen. Das Optionsrecht führt nicht zu Einkünften aus Kapitalvermögen. Gewinne aus dessen Veräußerung sind (mit Ausnahme der Veräußerung innerhalb der einjährigen Spekulationsfrist) der nicht steuerbaren Vermögensebene zuzuordnen. Steuerlich ist daher der einheitliche Ausgabepreis (Emissionskurs) der Anleihe aufzuteilen.

Hinsichtlich der steuerlichen Behandlung ist weiterhin zwischen einer Über-Pari-Emission und einer Pari-Emission zu unterscheiden.[185]

---

[182] BMF 25. 10. 2004, IV C 3 – S 2256 – 238/04, BStBl I, 2004, 1034, Rn. 6
[183] BMF 25. 10. 2004, IV C 3 – S 2256 – 238/04, BStBl I, 2004, 1034, Rn. 7
[184] BMF 27. 11. 2001, IV C 3 – S 2256 – 265/01, BStBl I, 2001, 986, Rn. 29
[185] BMF 25. 10. 2004, IV C 3 – S 2256 – 238/04, BStBl I, 2004, 1034, Rn. 8

Über-Pari-Emission

Bei einem offenen Aufgeld (Über-Pari-Emission) und marktüblicher Verzinsung der Anleihe stellt das Aufgeld den Preis für das Optionsrecht dar. Die Aufteilung ist daher unproblematisch.

	Einkommensteuer	Zinsabschlagsteuer
Laufende Erträge	Die zu den Zinsterminen fälligen Zinsen unterliegen im Jahr der Zinszahlung der Einkommensteuer.	30-prozentige Zinsabschlagsteuer auf die steuerpflichtigen Zinsen
Veräußerung der Anleihe	- Vereinnahmte Stückzinsen des Verkäufers sind steuerpflichtig - Beim Erwerber stellen sie negative Einnahmen dar.	- Zinsabschlag auf vereinnahmte Stückzinsen unter Berücksichtigung des Saldos des Stückzinstopfs - Gezahlte Stückzinsen werden im Stückzinstopf berücksichtigt
Veräußerung des Optionsrechts	- Bei Veräußerung innerhalb eines Jahres liegt ein steuerpflichtiges privates Veräußerungsgeschäft vor. - Das Aufgeld stellt die Anschaffungskosten für das Optionsrecht dar.	

Abbildung 22: *Steuerliche Behandlung einer Optionsanleihe bei Über-Pari-Emission*[186]

Pari-Emission

Bei einer Pari-Emission (verdecktes Aufgeld) entspricht der Ausgabepreis (Anleihe und Optionsrecht) dem Nennwert der Anleihe. Zusätzlich wird (in der Regel) eine laufende (niedrige) Verzinsung gewährt. Da auch hier das Entgelt für das Optionsrecht im Ausgabepreis enthalten ist, ist die Verzinsung der Anleihe (und damit auch das Entgelt für das Optionsrecht) anhand von Anleihen vergleichbarer Emittenten und vergleichbarer Emissionsbedingungen rechnerisch zu ermitteln.

Die Differenz zwischen dem so ermittelten, rechnerischen Emissionskurs und dem tatsächlichen Emissionskurs bildet den Kaufpreis des Optionsrechtes.

Werden die Anschaffungskosten weder nachgewiesen noch berechnet, ist eine Aufteilung der einheitlichen Anschaffungskosten nach dem Verhältnis der Börsenkurse vorzunehmen, die für die Anleihe ohne Optionsschein und den Optionsschein im Zeitpunkt des Erwerbs gelten.

---

[186] Vgl. Angermayer-Michler (2007), S. 79.

Der Differenzbetrag zwischen rechnerischem Emissionskurs und Rückzahlungskurs ist – wenn die in der Disagiostaffel festgelegten Grenzwerte überschritten werden – als Emissionsdisagio für den Steuerinländer steuerpflichtig.

Für den Steuerausländer ergeben sich mangels inländischer Einkünfte keine einkommensteuerlichen Konsequenzen.

	Einkommensteuer	Zinsabschlagsteuer
Laufende Erträge	Die zu den Zinsterminen fälligen Zinsen unterliegen im Jahr der Zinszahlung der Einkommensteuer.	30-prozentige Zinsabschlagsteuer auf die steuerpflichtigen Zinsen.
Einlösung durch den Ersterwerber	Steuerpflichtiges Emissionsdisagio, sofern es außerhalb der Disagiostaffel liegt.	30-prozentiger Zinsabschlag auf das Emissionsdisagio
Veräußerung der Optionsanleihe	- Vereinnahmte Stückzinsen des Verkäufers sind steuerpflichtig. - Beim Erwerber stellen sie negative Einnahmen dar. - Darüber hinaus gegebenenfalls steuerpflichtiger Ertrag aus dem besitzzeitanteiligen Emissionsdisagio (ermittelt nach Emissions- oder Marktrendite).	- 30-prozentiger Zinsabschlag auf vereinnahmte Stückzinsen zuzügl. besitzzeitanteiliges Emissionsdisagio (auf Basis der Differenzmethode oder 30-Prozent-Regel) - Gezahlte Stückszinsen werden beim Erwerber im Stückzinstopf berücksichtigt.
Einlösung durch den Folgeerwerber	gegebenenfalls steuerpflichtiger Ertrag aus dem besitzzeitanteiligen Emissionsdisagio (ermittelt nach Emissions- oder Marktrendite)	30-prozentiger Zinsabschlag auf besitzzeitanteiliges Emissionsdisagio (auf Basis Differenzmethode oder 30-Prozent-Regel)
Veräußerung des Optionsrechts	Bei Veräußerung innerhalb eines Jahres liegt ein steuerpflichtiges privates Veräußerungsgeschäft vor. Das Aufgeld stellt die Anschaffungskosten für das Optionsrecht dar.	

Abbildung 23: *Steuerliche Behandlung einer Optionsanleihe bei Pari-Emission*[187]

5.6.3 Besteuerung von Optionsscheinen (Warrants)

Optionsanleihen sind Anleihen, die bei Emissionszeitpunkt neben dem Mantel und dem Zinsbogen auch einen Optionsschein („warrant") beinhalten, der beim emittierenden Unternehmen geltend gemacht werden kann.

Der Warrant und die Anleihe sind somit zwei eigenständige Wertpapiere, die auch getrennt gehandelt werden. Die Trennung einer Optionsanleihe in zwei eigenständige Wertpapiere resultiert aus der Tatsache, dass auch nach der Ausübung des Bezugsrechts die Anleihe weiter besteht. In diesem Fall wird der Anleger sowohl Anteilseigner als auch Gläubiger der

---

[187] Vgl. Angermayer-Michler (2007), S. 79.

emittierenden Aktiengesellschaft. Entschließt er sich jedoch dazu, das Bezugsrecht nicht auszuüben oder den Warrant zu verkaufen, so bleibt er lediglich Gläubiger des Unternehmens und erhält die in den Emissionsbedingungen festgelegten Zins- und Tilgungszahlungen.

Die steuerliche Behandlung der Optionsanleihe folgt der Besteuerung eines festverzinslichen Wertpapiers.

Der Verkauf wie auch die Einlösung von Optionsscheinen führen nicht zu Einkünften aus Kapitalvermögen, allerdings liegt bei Verkauf oder Einlösung innerhalb der einjährigen Spekulationsfrist beim Steuerinländer ein steuerpflichtiges privates Veräußerungsgeschäft vor.

Einkünfte aus Kapitalvermögen liegen jedoch dann vor, wenn wirtschaftlich kein Optionsgeschäft, sondern eine Kapitalüberlassung anzunehmen ist, wie das bei Bandbreiten-Optionsscheinen („range warrants") sowie gekappten Optionsscheinen („capped warrants") der Fall ist.[188]

Range Warrants

Bei „range warrants" handelt es sich um ein Paket von Optionsscheinen, die meist auf einen Index (z. B. DAX), aber auch auf den Kurs einer bestimmten Aktie lauten. Befindet sich der betreffende Wert am Fälligkeitstag (Ausübungstag) innerhalb der vereinbarten Bandbreite der Optionsscheine, hat der Inhaber das Recht, von dem Emittenten neben der Rückzahlung des überlassenen Kapitalvermögens die Zahlung eines zusätzlichen Betrags (Ausübungsbetrag) zu verlangen; aus den übrigen Optionsscheinen erhält der Anleger lediglich das überlassene Kapitalvermögen zurück.

Bei Steuerinländer ergibt sich folgende steuerliche Beurteilung:

	Einkommensteuer	Zinsabschlagsteuer
Einlösung durch Ersterwerber	Differenz zwischen gezahlter Optionsprämie und Rückzahlungsbetrag ist steuerpflichtig	30-prozentige Zinsabschlagsteuer auf Basis des Wertzuwachses.
Veräußerung und Einlösung durch den Folgeerwerber	Steuerpflichtiger Ertrag aus Kursdifferenzpapier auf Basis Marktrendite	30-prozentige Zinsabschlagsteuer auf Basis Kursdifferenzmethode oder 30-Prozent-Regel

Abbildung 24: *Steuerliche Behandlung von „range warrants"*[189]

Beim Steuerausländer sind die Erträge einkommensteuerfrei.

---

[188] BMF 27. 11. 2001, IV C 3 – S 2256 – 265/01, BStBl I, 2001, 986, Rn. 30, BMF 30. 4. 1993, IV B 4 – S 2252 – 480/92, BStBl I, 1993, 343

[189] Vgl. Angermayer-Michler (2007), S. 76.

Capped Warrants

Bei den „capped warrants" handelt es sich um eine Kombination einer Kaufoption („call")
und einer Verkaufsoption („put") zumeist auf einen Index (z. B. DAX). Gegen Zahlung einer
Optionsprämie erwirbt der Käufer dieser Optionsscheine das Recht, am Verfalltag durch
Ausübung der Option vom Emittenten eine Zahlung zu verlangen. Kauf- und Verkaufsoption
lauten auf unterschiedlich hohe Basispreise und sind mit Preisbegrenzungen (so genannte
„caps") ausgestattet. Mit der Kaufoption setzt der Anleger auf steigende Kurse und mit der
Verkaufsoption auf fallende Kurse. Betrachtet man die Optionen getrennt, würde sowohl bei
Ausübung der Kauf- wie der Verkaufsoption kein Kapitalertrag anfallen. Optionsscheine
können das Recht verbriefen, eine bestimmte Menge eines Basiswertes zu kaufen (Call-
Optionsschein) oder zu verkaufen (Put-Optionsschein). Anstelle des Bezugs oder der Lieferung des Basiswertes kann alternativ ein Barausgleich in Geld vorgesehen sein.

Steuerliche Behandlung von „range warrants" beim Steuerinländer:

	Einkommensteuer	Zinsabschlagsteuer
Einlösung durch Ersterwerber	Differenz zwischen gezahlter Optionsprämie und Rückzah-lungsbetrag ist steuerpflichtig	30-prozentige Zinsabschlagsteuer auf Basis des Wertzuwachses
Veräußerung und Einlösung durch den Folgeerwerber	Steuerpflichtiger Ertrag aus Kursdifferenzpapier auf Basis der Emissions- oder Markt-rendite	30-prozentige Zinsabschlagsteuer auf Basis der Kursdifferenzmethode oder der 30-Prozent-Regel

Abbildung 25: *Steuerliche Behandlung von „capped warrants"* [190]

5.7   Besteuerung ausgewählter Finanzinnovationen

5.7.1 Nullkupon-Anleihen (Zero-Bonds)

Nullkupon-Anleihen sind auf- bzw. abgezinste Papiere ohne laufende Zinszahlung. Die
Rendite der Anleihe besteht aus der Wertsteigerung zwischen dem Kauf-/Emissionspreis
und dem höheren Einlösungsbetrag. Da es sich um ein abgezinstes Wertpapier handelt,
erfolgt die Besteuerung nach den Regeln für Finanzinnovationen.

Erfolgt die Einlösung durch den unbeschränkt steuerpflichtigen Ersterwerber, so werden die
im Einlösungsbetrag enthaltenen Zinsen bei Einlösung entsprechend dem Zuflussprinzip am
Ende der Laufzeit steuerlich erfasst. Steuerpflichtig ist der Wertzuwachs in Höhe der Differenz zwischen Emissions- und Einlösungskurs.[191]

---

[190] Angermayer-Michler (2007), S. 76
[191] § 20 Abs. 2 Nr. 4a EStG

Auf den bei Einlösung zufließenden Zinsertrag ist die 30-prozentige Zinsabschlagsteuer einzubehalten, sofern kein ausreichender Freistellungsauftrag oder NV-Bescheinigung vorliegt.
Die Bemessungsgrundlage für die Zinsabschlagsteuer ergibt sich aus der Differenzmethode
oder – sofern die Voraussetzungen für die Anwendung der Differenzmethode nicht vorliegen – aus der 30-Prozent-Regel (Ersatzbemessungsgrundlage).

Sofern der Ersterwerber das Wertpapier während der Laufzeit an einen Folgeerwerber veräußert, ist der auf die Besitzzeit entfallende Ertrag einkommensteuerpflichtig. Die Ermittlung erfolgt auf der Grundlage der Emissionsrendite oder ersatzweise nach der Marktrendite.[192]

Auf den besitzzeitanteiligen Ertrag ist die 30-prozentige Zinsabschlagsteuer einzubehalten.
Die Bemessungsgrundlage ergibt sich aus der Differenzmethode oder der Ersatzbemessungsgrundlage (30-Prozent-Regel).

Bei Steuerausländer verbleibt der Ertrag aus der Einlösung bzw. Zwischenveräußerung steuerfrei.

Nachfolgend ist die steuerliche Behandlung beim Steuerinländer tabellarisch dargestellt:

	Einkommensteuer	Kapitalertragsteuer
Laufende Zins-zahlung	Einkommensteuerpflichtig, soweit Freistellungsauftrag ausgeschöpft bzw. keine NV-Bescheinigung vorliegt	Bei inländischer Zahlstelle: 30 Prozent Kapitalertragsteuer zuzüglich 5,5 Prozent Solidaritäts-zuschlag
Einlösung durch den Ersterwerber	Differenz zwischen Erwerbs-preis und Einlösungsbetrag ist einkommensteuerpflichtig	Bei inländischer Zahlstelle: 30 Prozent Kapitalertragsteuer zuzüglich 5,5 Prozent Solidaritäts-zuschlag
Veräußerung und Einlösung durch den Folgeerwerber	Einkommensteuerpflichtig, sofern Freistellungsauftrag ausgeschöpft bzw. keine NV-Bescheinigung vorliegt	Bei inländischer Zahlstelle: 30 Prozent Kapitalertragsteuer zuzüglich 5,5 Prozent Solidaritäts-zuschlag

Abbildung 26:   *Steuerliche Behandlung von Nullkupon-Anleihe*[193]

5.7.2   Festverzinsliche Anleihen ohne gesonderte Stückzinsberechnung

Festverzinsliche Anleihen ohne gesonderte Stückszinsberechnung sind dadurch gekenn-
zeichnet, dass dem Erwerber die auf die anteilige Besitzzeit des Veräußerers entfallenden
Zinsen nicht gesondert in Rechnung gestellt werden, sondern dass diese Bestandteil des
Kurses sind.

---

[192] § 20 Abs. 2 EStG
[193] Angermayer-Michler (2007), S. 58

Die zu den Zinsterminen fälligen Zinsen unterliegen im Jahr der Zinszahlung der Einkommensteuer. Auf die steuerpflichtigen Zinsen ist eine 30-prozentige Zinsabschlagsteuer einzubehalten. Bei der Veräußerung wird der einkommensteuerpflichtige Zinsertrag – da die besitzzeitanteiligen Stückzinsen nicht separat ausgewiesen werden – nach der Emissionsrendite oder der Marktrendite ermittelt. Auf die im Verkaufskurs enthaltenen steuerpflichtigen Zinserträge ist ein 30-prozentiger Zinsabschlag einzubehalten. Die Bemessungsgrundlage für die Zinsabschlagsteuer ermittelt sich nach der Differenzmethode. Sofern die Voraussetzungen für die Anwendung der Differenzmethode nicht vorliegen, ist der Zinsabschlag auf Basis der Ersatzbemessungsgrundlage (30-Prozent-Regel) einzubehalten.

Ob Kapitalanlagen als Finanzinnovationen einzustufen sind, richtet sich ausschließlich nach den Verhältnissen im Zeitpunkt der Emission. Durch das nachträgliche Umstellen einer ursprünglich mit Stückzinsausweis gehandelten Anlage auf einen Handel ohne Stückzinsausweis wird ein festverzinsliches Wertpapier nicht zur Finanzinnovation.[194]

> Beispiel:
>
> Ein Anleger erwirbt eine argentinische Staatsanleihe mit teilweise variabler Verzinsung. Zum Zeitpunkt der Emission erfolgt ein Handel mit gesondertem Stückzinsausweis.
>
> Nach der Zahlungseinstellung der Emittentin erfolgt eine Umstellung auf Handel ohne Stückzinsausweis („Umschlüsselung").
>
> Ein Anleger hat eine argentinische Staatsanleihe mit teilweise variabler Verzinsung ohne Ausweis von Stückzinsen mit einem Verlust in Höhe von 70.000 EUR veräußert und diesen als Verlust bei den Einkünften aus Kapitalvermögen im Rahmen der Marktrendite erklärt, da Papiere ohne gesonderten Stückzinsausweis als Finanzinnovationen behandelt werden.
>
> Der nach der Marktrendite ermittelte Verlust wird steuerlich nicht anerkannt, da es lediglich auf die Verhältnisse bei der Emission ankommt und die Anleihe zum Zeitpunkt der Emission eine Emissionsrendite hatte. Das Kapitalnutzungsentgelt ist rechnerisch eindeutig abgrenzbar und bestimmbar. Beim Veräußerungsverlust steht zweifelsfrei fest, dass dieser bei wirtschaftlicher Betrachtung kein negatives Entgelt für die Kapitalnutzung sein kann.

5.7.3 Floating Rate Notes mit Zu- oder Abschlägen

Floating Rate Notes sind laufend verzinsliche Anleihen mit variabler, in regelmäßigen Abständen an den aktuellen Geldmarktzins angepasster Verzinsung. In Abhängigkeit von der Bonität des Schuldners können Zuschläge zum aktuellen Geldmarktsatz erfolgen, in diesen Fällen handelt es sich um Floating Rate Notes mit Zuschlägen.

---

[194] BMF 18.7.2007, IV B 8 – S 2252/0, BStBl I, 2007, 548, BFH 13.12.2006, VIII R 62/04, BStBl II, 2007, 568

Floater sind in den unterschiedlichsten Varianten erhältlich:

▨ Floater ohne Zu- und Abschläge,

▨ Floater mit Zu- und Abschlägen auf den Referenzzinssatz,

▨ Reverse Floater (fester Zinssatz abzüglich Referenzzinssatz).

Nach Auffassung der Finanzverwaltung kann bei Floatern nicht zwischen Ertrags- und Vermögensebene unterschieden werden und ordnet sie hinsichtlich ihrer steuerlichen Behandlung den Finanzinnovationen zu.[195] Da diese Papiere aufgrund der ungewissen Kapitalerträge keine Emissionsrendite aufweisen, kann der Kapitalertrag ausschließlich mittels Marktrendite ermittelt werden.

Die zu den Zinsterminen fälligen Zinsen unterliegen bei Steuerinländer im Jahr der Zinszahlung der Einkommensteuer. Auf die steuerpflichtigen Zinsen ist die Zinsabschlagsteuer in Höhe von 39 Prozent zuzüglich 5,5 Prozent Solidaritätszuschlag einzubehalten. Bei Steuerausländer ergeben sich keine einkommensteuerlichen Konsequenzen.

Verkauft der Erst- bzw. Folgeerwerber die Wertpapiere vor Fälligkeit, sind die bei Verkauf erhaltenen Stückzinsen beim Steuerinländer einkommensteuerpflichtig. Darüber hinaus kann sich ein steuerpflichtiger Ertrag aus Kursdifferenzpapier ergeben, sofern der Verkaufskurs über dem Emissionskurs liegt. Dieser Ertrag aus Kursdifferenzpapier wird ermittelt auf Basis der Marktrendite, da aufgrund der variablen Verzinsung keine Emissionsrendite ermittelt werden kann.

Die bei Verkauf vereinnahmten Erträge unterliegen der Zinsabschlagsteuer.

Bemessungsgrundlage sind die erhaltenen Stückzinsen zuzüglich der Differenz zwischen Kauf- und Verkaufskurs (Differenzmethode) oder Anwendung der 30-Prozent-Regel.

Nachfolgend ist die steuerliche Behandlung beim Steuerinländer tabellarisch dargestellt:

	Einkommensteuer	Zinsabschlagsteuer
Laufende Erträge und Einlösung durch Erst-erwerber	Die zu den Zinsterminen fälligen Zinsen unterliegen im Jahr der Zinszahlung der Einkommensteuer	30-prozentige Zinsabschlagsteuer auf die steuerpflichtigen Zinsen
Veräußerung und Einlösung durch den Folge-erwerber	- Vereinnahmte Stückzinsen sind steuerpflichtig; zuzüglich steuerpflichtiger Ertrag aus Kursdifferenzpapier - Besteuerung auf der Grundlage der Marktrendite, da Ermittlung der Emissionsrendite aufgrund der variablen Verzinsung bei Ausgabe der Papieren objektiv unmöglich ist	- 30-prozentige Zinsabschlag-steuer - Die Bemessungsgrundlage sind die vereinnahmten Stückzinsen zuzüglich der Differenz zwischen Kauf- und Verkaufskurs (Differenzmethode) oder Anwendung der 30-Prozent-Regel

Abbildung 27:   *Steuerliche Behandlung von Floatern*

---

[195] BMF 18. 7. 2007, IV B 8 – S 2252/0, BStBl I, 2007, 548

Die Rechtsprechung des BFH, wonach bei Floatern Zinseinnahmen als Einkünfte aus Kapitalvermögen steuerpflichtig sind, während die Veräußerung oder Einlösung jedoch nicht unter die Regelungen der Finanzinnovationen fällt,[196] wendet die Finanzverwaltung nicht an.[197]

Beim Steuerausländer besteht keine Einkommensteuerpflicht.

5.7.4 Niedrigzins-Anleihen (Deep-Discount-Anleihen)

Niedrigzins-Anleihen stellen eine Mischform zwischen Anleihen mit marktüblicher Verzinsung und abgezinsten Anleihen dar. Sie weisen eine laufende, unter dem Marktniveau liegende Verzinsung auf und werden zum Ausgleich dafür mit einem Disagio ausgegeben.

Ob ein Papier noch als marktübliche Anleihe oder als Niedrigzinsanleihe gilt, Disagiostaffel hängt davon ab, ob das Disagio die von der Finanzverwaltung festgelegten Grenzen überschreitet:[198]

Emissionsdisagio bei Niedrigzins-Anleihen	
Laufzeit der Anleihe in Jahren	Maximaler Abschlag vom Nennwert in Prozent
unter 2	1
2 bis unter 4	2
4 bis unter 6	3
6 bis unter 8	4
8 bis unter 10	5
ab 10	6

Bei Laufzeiten von unter einem Jahr darf das Emissionsdisagio nur zeitanteilig angesetzt werden.[199]

Das Emissionsdisagio ist steuerfrei, wenn bei Emission die in der Disagio-Staffel festgelegte, laufzeitabhängige Prozentsätze nicht überschritten werden. Werden in Ausnahmefällen – die festgelegten Freigrenzen jedoch überschritten, so ist das Disagio in voller Höhe zu versteuern.

---

[196] BFH, 20.11.2006 – VIII R 97/02, BStBl II, 2007, 555
[197] BMF 18.7.2007, IV B 8 – S 2252/0, BStBl I, 2007, 548
[198] BMF, 24.11.1986, IV B 4 – S 2252 – 180/86, BStBl I, 1986, 539
[199] OFD Kiel, 8.6.1999, S 2252a – St 111

5.7.5 Gleitzins-Anleihen

Gleitzins-Anleihen sind Anleihen mit laufender, im Zeitablauf in der Regel steigender Verzinsung. Sie können jedoch auch einen anfänglichen einmaligen Zinsbonus gewähren und in den Folgejahren dann eine niedrigere Verzinsung aufweisen. Solche Anleihen wurden insbesondere in 2006 mit Blick auf das Abschmelzung der Sparerfreibeträge in 2007 emittiert. Aufgrund der Gleitzinsvereinbarung (auf- bzw. absteigenden Verzinsung) wird diese Anlageform als Finanzinnovation besteuert. Da sowohl die Verzinsung als auch der Rückzahlungsbetrag garantiert sind, besitzen diese Anlageformen eine Emissionsrendite.

Die einkommensteuerliche Behandlung beim unbeschränkt steuerpflichtigen Anleger ergibt sich aus nachfolgender Tabelle:[200]

	Einkommensteuer	Zinsabschlagsteuer
Laufende Erträge	Die zu den Zinsterminen fälligen Zinsen unterliegen im Jahr der Zinszahlung der Einkommensteuer	- 30-prozentige Zinsabschlagsteuer auf die steuerpflichtigen Zinsen
Veräußerungsgewinn	Besteuerung auf der Grundlage des nach der Emissionsrendite auf die Besitzzeit anfallenden Ertrags oder ersatzweise nach der Marktrendite zuzüglich Stückzinsen	- 30-prozentige Zinsaschlagsteuer - Die Bemessungsgrundlage ergibt sich aus der Differenzmethode oder 30-Prozent-Regel

Abbildung 28: *Besteuerung von Gleitzinsanleihen*

Steuerausländer unterliegen mit dieser Anlageform in Deutschland keiner Besteuerung.

5.7.6 Anleihen mit Tilgungswahlrecht (Hochzins- oder Aktienanleihe)

Eine Anleihe mit Tilgungswahlrecht ist ein festverzinsliches Wertpapier, d. h. mit einer regelmäßigen überdurchschnittlichen Verzinsung ausgestattet, bei dem der Emittent das Recht hat, das in EUR eingezahlte Kapital alternativ in einer anderen Währung (z.B. in USD) oder in Form von Aktien (Aktienanleihe) zurückzuzahlen.[201] Mit der Ausübung der Option erlischt die Verpflichtung zur Rückzahlung des Nominalbetrags der Anleihe.

Da die Rückzahlung des Kapitals hinsichtlich seiner Höhe ungewiss ist, handelt es sich bei dieser Anlageform um eine Finanzinnovation. Eine Emissionsrendite besitzt sie nicht.

Für den Steuerinländer ergeben sich folgende steuerlichen Konsequenzen:

---

[200] Angermayer-Michler (2007), S. 68

[201] BMF 25.10.2004, IV C 3 – S 2256 – 238/04, BStBl I, 2004, 1034, Rn. 11

	Einkommensteuer	Zinsabschlagsteuer
Laufende Erträge	Die zu den Zinsterminen fälligen Zinsen unterliegen im Jahr der Zinszahlung der Einkommensteuer.	30-prozentige Zinsabschlagsteuer auf die steuerpflichtigen Zinsen
Einlösung durch Lieferung von Aktien bzw. Veräußerung der Anleihe	- Vereinnahmte Stückzinsen sind steuerpflichtig. - Rückzahlung des überlassenen Kapitalvermögens/Veräußerung unter dem Nennwert mindert den auf Basis der Marktrendite ermittelten steuerpflichtigen Kapitalertrag (kann also bei den Einkünften aus Kapitalvermögen steuermindernd geltend gemacht werden).	30-prozentige Zinsabschlagsteuer auf die vereinnahmten Stückzinsen
Verkauf der Aktien	- Privates Veräußerungsgeschäft, sofern Verkauf innerhalb der Jahresfrist - Für die Fristberechnung ist der Tag maßgeblich, an dem der Emittent seine Rückzahlungsoption ausübt.	

Abbildung 29:   *Steuerliche Behandlung von Anleihen mit Tilgungswahlrecht*

Beispiel:

Ingo Invest erwirbt am 1. 3. 2000 eine mit 15 Prozent verzinsliche Aktienanleihe mit Fälligkeit 1. 7. 2007 und einem Nominalbetrag von 10.000 EUR zum Kurs von 100 Prozent, die dem Emittenten das Recht einräumt, an Stelle der Rückzahlung des Kapitals je 100 EUR Nominalbetrag eine Aktie der Travel-AG zu liefern. Am 28. 6. 2007 macht der Emittent von seinem Recht Gebrauch und entscheidet, an Stelle der Auszahlung des Nominalbetrages der Anleihe Aktien zu liefern. Der Kurs der Travel-Aktie beträgt an diesem Tag 85 EUR, am 1. 6. 2007 (Fälligkeitstag der Anleihe) 90 EUR. A veräußert die Aktien am 30. 10. 2007 zum Kurs von 130 EUR.

Mit dem Bezug der Aktien erzielt A am 1. 7. 2007 (negative) Einkünfte aus Kapitalvermögen in Höhe von (9.000 EUR – 10.000 EUR =) –1.000 EUR. Die Aktien gelten am 28. 6. 2007 als angeschafft, da der Emittent an diesem Tag seine Rückzahlungsoption ausgeübt hat. Die Anschaffungskosten der Aktien betragen 9.000 EUR, so dass durch die Veräußerung am 30. 10. 2007 für 13.000 EUR ein privater Veräußerungsgewinn entsteht.

5.8 Besteuerung von Finanztermingeschäften und Derivaten[202]

5.8.1 Charakterisierung von Finanztermingeschäften und Derivate

Der Begriff des Termingeschäfts umfasst sämtliche als Options- oder Festgeschäft ausgestaltete Finanzinstrumente sowie Kombinationen zwischen Options- und Festgeschäften, deren Preis unmittelbar oder mittelbar abhängt von:

– dem Börsenkurs von Wertpapieren,

– dem Börsenkurs von Geldmarktinstrumenten,

– dem Kurs von Devisen oder Zinssätzen,

– dem Börsen- oder Marktpreis von Waren oder Edelmetallen.

Eine Verbriefung in einem Wertpapier oder ein Handel an einer amtlichen Börse sind für die Einordnung als Termingeschäft ohne Bedeutung.

Für Zwecke der Besteuerung gelten als Termingeschäfte auch Optionsscheine und Zertifikate, die Aktien vertreten.

Termingeschäfte unterteilen sich in:

▫ Optionsgeschäfte (bedingte Termingeschäfte),

▫ Festgeschäfte (unbedingte Termingeschäfte).

Beim Optionsgeschäft hat der Käufer der Option das Recht, jedoch nicht die Verpflichtung, zu einem späteren Zeitpunkt ein Geschäft, z.B. den Kauf oder Verkauf eines Wertpapiers, zu vorab festgelegten Konditionen abzuschließen.

Im Gegensatz dazu gehen beim Festgeschäft beide Vertragsparteien bereits bei Abschluss des Geschäfts die feste Verpflichtung ein, zu einem späteren Zeitpunkt z.B. einen bestimmten Kaufgegenstand zum vereinbarten Preis zu erwerben oder zu liefern bzw. einen Differenzausgleich zu zahlen. Hierzu gehören unter anderem:

▫ Devisentermingeschäften mit Differenzausgleich, Index-Optionen, Standard-Optionsscheinen, Futures oder Swaps,

▫ Range-/Korridor-Optionsscheine, die die dem Steuerpflichtigen Zahlungsansprüche z.B. für den Fall gewähren, dass sich der Kurs der Bezugsgröße, z.B. der DAX, während der Laufzeit innerhalb einer bestimmten Bandbreite bewegt (sofern nicht zumindest teilweiser Kapitalerhalt zugesichert ist),

---

[202] Vgl. hierzu ausführlich BMF 27.11.2001, IV C 3 – S 2256 – 265/01, BStBl I, 2001, 986.

▨ Geschäfte, bei denen sich der versprochene Geldbetrag an der Wertentwicklung von Wertpapieren oder anderen Bezugsgrößen, z. B. Indices, Futures, Zinssätzen, orientiert. Hierzu gehören Partizipationsscheine und Discountzertifikate.

5.8.2 Besteuerung von Optionen

Beim Optionsgeschäft erwirbt der Käufer der Option (Optionsnehmer) vom Verkäufer der Option (Optionsgeber oder so genannter Stillhalter) gegen Bezahlung einer Optionsprämie das Recht, eine bestimmte Anzahl Basiswerte (z. B. Aktien) am Ende der Laufzeit oder jederzeit innerhalb der Laufzeit der Option zum vereinbarten Basispreis entweder vom Verkäufer der Option zu kaufen (Kaufoption oder „call") oder an ihn zu verkaufen (Verkaufsoption oder „put"). Diesem Recht des Optionskäufers steht die entsprechende Verpflichtung des Verkäufers (des „Stillhalters") der Option gegenüber, die Basiswerte zu liefern oder abzunehmen. Ist die effektive Abnahme oder Lieferung des Basiswertes ausgeschlossen (z. B. bei Optionen auf Indices), besteht die Verpflichtung des Optionsgebers bei Ausübung der Option durch den Optionskäufer in der Zahlung der Differenz zwischen vereinbartem Basispreis und Tageskurs des Basiswerts (Barausgleich oder „cash settlement").

Die Option erlischt

▨ mit Ablauf der Optionsfrist durch Verfall,

▨ durch Ausübung der Option oder

▨ durch so genannte Glattstellung.

Bei Glattstellung tätigt der Anleger ein Gegengeschäft, d. h. beispielsweise, der Inhaber einer Kauf- oder Verkaufsoption verkauft eine Option derselben Serie, aus der er zuvor gekauft hat. Kennzeichnet er das Geschäft als Glattstellungs- oder „closing"-Geschäft, bringt er damit Rechte und Pflichten aus beiden Geschäften zum Erlöschen. Umgekehrt kann sich auch der Optionsverkäufer (Stillhalter) vor Ablauf der Optionsfrist durch Kauf einer Option derselben Serie aus seiner Verpflichtung lösen.

Anleger können grundsätzlich vier Grundpositionen eingehen:

▨ Kauf einer Kaufoption („long call"),

▨ Kauf einer Verkaufsoption („long put"),

▨ Verkauf einer Kaufoption („short call"),

▨ Verkauf einer Verkaufsoption („short put").

Die einkommensteuerliche Behandlung von „long"-Positionen beim Steuerinländer ergibt sich aus der nachfolgenden Übersicht.

	Kauf einer Kaufoption ("long call")	Kauf einer Verkaufoption ("long put")
Erwerb	▨ Die beim Erwerb gezahlten Optionsprämien sind Anschaffungskosten des Käufers für das Wirtschaftsgut "Optionsrecht"; bei Erwerb der Option anfallende Bankspesen, Provisionen, Börsengebühren etc. stellen Anschaffungsnebenkosten dar. ▨ Keine Besteuerung zum Zeitpunkt des Erwerbs	▨ Die beim Erwerb gezahlten Optionsprämien sind Anschaffungskosten des Käufers für das Wirtschaftsgut "Optionsrecht"; bei Erwerb der Option anfallende Bankspesen, Provisionen etc. stellen Anschaffungsnebenkosten dar. ▨ Keine Besteuerung zum Zeitpunkt des Erwerbs
Ausübung	▨ Bei Ausübung der Kaufoption gehören neben dem bezahlten Basispreis auch die Anschaffungs- und Anschaffungsnebenkosten des Optionsrechts zu den Anschaffungskosten des Basiswerts. ▨ Wird der Basiswert innerhalb eines Jahres nach Ausübung der Option veräußert, liegt ein privates Veräußerungsgeschäft (Spekulationsgeschäft) hinsichtlich des Basiswerts vor. ▨ Bei Verkauf des Basiswertes nach Ablauf der einjährigen Behaltefrist ist das hieraus erzielte Ergebnis (Gewinn/Verlust) steuerfrei.	▨ Die Ausübung der Verkaufoption wird wie der Verkauf des Basiswertes beurteilt. ▨ Wurde der Basiswert innerhalb eines Jahres vor Ausübung der Option angeschafft, liegt ein steuerpflichtiges privates Veräußerungsgeschäft vor, ansonsten ist das Ergebnis steuerfrei. ▨ Muss der Basiswert bei Ausübung der Verkaufsoption erst noch erworben werden, handelt es sich um einen steuerpflichtigen Leerverkauf. ▨ Die Anschaffungs- und Anschaffungsnebenkosten des Optionsrechts können bei Ermittlung des steuerpflichtigen privaten Veräußerungsgeschäfts als Werbungskosten abgezogen werden.
Barausgleich	▨ Bei Zahlung eines Barausgleichs ist ein privates Veräußerungsgeschäft gegeben, wenn der Zeitraum zwischen Erwerb der Kaufoption und Ausübung nicht mehr als ein Jahr beträgt, ansonsten ist die Ausgleichszahlung steuerfrei. ▨ Die Anschaffungs- und Anschaffungsnebenkosten des Optionsrechts sowie etwaige Ausübungskosten mindern als Werbungskosten das steuerpflichtige Ergebnis.	▨ Erhält der Inhaber der Verkaufsoption einen Barausgleich, ist ein privates Veräußerungsgeschäft gegeben, wenn der Zeitraum zwischen Erwerb der Verkaufsoption und Ausübung nicht mehr als ein Jahr beträgt, ansonsten ist die erhaltene Ausgleichszahlung steuerlich unbeachtlich. ▨ Die Anschaffungs- und Anschaffungsnebenkosten des Optionsrechts sowie etwaige Ausübungskosten mindern als Werbungskosten das steuerpflichtige Ergebnis.

	Kauf einer Kaufoption („long call")	Kauf einer Verkaufoption („long put")
Glatt-stellung	▨ Erfolgt die Glattstellung („closing") innerhalb eines Jahres nach Kauf der Option, liegt ein privates Ver-äußerungsgeschäft vor. ▨ Die für das „closing" gezahlte Prämie sowie die anfallenden Provisionen und Spesen sind Anschaffungs- bzw Anschaf-fungsnebenkosten des Options-verkaufs. ▨ Gewinn bzw. Verlust ist die Diffe-renz der gezahlten und erhalte-nen Prämie – unter Verrechnung der Anschaffungs- und Veräuße-rungsnebenkosten. ▨ Die Glattstellung des „calls" nach einem Jahr Haltedauer führt zu keiner Besteuerung.	▨ Erfolgt die Glattstellung („closing") innerhalb eines Jahres nach Ver-kauf der Option, liegt ein privates Veräußerungsgeschäft vor. ▨ Gewinn oder Verlust ist in diesem Fall der Unterschiedsbetrag zwi-schen den Anschaffungskosten der Verkaufsoption und der aus dem glattstellenden Abschluss des Stillhaltergeschäfts erzielten Optionsprämie (abzüglich gezahl-ter Provisionen, Spesen und Bör-sengebühren). ▨ Die Glattstellung des „puts" nach einem Jahr Haltedauer führt zu keiner Besteuerung.
Verfall	▨ Lässt der Inhaber der Kaufoption diese am Ende der Laufzeit ver-fallen, sind deren Anschaffungs-und Anschaffungsnebenkosten einkommensteuerrechtlich ohne Bedeutung.	▨ Lässt der Inhaber der Verkaufs-option diese am Ende der Lauf-zeit verfallen, sind deren An-schaffungs- und Anschaffungs-nebenkosten einkommensteuer-rechtlich ohne Bedeutung.

Da es sich nicht um inländische Einkünfte handelt, ergeben sich für den Steuerausländer keinerlei steuerlichen Konsequenzen.

Die einkommensteuerliche Behandlung von „short"-Positionen beim Steuerinländer ergibt sich aus der nachfolgenden Übersicht.

	Verkauf einer Kaufoption („short call")	Verkauf einer Verkaufoption („short put")
Verkauf	▨ Die beim Verkauf erhaltene Optionsprämie stellt ein steuer-pflichtiges Entgelt für sonstige Leistungen gemäß § 22 Nr. 3 EStG (sonstige Einkünfte) dar, da sie für seine Bindung und die Risiken, die er durch die Einräu-mung des Optionsrechts während der Optionsfrist eingeht, gezahlt wird.	▨ Die durch den Verkauf des „puts" erhaltene Optionsprämie stellt steuerlich ein Entgelt für sonstige Leistungen gemäß § 22 Nr. 3 EStG (sonstige Einkünfte) dar, da sie für seine Bindung und die Risiken, die er durch die Einräu-mung des Optionsrechts während der Optionsfrist eingeht, gezahlt wird.

	Verkauf einer Kaufoption ("short call")	Verkauf einer Verkaufoption ("short put")
	▪ Die beim Optionsverkauf anfallenden Provisionen und Spesen mindern als Transaktionsnebenkosten den Prämienertrag.	▪ Die beim Optionsverkauf anfallenden Provisionen und Spesen mindern als Transaktionsnebenkosten den Prämienertrag.
	▪ Sollte die für diese Einkommensart gültige Freigrenze von 256 EUR durch Prämieneinnahmen überschritten werden, so ist die Summe der Prämieneinnahmen vom Anleger im Rahmen seiner persönlichen Einkommensteuererklärung zu versteuern.	▪ Sollte die für diese Einkommensart gültige Freigrenze von 256 EUR durch Prämieneinnahmen überschritten werden, so ist die Summe der Prämieneinnahmen vom Anleger im Rahmen seiner persönlichen Einkommensteuererklärung zu versteuern.
▪ **Lieferung des Basiswertes**	▪ Hat der Stillhalter den Basiswert zu liefern (Ausführungsgeschäft), liegt bei diesem ein privates Veräußerungsgeschäft hinsichtlich des Basiswerts vor, wenn dieser innerhalb eines Jahres vor Veräußerung angeschafft wurde.	▪ Übt der Inhaber die Verkaufsoption aus und liefert er den Basiswert, liegt beim Stillhalter ein privates Veräußerungsgeschäft hinsichtlich des Basiswerts vor, wenn er diesen innerhalb eines Jahres nach der Anschaffung veräußert.
	▪ Die Versteuerung des Spekulationsergebnisses erfolgt durch den Anleger im Rahmen seiner persönlichen Einkommensteuererklärung. Es muss als privater Veräußerungsgewinn bzw. -verlust deklariert werden, falls die für diese Einkommensart geltende Freigrenze von 512 EUR überschritten wird.	▪ Die Versteuerung des Spekulationsergebnisses erfolgt durch den Anleger im Rahmen seiner persönlichen Einkommensteuererklärung. Es muss als privater Veräußerungsgewinn bzw. -verlust deklariert werden, falls die für diese Einkommensart geltende Freigrenze von 512 EUR überschritten wird.
	▪ Muss der Stillhalter den Basiswert erst noch erwerben, handelt es sich um einen Leerverkauf.	▪ Die vereinnahmte Optionsprämie, wird bei der Ermittlung des privaten Veräußerungsgewinns nicht berücksichtigt, da sie bereits als sonstige Einkünfte versteuert wurde.
	▪ Die vereinnahmte Optionsprämie, wird bei der Ermittlung des privaten Veräußerungsgewinns nicht berücksichtigt, da es sich um Einkünfte aus einer anderen Einkommensart handelt.	▪ Verluste, die dem Stillhalter aus der späteren Veräußerung des vom Optionsinhaber gelieferten Basiswerts entstehen, können nicht als Werbungskosten bei den sonstigen Einkünften aus § 22 Nr. 3 EStG berücksichtigt werden, da es sich um Einkünfte aus einer anderen Einkommensart handelt.
	▪ Sollte er die Aktien schon seit über einem Jahr im Bestand haben, so gilt die Transaktion als steuerlich neutral.	

	Verkauf einer Kaufoption („short call")	Verkauf einer Verkaufoption („short put")
Bar-ausgleich	Hat der Stillhalter einen Bar-ausgleich zu leisten, so ist diese Zahlung steuerlich unbeachtlich; sie kann also nicht als Werbungs-kosten bei den sonstigen Ein-künften berücksichtigt werden.	Hat der Stillhalter einen Bar-ausgleich zu leisten, so ist diese Zahlung steuerlich unbeachtlich; sie kann also nicht als Werbungs-kosten bei den sonstigen Ein-künften berücksichtigt werden.
Glatt-stellung	Erfolgt die Glattstellung durch Kauf einer Kaufoption derselben Serie, so kann die hierfür zu zah-lende Optionsprämie einschließ-lich der Nebenkosten als Wer-bungskosten bei den sonstigen Einkünften §22 Nr. 3 EStG) abge-zogen werden.	Erfolgt die Glattstellung durch Kauf einer Verkaufoption dersel-ben Serie, so kann die hierfür zu zahlende Optionsprämie ein-schließlich der Nebenkosten als Werbungskosten bei den sonsti-gen Einkünften §22 Nr. 3 EStG) abgezogen werden.
Verfall	Da die beim Verkauf erhaltene Optionsprämie bereits beim Ope-ning des „short calls" als Entgelt für sonstige Leistungen gemäß § 22 Nr. 3 EStG versteuert wurde, ist der anschließende Verfall des „calls" als steuerlich neutral zu betrachten.	Da die beim Verkauf erhaltene Optionsprämie bereits beim Ope-ning des „short puts" als Entgelt für sonstige Leistungen gemäß § 22 Nr. 3 EStG versteuert wurde, ist der anschließende Verfall des „puts" als steuerlich neutral zu betrachten.

Kombiniert ein Anleger eine „long"-Position und eine „short"-Position, so liegen zwei rechtlich selbstständige Grundgeschäfte vor, die jeweils gesondert einkommensteuerrecht-lich zu betrachten sind. Die gezahlte oder erhaltene Optionsprämie ist im Verhältnis der am Kauftag für die Grundgeschäfte zu zahlenden Optionsprämien aufzuteilen. Entsprechendes gilt, wenn zwei oder mehr gleichgerichtete Grundgeschäfte kombiniert werden.

Beispiel:

Der Kurs der Solar-Aktie liegt im Februar 2007 bei 41 EUR. Ingo Invest erwartet für Ende März 2007 ein Kurspotenzial von bis zu 44 EUR. Wegen der Abhängigkeit der Aktie vom US-amerikanischen Markt lässt sich aber auch eine gegenläufige Entwicklung nicht aus-schließen. Ingo kauft im Februar 2007 eine Kaufoption über 100 Solar-Aktien mit Fälligkeit März 2007 und einem Basispreis von 42 EUR („long"-Position). Gleichzeitig verkauft Ingo eine Kaufoption über 100 Solar-Aktien mit Fälligkeit März 2007 und einem Basispreis von 44 EUR. Für dieses Kombinationsgeschäft muss Ingo insgesamt eine Prämie von 100 EUR zahlen. Diese ergibt sich als Differenz aus 195 EUR zu zahlender Optionsprämie für den Kauf der Kaufoption und 95 EUR erhaltener Optionsprämie für den Verkauf der Kaufoption.

Die vereinnahmte Optionsprämie von 95 EUR führt zu Einnahmen nach § 22 Nr. 3 EStG. Im März 2007 beträgt der Kurs der Solar-Aktie tatsächlich 44 EUR. Ingo stellt die gekaufte Kaufoption glatt und erhält eine Optionsprämie von 200 EUR. Er erzielt damit einen steuerpflichtigen Veräußerungsgewinn von 200 − 195 = 5 EUR. Die verkaufte Kaufoption verfällt, weil sich der Ausübungspreis mit dem Kurs der Aktie deckt.

Da es sich nicht um inländische Einkünfte handelt, ergeben sich für den Steuerausländer keinerlei steuerlichen Konsequenzen.

5.8.3 Besteuerung von Futures

Futures stellen im Gegensatz zu Optionen für Käufer und Verkäufer die feste Verpflichtung dar, nach Ablauf einer Frist einen bestimmten Basiswert (z. B. Anleihen) zum vereinbarten Preis abzunehmen oder zu liefern. Mit dem Begriff Futures werden die an einer amtlichen Terminbörse (z. B. EUREX) gehandelten, standardisierten Festgeschäfte bezeichnet. Individuell gestaltete Festgeschäfte nennt man Forwards.[203]

Bei physisch nicht lieferbaren Basiswerten (z. B. Aktienindex) erfolgt ein Barausgleich in Höhe der Differenz zwischen Kaufpreis des Kontrakts und dem Wert des Basisobjekts bei Fälligkeit des Kontrakts. Dies ist im standardisierten Festgeschäft der Regelfall.

Wird bei Fälligkeit eines Futures ein Differenzausgleich gezalt, so erzielt der Empfänger dieses Ausgleichs einen Gewinn und der Zahlende einen Verlust aus der Future-Transaktion. Diese gelten als Gewinn bzw. Verlust aus einem privaten Veräußerungsgeschäft, wenn das Opening des Futures innerhalb eines Jahres vor Fälligkeit erfolgte. Die beim Kauf bzw. Verkauf des Futures entrichteten Transaktionsnebenkosten in Form von Bank- und Börsenspesen können dabei mit privatem Veräußerungsgewinn bzw. -verlust verrechnet werden.

Bei der Glattstellung („closing") eines Future-Kontrakts innerhalb eines Jahres nach Abschluss des Kontrakts liegt ein privates Veräußerungsgeschäft vor. Der Gewinn oder Verlust ergibt sich aus der Summe oder Differenz aller während der Laufzeit des Kontrakts geleisteten Zahlungen. Falls die Gewinne die für diese Einkommensart gültige Freigrenze von 512 EUR überschreiten, sind sie anlegerseitig im Rahmen seiner persönlichen Einkommensteuererklärung zu deklarieren.

Bei Futures, bei denen bei Fälligkeit (sofern kein vorheriges Closing der Position erfolgte) eine Lieferung des Basiswerts vom Verkäufer an den Käufer des Futures erfolgt (beispielsweise bei den Kapitalmarkt-Futures wie z. B. dem Bund-Future), kann es ebenfalls zu privaten Veräußerungsgeschäften kommen.

Bekommt der Käufer des Futures bei Fälligkeit eine Anleihe geliefert, ist entscheidend, ob er sie innerhalb eines Jahres wieder veräußert oder über diesen Zeitpunkt hinaus im Bestand hält. Im letzteren Fall ist dieses als steuerlich neutral zu betrachten, ansonsten kommt es zu einem privaten Veräußerungsgeschäft, welches durch den Anleger im Rahmen seiner per-

---

[203] BMF 27. 11. 2001, IV C 3 − S 2256 − 265/01, BStBl I, 2001, 986, Rn. 31 f.

sönlichen Einkommensteuererklärung als privater Veräußerungsgewinn bzw. -verlust deklariert werden muss (bzw. bei Verlust deklariert werden kann), falls die für diese Einkommensart geltende Freigrenze von 512 EUR überschritten wird.

Die Transaktionsnebenkosten des Anleiheverkaufs sind dabei auf den Gewinn bzw. Verlust
anzurechnen. Verkäuferseitig ist zu überprüfen, ob sich die zu liefernde Anleihe bereits seit
einem Jahr in dessen Bestand befindet. Ist dies der Fall, so ist die Lieferung als steuerlich
neutral zu betrachten. Muss er die Anleihe erst erwerben bzw. hat er sie noch nicht länger
als ein Jahr in seinem Bestand, so kommt es zu einem privaten Veräußerungsgeschäft, welches durch den Anleger im Rahmen seiner persönlichen Einkommensteuererklärung als privater Veräußerungsgewinn bzw. -verlust deklariert werden muss (bzw. bei Verlust deklariert
werden kann), falls die für diese Einkommensart geltende Freigrenze von 512 EUR überschritten wird. Auch hier sind die Transaktionskosten des Anleihekaufs steuerlich auf den
Gewinn bzw. Verlust anzurechnen.

6. Besteuerung von Beteiligungen (geschlossene Fonds)

6.1 Rechtliche Konzeption geschlossener Fonds

Geschlossene Fonds sind stets in der Rechtsform einer Personengesellschaft konzipiert und werden vorrangig in der Rechtsform der Gesellschaft bürgerlichen Rechts (BGB-Gesellschaft, GbR) sowie der (Publikums-) GmbH & Co. KG geführt.

Gesellschaft bürgerlichen Rechts

Die Gesellschaft bürgerlichen Rechts[204] (GbR, BGB-Gesellschaft) ist eine Rechtsform bei der Konzipierung von Beteiligungen im Rahmen geschlossener inländischer Immobilienfonds.

Die GbR ist selbständig rechtsfähig, d. h., sie kann Träger von Rechten und Pflichten sein.[205] Die Gesellschafter haften grundsätzlich unbeschränkt für die Verbindlichkeiten der Gesellschaft – und zwar sowohl für vertragliche Verbindlichkeiten (z. B. aus einem Grundstückskaufvertrag) als auch für gesetzliche Verbindlichkeiten (z. B. für Grunderwerbsteuer).

Ein Anleger, der sich an einer Kapitalanlage in der Rechtsform einer GbR beteiligt, haftet damit für Verluste und Schulden der Gesellschaft nicht nur mit seiner erbrachten Kapitaleinlage, sondern darüber hinaus mit seinem gesamten Privatvermögen. Sofern nicht der Gesellschaftsvertrag im Innenverhältnis eine anders lautende Regelung enthält, hat der Gesellschafter im Bedarfsfall Nachschüsse in die Gesellschaft zu leisten. Die Haftung des Gesellschafters ist darüber hinaus nicht nur unbeschränkt, sondern auch gesamtschuldnerisch und solidarisch. In der Praxis kann sich daher ein Gläubiger der GbR prinzipiell an jeden beliebigen Gesellschafter wenden und die Begleichung seiner gesamten Forderung gegen die Gesellschaft verlangen. Im Verhältnis der Gesellschafter untereinander besteht wiederum ein Ausgleichsanspruch des in Anspruch genommenen Gesellschafters gegen die Mitgesellschafter.

---

[204] § 705 ff. BGB
[205] BGH-Urteil vom 29. 1. 2001 II ZR 331/00, NJW 2001, 1056 ff.

Um dieses Risiko für die Anleger von Fonds zu reduzieren, wird allerdings in der Praxis oftmals mit den Gesellschaftsgläubigern vertraglich eine Begrenzung der Haftung auf die Einlage des Anlegers vereinbart.[206] Da aber nicht alle Gläubiger eine derartige Haftungseinschränkung akzeptieren (z. B. der Fiskus für Steuerschulden), ist ein vollständiger Schutz vor Nachschüssen für GbR-Gesellschafter nicht gegeben.

Abwicklungstechnisch besitzt die GbR den Vorteil, dass weder für die Gesellschaft noch für den einzelnen Gesellschafter eine Eintragung im Handelsregister erfolgt.

Trotz der Rechtsfähigkeit der GbR kann die Gesellschaft nicht ins Grundbuch eingetragen werden, sondern jeder einzelne Gesellschafter.[207] Da dies faktisch zu einer Unverkäuflichkeit der Immobilie führen würde, wird in der Praxis anstelle jedes einzelnen Anlegers ein Grundbuchtreuhänder in das Grundbuch eingetragen.[208]

(Publikums-)GmbH & Co. KG

Die GmbH & Co. KG ist die am häufigsten anzutreffende Gesellschafterstruktur im Bereich der Beteiligungen.

Bei der GmbH & Co. KG handelt es sich um die Sonderform einer Kommanditgesellschaft[209] (KG) und somit im Kern um eine Personengesellschaft. Die Funktion des Komplementärs (persönlich haftender Gesellschafter, Vollhafter) wird in diesem Fall nicht von einer natürlichen Person, sondern von einer juristischen Person in der Rechtsform der GmbH ausgefüllt. Auch die GmbH haftet in diesem Fall kraft Gesetzes mit ihrem vorhandenen Betriebsvermögen. Dieses beträgt häufig nicht mehr als das gesetzliche Mindestkapital in Höhe von 25.000 EUR[210], so dass die unbeschränkte Haftung faktisch nicht vorhanden ist.

Die Anleger nehmen im Rahmen ihrer Beteiligung an einer KG stets die Stellung von Kommanditisten ein. Ihre Haftung ist nach Eintragung ihrer Kommanditistenstellung im Handelsregister grundsätzlich auf die übernommene und auch tatsächlich geleistete Kapitaleinlage begrenzt.[211] Eine Verpflichtung zu Nachschüssen besteht grundsätzlich nicht. Eine Ausnahme von diesem Grundsatz besteht dann, wenn der Kommanditist eine – auch nur teilweise – Rückzahlung seiner Einlage erhalten hat. In diesem Fall lebt seine Haftungsverpflichtung in Höhe des zurückgezahlten Betrages wieder auf (Wiederaufleben der Außenhaftung).

---

[206] BGH-Urteil vom 27.9.1999 II ZR 371/98, NJW 1999, 3483
[207] Lüdicke/Arndt (2007), S. 9
[208] Faust (2007a), S.7
[209] § 164 HGB
[210] § 5 Abs. 1 GmbHG
[211] §§ 171 Abs. 1, 172 Abs. 1 HGB

Beispiel:

Ingo Invest ist als Kommanditist mit einer Einlage von 100.000 EUR an der Solarfonds I GmbH & Co. KG beteiligt. Im ersten Geschäftsjahr erleidet die Gesellschaft einen Verlust, der mit einem anteiligen Betrag von 8.000 EUR auf Ingo entfällt. Dennoch erhält Ingo für dieses Geschäftsjahr eine „Ausschüttung"in Höhe von 5.000 EUR.

Da diese Ausschüttung nicht aus einem von der Gesellschaft erwirtschafteten Gewinn stammt, ist ein Teil der ursprünglichen Einlage an Ingo zurückgezahlt worden. Daher lebt die Außenhaftung in Höhe von 5.000 EUR nachträglich wieder auf. Sollte die Gesellschaft zu einem späteren Zeitpunkt in wirtschaftliche Schwierigkeiten geraten, wäre Ingo Invest zu einem Nachschuss von 5.000 EUR verpflichtet.

Ein Wiederaufleben der Außenhaftung kann in der Praxis dann eintreten, wenn – wie dies in der Praxis nicht selten der Fall ist – von der Fondsgesellschaft schon von Beginn an Auszahlungen an die Anleger erfolgen, obwohl sich die Gesellschaft tatsächlich noch in der anfänglichen Verlustphase befindet. Bei diesen Ausschüttungen handelt es sich regelmäßig um eine Rückzahlung der vom Anleger geleisteten Hafteinlage.[212]

Grundsätzlich müssen sowohl die Gesellschaft selbst (KG) als auch sämtliche Komplementäre und Kommanditisten (Gesellschafter) im Handelsregister eingetragen werden. Anstelle der unmittelbaren Eintragung des Anlegers erfolgte aus Vereinfachungsgründen häufig die Einbindung und damit Eintragung eines Treuhandkommanditisten.[213] Der Anleger fungiert damit als so genannter Treugeber und bleibt nach außen anonym. Seine Stellung mit Rechten und Pflichten entspricht jedoch wirtschaftlich regelmäßig der eines direkt im Handelsregister eingetragenen Kommanditisten.

Nach der neuen Verwaltungsauffassung wird bei treuhänderisch gehaltenen Beteiligungen im Erb- oder Schenkungsfall nicht die Beteiligung an der Personengesellschaft, sondern der Herausgabeanspruch des Anlegers gegenüber dem Treuhandkommanditisten übertragen.[214] Anleger, die über einen Treuhandkommanditisten an einer Gesellschaft beteiligt sind, können daher im Rahmen der Erbschaft- und Schenkungsteuer bestehende Vergünstigungen für die Übertragung von Betriebsvermögen nicht mehr nutzen. Der erbschaftsteuerlich anzusetzende Wert kann hierdurch deutlich steigen und je nach Situation des Anlegers zu steuerlichen Nachteilen führen. Aufgrund der steuerlichen Benachteiligung wird bei den seit Mitte 2005 angebotenen Beteiligungsmodellen dem Anleger ermöglicht, sich direkt in das Handelsregister einzutragen.

---

[212] § 172 Abs. 4 HGB0

[213] Lüdicke/Arndt (2007), S. 19

[214] FinMin Baden-Württemberg, 27.6.2005, 3 – S 3806/051

6.2 Einkommensteuerliche Grundlagen geschlossener Inlandsfonds

6.2.1 Steuerliche Grundstruktur

Während Kapitalgesellschaften selbst körperschaftsteuerpflichtig sind, unterliegen Personengesellschaften wie die BGB-Gesellschaft und die GmbH & Co KG selbst weder der Einkommensteuer noch der Körperschaftsteuer. Auf Ebene der Gesellschaft werden die steuerlich relevanten Daten ermittelt und jedem einzelnen Gesellschafter (Anleger) entsprechend dem Ergebnisverteilungsschlüssel (z. B. der Beteiligungsquote) zugerechnet. Die Versteuerung erfolgt dann auf Ebene des Gesellschafters im Rahmen seiner individuellen Einkommensteuerveranlagung.

6.2.2 Einkunftsart

Die Zuordnung einer wirtschaftlichen Betätigung zu einer bestimmten Einkunftsart kann zu höchst unterschiedliche Konsequenzen für die Höhe der steuerpflichtigen Einkünfte, die Möglichkeit der Verlustverrechnung sowie die Höhe der Steuerbelastung haben.

Bei Beteiligungen kommen insbesondere folgende Einkunftsarten in Frage:

- Einkünfte aus Gewerbebetrieb (unter anderem Anlage in Schiffsfonds, Windkraftfonds, Solarfonds),
- Einkünfte aus Vermietung und Verpachtung (z. B. bei Immobilienfonds),
- Einkünfte aus Kapitalvermögen (unter anderem bei einer Anlage in Private-Equity-Fonds sowie Infrastrukturfonds).

Welcher Einkunftsart der Ergebnisanteil des Anlegers bei diesem zugerechnet wird, hängt von folgenden Kriterien ab:

- Rechtsform der Beteiligung,
- Tätigkeit des Fonds

Wird der Fonds in Form der BGB-Gesellschaft betrieben, so hängt die Einkunftsart ausschließlich davon ab, welche Tätigkeit der Fonds ausübt.

Ist der Fonds nicht gewerblich, sondern ausschließlich vermögensverwaltend tätig, so wird dem Anleger die Einkunftsart zugerechnet, die er auch im Falle der Direktanlage erzielt hätte. Im Falle einer Beteiligung an einem geschlossenen Immobilienfonds erzielt der Anleger daher in aller Regel Einkünfte aus Vermietung und Verpachtung. Die Einkünfte unterliegen damit grundsätzlich nicht der Gewerbesteuer.

Da in diesen Fällen eine private Vermögensverwaltung im Rahmen der Beteiligung vorliegt, sind die im Fonds gehaltenen Vermögenswerte (Investments) steuerlich nicht als Betriebsvermögen einzuordnen. Die von der Fondsgesellschaft gehaltenen Wirtschaftsgüter können ebenso wie die Beteiligung des Anlegers selbst nach Ablauf der für das jeweilige Wirtschaftsgut relevanten Veräußerungsfrist steuerfrei veräußert werden.

Beispiel:

Der vermögensverwaltend tätige Immo-Fonds I GbR hält in ihrem Bestand seit 1985 ein Bürogebäudekomplex im München. Die GbR veräußert im Jahr 2007 dieses Gebäude und erzielt einen Gewinn in Höhe von 1 Mio. EUR.

Der Gewinn kann steuerfrei an die Anleger ausgeschüttet werden, da die zehnjährige Veräußerungsfrist für das Gebäude abgelaufen ist.

Wird der Fonds in der Rechtsform der (klassischen) GmbH & Co. KG betrieben, d. h.,

▪ ausschließlich eine oder mehrere Kapitalgesellschaften sind persönlich haftende Gesellschafter und

▪ nur diese Gesellschafter oder Personen, die nicht Gesellschafter sind, sind zur Geschäftsführung befugt (mit anderen Worten: kein beschränkt haftender Gesellschafter ist Geschäftsführer),

so liegt eine gewerblich geprägte Personengesellschaft vor. Die Ergebnisanteile des Anlegers werden in diesem Fall stets als Einkünfte aus Gewerbebetrieb erfasst.[215]

Beispiel:

Der Solar-Fonds I KG wird in der Rechtsform einer GmbH & Co. KG geführt. Einzig persönlich haftender Gesellschafter ist die Solar I – Vermögensverwaltung GmbH. Die Geschäftsführung wird von der Vermögensverwaltungs-GmbH und einer weiteren Gesellschaft, der Init-GmbH wahrgenommen, die selbst nicht an der GmbH & Co. KG beteiligt ist.

Da ausschließlich eine Kapitalgesellschaft persönlich haftende Gesellschafterin ist und kein beschränkt haftender Gesellschafter zur Geschäftsführung befugt ist, liegt eine gewerblich geprägte Personengesellschaft vor.

Die Anleger erzielen Einkünfte aus Gewerbebetrieb, und zwar unabhängig davon, ob die KG vermögensverwaltend oder tatsächlich gewerblich tätig ist.

In der Rechtsform der GmbH & Co. KG findet man in de Praxis häufig im Rahmen von folgenden Beteiligungen:

▪ Mobilien-Leasingfonds,

▪ Schiffsbeteiligungen,

▪ Lebensversicherungsfonds,

▪ New-Energy-Fonds (Windkraftfonds, Solarenergiefonds, etc.)

---

[215] Lüdicke/Arndt (2007), S. 65

Diese Einkünfte aus diesen Beteiligungsmodellen unterliegen grundsätzlich der Gewerbesteuer. Der Anleger kann jedoch die auf in entfallene Gewerbesteuerbelastung zumindest teilweise auf seine Einkommensteuerbelastung anrechnen lassen.

Da die aufgeführten Fonds dem Anleger gewerbliche Einkünfte vermitteln, sind darüber hinaus Gewinne aus der Veräußerung

- einzelner im Fonds enthaltener Wirtschaftsgüter (z. B. im Rahmen der Liquidationsphase) durch die Fondsgesellschaft sowie

- der Verkauf der Beteiligung durch den Anleger auf einem Zeitmarkt

unabhängig von der Haltedauer stets einkommensteuerpflichtig. Der bei Veräußerung des Fondsanteils erzielte Gewinn wird zwar als Einkünfte aus Gewerbebetrieb erfasst, er unterliegt jedoch – abweichend von den laufenden gewerblichen Einkünften – nicht der Gewerbesteuer.

6.2.3 Verlustausgleichsbeschränkung durch § 15 b EStG

Da der Ergebnisanteil des Anlegers diesem unmittelbar zugerechnet wird, besteht für ihn – anders als bei der Beteiligung an einer Kapitalgesellschaft (GmbH, AG) – grundsätzlich die Möglichkeit, zugewiesene Verluste aus seiner Beteiligung mit anderen positiven Einkunftsarten verrechnen zu können.[216]

Die Grundkonzeption vieler Fonds (z. B. Medienfonds) war bis 2005 darauf ausgerichtet, in der Anlaufphase der Gesellschaft dem Anleger steuerliche Anfangsverluste zuzuweisen, die dieser dann im Rahmen der horizontalen oder vertikalen Verlustverrechnung in seiner persönlichen Einkommensteuererklärung mit anderen steuerpflichtigen positiven Einnahmen verrechnen und somit seine persönliche Steuerlast reduzieren konnte (Verlustzuweisung). Verblieb auch nach dem horizontalen und vertikalen Verlustausgleich ein Verlust, so konnte dieser vor- bzw. zurückgetragen werden. Die Verlustverrechnung wurde jedoch auch schon in der Vergangenheit für bestimmte Verlustzuweisungsmodelle eingeschränkt.[217]

Ende 2005 wurden die Möglichkeiten der Verlustverrechnung im Rahmen von Steuerstundungsmodellen deutlich eingeschränkt.[218]

Ein **Steuerstundungsmodell** liegt vor, wenn aufgrund einer modellhaften Gestaltung steuerliche Vorteile in Form negativer Einkünfte erzielt werden sollen. Dies ist dann der Fall, wenn dem Steuerpflichtigen aufgrund eines vorgefertigten Konzepts die Möglichkeit geboten werden soll, zumindest in der Anfangsphase der Investition Verluste mit übrigen Einkünften zu verrechnen.

---

[216] Zur Darstellung der Verlustverrechnungsmöglichkeiten vgl. Kapitel 2.5.

[217] § 2 b EStG a. F.

[218] § 15 b EStG

Voraussetzung für ein Steuerstundungsmodell ist eine **modellhafte Gestaltung**. Eine modellhafte Gestaltung liegt vor, wenn ein Anbieter mit Hilfe eines vorgefertigten Konzepts, das auf die Erzielung steuerlicher Vorteile aufgrund negativer Einkünfte ausgerichtet ist, Anleger wirbt. Unerheblich ist, in welcher Weise diese Werbung geschieht (Anlegerprospekt, Internetseite, Verkaufsunterlagen, Beratungsbögen).[219] Häufig werden im Rahmen solcher Modelle Verträge bzw. Leistungen gebündelt durch den Modellanbieter angeboten, z. B. durch Vermittlung der Finanzierung, Einräumung von Mietgarantien usw.[220] Ein weiteres Indiz für die Modellhaftigkeit ist, dass der Anleger vorrangig eine kapitalmäßige Beteiligung anstrebt, ohne an einem Einfluss auf die Geschäftsführung interessiert zu sein.[221]

Weitere Voraussetzung ist, dass aufgrund der modellhaften Gestaltung steuerliche Vorteile in Form negativer Einkünfte erzielt werden sollen. Damit zielt die Regelung insbesondere auf Medienfonds, Wertpapierhandelsfonds, Filmfonds, New-Energy-Fonds (Betrieb von Windkraft-, Solarenergie-, Biomasse- und Biogasanlagen) und Leasingsfonds.

Verluste im Zusammenhang mit einem Steuerstundungsmodell dürfen grundsätzlich weder im Rahmen des horizontalen noch des vertikalen Verlustverrechnung ausgeglichen werden. Sie dürfen auch nicht vom Gesamtbetrag der Einkünfte im Rahmen eines Verlustrücktrags oder Verlustvortrags abgezogen werden. Verluste aus Steuerstundungsmodellen sind nur mit späteren Gewinnen aus derselben Einkunftsquelle (d. h. desselben Steuerstundungsmodells) verrechenbar. Auch eine Verrechnung mit anderen Beteiligungen bzw. Gewinnen aus anderen Steuerstundungsmodellen ist nicht möglich.

Nicht als Steuerstundungsmodell anzusehen sind Anlagen, die auf Rendite ausgerichtet sind und daher von ihrer Konzeption darauf ausgerichtet sind, Verluste auf der Ebene der Anleger zu vermeiden. Hierzu gehören vermögensverwaltende Venture-Capital-Fonds und Private-Equity-Fonds, deren Zweck im Erwerb, Halten und in der Veräußerung von Anteilen an Kapitalgesellschaften besteht und die hohe Renditen anstreben.[222] Dies gilt auch für Fonds, bei denen eine Verlustverrechnung von vornherein nicht in Betracht kommt, wie z. B. Auslandsimmobilienfonds.[223]

Bagatellgrenze

Die Erzielung steuerlicher Verluste führt nur dann zur Deklaration als Steuerstundungsmodell, wenn innerhalb der Anfangsphase das Verhältnis der Summe der prognostizierten Verluste zur Höhe des gezeichneten und nach dem Konzept auch aufzubringenden Kapitals oder bei Einzelinvestoren des eingesetzten Eigenkapitals mehr als 10 Prozent beträgt.

---

[219] Kolb-Leistner, StC 2007, 11

[220] BMF, 17.7.2007, IV B 2 – S 2241 – b/07/0001, BStBl I, 2007, 542, Rn. 8

[221] BMF, 17.7.2007, IV B 2 – S 2241 – b/07/0001, BStBl I, 2007, 542, Rn. 7

[222] BMF, 17.7.2007, IV B 2 – S 2241 – b/07/0001, BStBl I, 2007, 542, Rn. 12

[223] BMF, 17.7.2007, IV B 2 – S 2241 – b/07/0001, BStBl I, 2007, 542, Rn. 24

Als Anfangsphase ist der Zeitraum anzusehen, in dem nach dem zugrunde liegenden Konzept keine nachhaltig positiven Einkünfte erzielt werden. Maßgeblich sind hierfür also die zugrunde liegenden Prognoserechnungen.[224] Ungeplante Verluste, die bei der Konzeption nicht abzusehen waren (z. B. unerwarteter Mietausfall, Verlust oder Beschädigung des Anlageobjekts), werden bei der Beurteilung nicht berücksichtigt.

> Beispiel:
>
> Ein Solarenergiefonds weist laut Anlegerprospekt für die ersten drei Jahre einen kumulierten Verlust von 1.000.000 EUR aus. Danach werden nach der Kalkulation stetig wachsende Gewinne erwartet. Das gesamte Anlagevolumen soll 12.000.000 EUR betragen, wobei von den Anlegern in den ersten drei Jahren nur insgesamt 95 Prozent eingefordert werden sollen (= 11.400.000 EUR).
>
> Die Bagatellgrenze ist eingehalten, weil die prognostizierten Verluste innerhalb der Anfangsphase (= Zeitraum, in dem nach dem Anlagekonzept keine nachhaltig positiven Einkünfte erzielt werden, hier die ersten drei Jahre) zehn Prozent des einzufordernden Kapitals nicht übersteigt.

Betroffen sind nur Verluste aus Steuerstundungsmodellen, denen der Steuerpflichtige nach dem 10. 11. 2005 beigetreten ist oder für die nach dem 10. 11. 2005 mit dem Außenvertrieb begonnen wurde.

6.3   Steuerliche Behandlung ausgewählter Fondskosten

6.3.1 Anfängliche Fondskosten

Bei Konzeption, Vermarktung und Erwerb einer Beteiligung fallen im Fonds selbst teilweise hohe Kosten an (anfängliche Fondskosten).[225] Diese werden auch als „weiche Kosten" bezeichnet und umfassen im Wesentlichen:

- Konzeption,
- Steuer- und Rechtsberatung im Zusammenhang mit der Fondskonzeption,
- Gesellschaftsgründung,
- Komplementärvergütung,
- Finanzierungsvermittlung,
- Eigenkapitalbeschaffung zzgl. Agio,
- Finanzierungsgarantie,
- Platzierungsgarantie,
- Sonstige Garantien.

---

[224] BMF, 17. 7. 2007, IV B 2 – S 2241 – b/07/0001, BStBl I, 2007, 542, Rn. 15
[225] BMF, 20. 10. 2003, IV C 3 – S 2253 a – 48/03, BStBl I 2003, 546, Rn. 11 ff.

Diese Kosten machen teilweise mehr als zehn Prozent des Anlagebetrages aus.

Hierbei ist auf der Ebene der Gesellschaft zu entscheiden, ob Aufwendungen, die die Gesellschaft trägt, Anschaffungskosten oder Werbungskosten sind. Ohne Bedeutung ist es in diesem Zusammenhang, ob diese Aufwendungen von dem Gesellschafter unmittelbar geleistet werden oder ob ein Teil seiner Einlage mit oder ohne sein Wissen für diese Zahlungen verwendet wird. Unbeachtlich ist weiterhin, ob diese Aufwendungen an den Initiator oder an einen Dritten gezahlt werden.

Hinsichtlich der steuerlichen Behandlung dieser Kosten ist zu unterscheiden, ob es sich um einen Erwerber- oder einen Herstellerfonds handelt.

Im Falle des **Herstellerfonds** hat der Anleger die Möglichkeit haben, auf alle wesentlichen Entscheidungen der Fondsgesellschaft bei der Durchführung des geplanten Investitionsvorhabens einschließlich der Vermietungs-/Verwertungsphase maßgeblichen Einfluss auszuüben.[226] Die Einflussmöglichkeiten können über Gesellschafterversammlungen oder über einen Beirat ausgeübt werden. Im der Praxis erfolgt die Einflussnahme im Regelfall über einen Beirat. Weder Fondsinitiatoren noch Personen aus deren Umfeld dürfen diesem Gremium angehören. Das gleiche gilt für Personen, die nicht Fondsgesellschafter sind. Bloße Kontrollmöglichkeiten der Gesellschafter reichen nicht aus, um einen Fonds als Herstellerfonds zu qualifizieren. Ferner darf über die Einrichtung und Zusammensetzung des Beirats frühestens zu einem Zeitpunkt entschieden werden, zu dem mindestens die Hälfte des prospektierten Kapitals eingezahlt ist.

Erwerberfonds hingegen sind Fonds, bei denen der Initiator der Gesellschaft ein einheitliches Vertragswerk vorgibt. Bei diesen Fonds ist der Anleger nur noch als Erwerber eines Investitionsobjekts (Immobilie, Windkraftanlagen, Schiffe usw.) anzusehen. Es bestehen – im Gegensatz zum Herstellerfonds – keine wesentlichen Einflussnahmemöglichkeiten auf die vertraglichen Vereinbarungen.

Liegt ein Herstellerfonds vor, so kann dieser die o.g. weichen Fondskosten sofort im Jahr der Entstehung als Betriebsausgaben absetzen. Beim Anleger wirkt sich dies über eine entsprechende Verlustzurechnung unmittelbar steuermindernd aus.[227]

Bei einem Erwerberfonds hingegen sind die „weichen Fondskosten" als Nebenkosten der Anschaffung bzw. Herstellung eines Investitionsguts (z.B. einer Immobilie) zu aktivieren, sie können also nicht als sofort abziehbare Betriebsausgaben steuerlich geltend gemacht werden. In diesem Fall sind die Kosten entsprechend der Nutzungsdauer des jeweiligen Wirtschaftsgutes abzuschreiben und wirken sich somit steuerlich nur zeitlich verteilt aus.[228]

Nach dem Bauherrenerlass zählen bei Erwerberfonds zu den Anschaffungskosten des Fonds grundsätzlich alle Aufwendungen, die „im wirtschaftlichen Zusammenhang mit der Ab-

---

[226] BMF, 20.10.2003, IV C 3 – S 2253a – 48/03, BStBl I 2003, 546, Rn. 34
[227] BMF, 20.10.2003, IV C 3 – S 2253a – 48/03, BStBl I 2003, 546, Rn. 46
[228] Lüdicke/Arndt (2007), S. 82

wicklung des Projekts in der Investitionsphase anfallen". Hiernach gehören insbesondere folgende Kosten grundsätzlich zu den Anschaffungskosten und sind somit nicht sofort abziehbar:

- die Haftungs- und Geschäftsführungsvergütungen, soweit sie auf die Investitionsphase entfallen,
- Eigenkapitalvermittlungsgebühren,
- Agio,
- Beratungs- und Bearbeitungsgebühren,
- Gebühren für Garantien,
- Kosten für die Ausarbeitung der wirtschaftlichen und steuerlichen Grundkonzeption,
- Kosten für die Werbung.

Dagegen sind Aufwendungen, die nicht auf den Erwerb eines Wirtschaftsgutes gerichtet sind und die auch der Einzelerwerber außerhalb einer Fondsgestaltung als Betriebsausgaben

Herstellerfonds	Erwerberfonds
Merkmale	Merkmale
Einflussmöglichkeit des Anlegers auf alle wesentlichen Entscheidungen der Fondsgesellschaft bei der Durchführung des geplanten Investitionsvorhabens	Keine Einflussmöglichkeit des Anlegers auf alle wesentlichen Entscheidungen der Fondsgesellschaft bei der Durchführung des geplanten Investitionsvorhabens; Initiator der Gesellschaft gibt ein einheitliches Vertragswerk vor
Folgen	Folgen
Kosten sind sofort im Jahr der Entstehung als Betriebsausgaben absetzbar und führen beim Anleger zu einer sofortigen Steuerminderung	Kosten sind als Anschaffungsnebenkosten zu aktivieren und entsprechend der Nutzungsdauer des Wirtschaftsgutes abzuschreiben. Sie wirken sich beim Anleger zur über die Nutzungsdauer verteilt steuermindernd aus

Abbildung 30: *Abgrenzung und steuerliche Unterscheidung zwischen Hersteller- und Erwerberfonds*

oder Werbungskosten abziehen könnte, keine Anschaffungskosten und somit auch bei Erwerbermodellen sofort abziehbar. Somit sind z. B. die laufenden Kosten für die Erstellung der jährlichen Steuererklärungen steuerlich sofort abziehbar.

> Beispiel:
>
> Der Windenergiefonds Windrendite I GmbH & Co. KG errichtet einen Windpark. Der Anleger zeichnet den Fonds aufgrund eines einheitlichen, vom Initiator vorgegebenen Vertragswerks, auf das er selbst keinen Einfluss hat. Der Fonds ist daher als Erwerberfonds anzusehen.
>
> Die anfänglichen Fondskosten in der Anlauf- und Gründungsphase stellen somit Anschaffungsnebenkosten der errichteten Windräder dar und sind als solche zu aktivieren. Sie sind entsprechend der Nutzungsdauer der Windräder mit abzuschreiben.

Zusammenfassend stellt sich die steuerliche Behandlung der anfänglichen Fondskosten wie in Abbildung 30 (s. S. 138) dar.

6.3.2 Laufende Fondskosten

Neben den Abschreibungen und den anfänglichen Fondskosten wirken sich auch die laufenden Fondskosten gewinnmindernd bei der Fondsgesellschaft aus. Zu den laufenden Fondskosten zählen im Wesentlichen:

- Fremdkapitalzinsen,
- Instandhaltungsaufwand,
- Fondsverwaltung,
- Objektverwaltung,
- Geschäftsführungsvergütung,
- Treuhandvergütung,
- Laufende Steuer- und Rechtsberatung,
- Jahresabschlusskosten

Diese Fondskosten sind unabhängig davon, ob es sich um einen Herstellerfonds oder einen Erwerberfonds handelt, als Betriebsausgaben im Jahr der Entstehung steuerlich zu berücksichtigen.

6.3.3 Sonderwerbungskosten des Anlegers

Von den Kosten, die der Fondsgesellschaft entstehen, zu unterscheiden sind die Aufwendungen, die dem Anleger persönlich im Zusammenhang mit seiner Fondsbeteiligung erwachsen. Diese Kosten, sind als Sonderwerbungskosten bzw. – bei gewerblichen Fonds – als

Sonderbetriebsausgaben steuerlich ebenfalls abzugsfähig.[229] Die Sonderwerbungskosten/ Sonderbetriebsausgaben umfassen z. B.:

- Fremdkapitalzinsen für die Darlehensfinanzierung der Beteiligung,
- Eigene Rechts- und Beratungskosten des Anlegers,
- Kosten im Rahmen der Gesellschafterversammlung (Reisekosten, Verpflegungsaufwendungen),
- Objektbesichtigung (max. einmal im Jahr).

Verfahrenstechnisch können diese Sonderwerbungskosten des Anlegers ausschließlich im Rahmen der Steuererklärung für die Fondsgesellschaft, nicht jedoch in der des Anlegers berücksichtigt werden. Es ist es für den Anleger wichtig, die angefallenen und persönlich getragenen Aufwendungen an die Fondsgesellschaft zu melden, um sie nicht steuerlich verfallen zu lassen. Hierzu erhält der Anleger regelmäßige Anfragen von Seiten der Fondsgesellschaft mit der Angabe einer Einreichungsfrist. Nach Ablauf diese Frist können die Sonderwerbungskosten des Anlegers im Regelfall nicht mehr berücksichtigt werden.

6.4   Gewinnerzielungsabsicht[230]

Voraussetzung für die Anerkennung steuerlicher Anfangsverluste aus der Fondsbeteiligung ist die Gewinnerzielungsabsicht des Anlegers, d. h. die Erzielung eines auf die Beteiligungsdauer entfallenden **Totalüberschusses**. Totalüberschuss bedeutet, dass die dem Anleger zugewiesenen kumulierten steuerlichen Gewinne der Fondsgesellschaft die kumulierten steuerlichen Verluste betragsmäßig übersteigen müssen. Ein negatives Ergebnis in der Investitionsphase der Fondsgesellschaft muss mit den positiven steuerlichen Ergebnissen in der Betreibungsphase (z. B. Vermietungsphase) aufgeholt werden. Die Periode, in der die kumulierten steuerlichen Gewinne die Anfangsverluste erstmals übersteigen, wird als steuerliches Totalüberschussjahr bezeichnet. Um die steuerliche Nutzung der Anfangsverluste nicht zu gefährden, muss der Anleger bis zu diesem Zeitpunkt seine Beteiligung halten.

Im Immobilienbereich hält die Finanzverwaltung die erforderliche Gewinnerzielungsabsicht nach im Regelfall dann für gegeben, wenn spätestens nach 30 Jahren ein steuerlicher Totalüberschuss erzielt werden kann, sofern nicht tatsächlich von einer kürzeren Nutzungsdauer der Immobilie auszugehen ist (z. B. durch Dauer der Prognoserechnung im Prospekt).

In die Berechnung des Totalüberschusses wird auch der Veräußerungsgewinn des Investitionsobjektes einbezogen, sofern dieser steuerpflichtig ist. Eine Steuerpflicht des Veräußerungsgewinns ergibt sich stets bei gewerblich geprägten Fonds in der Rechtsform der GmbH & Co. KG, da bei diesen Beteiligungsmodellen die Investitionsobjekte zum Betriebsvermögen gehören.

---

[229] Zur Darstellung der Sonderbetriebsausgaben vgl. Kapitel 2.2.2.
[230] Lüdicke/Arndt (2007), S. 87

Bei inländischen Immobilienfonds, die vermögensverwaltend tätig sind und nicht durch ihre Rechtsform eine gewerbliche Prägung aufweisen, sind die Investitionsobjekte steuerlich nicht dem Betriebsvermögen zuzuordnen. Der Verkauf von einzelnen Immobilien außerhalb des Fonds ist daher grundsätzlich nicht steuerpflichtig, sofern sie für Grundstücke relevante Veräußerungsfrist von zehn Jahren beachtet wurde.

Ein steuerpflichtiger Veräußerungsgewinn kann sich im Einzelfall aber ergeben, wenn ein **gewerblicher Grundstückshandel** vorliegt.[231]

Nach ständiger Rechtsprechung wird die Grenze von der privaten Vermögensverwaltung (Vermietungseinkünfte) zum gewerblichen Grundstückshandel (gewerbliche Einkünfte) dann überschritten, wenn nach dem Gesamtbild der Verhältnisse die kurzfristige Umschichtung von Vermögenswerten zur Ausnutzung von Wertsteigerungen gegenüber der planmäßigen Nutzung von Grundbesitz durch langfristige Vermietung entscheidend in den Vordergrund tritt. Dies ist dann der Fall, wenn innerhalb einer Frist von fünf Jahren mehr als drei Immobilien veräußert werden (so genannte Drei-Objekt-Grenze).[232] In Einzelfällen – etwa bei Errichtung und Veräußerung größerer Gewerbeimmobilien – kann ein gewerblicher Grundstückshandel allerdings bereits durch die Veräußerung von nur einem Objekt realisiert werden.

Der Tatbestand des gewerblichen Grundstückshandels kann sowohl auf Gesellschaftsebene eines geschlossenen Immobilienfonds als auch auf Ebene des Anlegers selbst verwirklicht werden. Gerade auf Ebene des Anlegers ist hierbei zu beachten, dass in die Überprüfung der Drei-Objekt-Grenze nicht nur der Verkauf von Direktimmobilien – wie etwa Eigentumswohnung oder Einfamilienhaus – einbezogen werden, sondern auch die Veräußerung von Beteiligungen an einem geschlossenen Immobilienfonds. Fondsanteile werden jedoch nach derzeitiger Rechtsauffassung nur dann berücksichtigt, wenn die Beteiligung des Anlegers ab zehn Prozent beträgt oder wenn der Anteil des Anlegers bei Veräußerung 250.000 EUR übersteigt.[233] In diesem Fall gilt jedes Objekt als Zählobjekt. Gerade in diesem Fall kann bereits bei einem Fonds mit vier Objekten die Gewerblichkeit auf Anlegerebene durch eine Beteiligung erreicht werden. Die Folge für den Anleger: Es entfällt das Recht auf Abschreibungen, da ihm die Immobilien ins Umlaufvermögen und nicht ins Anlagevermögen zugerechnet werden. Bereits vorgenommene Abschreibungen müssen rückgängig gemacht werden. Veräußerungsgewinne sind unabhängig von der Haltedauer von zehn Jahren steuerpflichtig. Darüber hinaus unterliegt die Tätigkeit der Gewerbesteuer. Die Bedeutung des gewerblichen Grundstückshandels wird jedoch durch die Anrechnung der Gewerbesteuer auf die Einkommensteuer und die Verlängerung der Spekulationsfrist auf zehn Jahren relativiert, da Objekte mit einer Haltedauer von über zehn Jahren in die Drei-Objekt-Grenze nicht einbezogen werden.

---

[231] BMF 26.3.2004, IV A 6 – S 2240 – 46/04, BStBl I, 2004
[232] BFH-Beschluss vom 10.12.2001, GrS 1/98, BStBl II, 2002, 291
[233] BMF 26.3.2004, IV A 6 – S 2240 – 46/04, BStBl I, 2004, 434, Rn. 14

In der Praxis ist die Gewinnerzielungsabsicht stets dann von Relevanz, wenn der Anleger seine Beteiligung vorzeitig veräußern will (z. B. auf einem Zweitmarkt). Liegt der Veräußerungszeitpunkt vor dem steuerlichen Totalüberschussjahr, besteht die Gefahr, dass das Finanzamt rückwirkend die anfänglich gewährten Steuerersparnisse zurückfordert. Für die Finanzverwaltung ist dabei entscheidend, ob der Anleger zum Zeitpunkt der Fondszeichnung die Absicht hatte, einen Totalüberschuss oder -gewinn zu erzielen. Im Zweifel sollte der Anleger einen guten Grund für seinen vorzeitigen Verkauf benennen können (z. B. Berufsunfähigkeit) oder den Verkauf eines Anteils an einem geschlossenen Inlandsfonds zeitlich auf das Erreichen des steuerlichen Totalüberschusses abstimmen, um negative Konsequenzen für die gewährten Steuervergünstigungen zu vermeiden.

Insbesondere bei einer Fremdfinanzierung verlängert sich der Zeitpunkt des steuerlichen Überschusses erheblich, da die aus der Finanzierung resultierenden Zinsaufwendungen das Totalergebnis des Anlegers weitermindern und damit den Zeitpunkt der Erzielung eines positiven Gesamtergebnisses weiter hinausziehen. Eine Gewinnerzielungsabsicht kann in diesem Falle leichter in Frage gestellt werden, insbesondere, wenn der Zeitpunkt des Überschusses nach dem ersten Kündigungstermin des Anlegers oder gar nach Auslaufen der Prognoserechnung liegt.

> **Beispiel:**
>
> Ingo Invest beteiligt sich im Jahr 2007 an einem geschlossenen Inlandsfonds mit einer Einlage von 100.000 EUR, die auch in voller Höhe erbracht wird.
>
> Nach den Prognoserechnungen des Verkaufsprospektes erhält Ingo im 1. Jahr einen Verlust in Höhe von zehn Prozent seiner Einlage, d. h. in Höhe von 10.000 EUR zugewiesen. In den Folgejahren werden jährliche steuerliche Gewinnanteile von 2.400 EUR erwartet.
>
> | | 2007 | 2008 | 2009 | 2010 | 2011 | 2012 |
> |-----------------------|----------|----------|----------|----------|---------|----------|
> | Ergebnis | − 10.000 | + 2.400 | + 2.400 | + 2.400 | + 2400 | + 2.400 |
> | Kumuliertes Ergebnis | − 10.000 | − 7.600 | − 5.200 | − 2.800 | − 400 | + 2.000 |
>
> Erst in 2012 übersteigen die prognostizierten Gewinne die anfängliche Verlustzuweisung, so dass erst in diesem Jahr das steuerliche Totalüberschussjahr erreicht wird.

6.5 Steuerliche Konzeption geschlossener Auslandsfonds

Ziel geschlossener Auslandsfonds ist es, von Beginn des Investments an steuerfreie Gewinnausschüttungen für den Anleger zu erwirtschaften. Die Attraktivität solcher Beteiligungsmodelle liegt für den Anleger nicht in der Zuweisung eines steuerlich nutzbaren Verlustes, sondern in der Ausschüttung steuerfreier Erträge. Insbesondere Auslandsimmobilienfonds sind speziell für die Realisierung dieses Vorteils konzipiert worden.

Die Mehrzahl der von Deutschland mit anderen Staaten abgeschlossenen Doppelbesteuerungsabkommen sieht vor, dass Einkünfte, die aus unbeweglichem Vermögen erwirtschaftet werden (z. B. Vermietung und Verpachtung) ausschließlich in dem Staat einer Einkommensbesteuerung unterworfen werden, in dem sich die betreffende Immobilie befindet (so genanntes Belegenheitsprinzip).[234] Dies gilt sowohl für die Besteuerung von Einnahmen aus einem Direktinvestment wie auch für die Beteiligung an einem geschlossenen Immobilienfonds mit Grundbesitz im Ausland.

Die Besteuerung der im Ausland erwirtschafteten Gewinne erfolgt zunächst nach den dort gültigen nationalen Steuervorschriften. Hierbei werden in der Regel folgende Vorteile genutzt:

- Die ausländischen Steuersätze sind meist niedriger als in Deutschland.

- Häufig sehen diese Vorschriften zusätzlich Freibeträge sowie anschließend einen deutlich niedrigeren Steuersätze als im Inland vor.

- Die gewährten Freibeträge wie auch die im Vergleich zu Deutschland erheblich günstigeren Steuersätze lassen sich von verheirateten deutschen Anlegern in vielen Ländern „doppelt" ausnutzen. Voraussetzung ist, dass sich nicht ein Ehegatte mit dem geplanten Gesamt-Investitionsbetrag beteiligt, sondern beide Ehegatten je einen hälftigen Anteil erwerben. In diesem Fall wird beiden Ehepartnern der Grundfreibetrag gewährt und der niedrige Anfangssteuersatz kann quasi für die „doppelte" Einnahmenhöhe in Anspruch genommen werden.[235]

In Deutschland unterliegen die aus dem ausländischen Immobilienfonds bezogenen Einkünfte aufgrund bestehender Doppelbesteuerungsabkommen im Regelfall nicht der Einkommensteuer (Freistellungsmethode). Sie unterliegen in Deutschland jedoch dem Progressionsvorbehalt. Sofern jedoch der Anleger bereits ohne Berücksichtigung der steuerfreien Auslandseinkünfte den Spitzensteuersatz von 42 Prozent resp. 45 Prozent zahlt, führt der Progressionsvorbehalt bei ihm zu keiner steuerlichen Mehrbelastung. Im Ergebnis unterliegen in diesem Fall die ausländischen Einkünfte ausschließlich dem niedrigen ausländischen Steuersatz.

Beispiel:

Ingo Invest erzielt insgesamt inländische Einkünfte (zugleich zu versteuerndes Einkommen) von 105.000 EUR. Er bezieht darüber hinaus in Frankreich Einkünfte aus Vermietung und Verpachtung in Höhe von 20.000 EUR, die nach dem Doppelbesteuerungsabkommen in Deutschland steuerfrei sind. Jedoch unterliegen diese Einkünfte in Deutschland dem Progressionsvorbehalt:

---

[234] Zur Systematik der Doppelbesteuerungsabkommen vgl. Kapitel 3.4.2.
[235] Faust (2006), S. 77

	EUR
Zu versteuerndes Einkommen im Inland	105.000
Steuerfreie Einkünfte aus Vermietung und Verpachtung im Ausland	20.000
Steuersatz-Einkommen	125.000
Steuer auf Basis 125.000 EUR (aus ESt-Tabelle)	44.586
Steuersatz auf Basis 125.000 EUR (44.586 EUR : 125.000 EUR)	35,67 Prozent
35,67 Prozent x 105.000 EUR zu versteuerndes Einkommen	37.454
Zum Vergleich:	
Steuer auf Basis 105.000 EUR (aus ESt-Tabelle)	36.186
Mehrsteuer aufgrund Progressionsvorbehalt (37.454 – 36.186)	1.268

Aufgrund des Progressionsvorbehalts ergibt sich auf das in Deutschland zu versteuernde Einkommen in Höhe von 105.000 EUR eine Mehrsteuer von 1.268 EUR.

6.6 Besteuerung von Schiffsfonds

Gegenstand von Schiffsfonds ist es, Schiffe zu erwerben, auszurüsten (bereedern) und zu verchartern. Das Gesamtkonzept der Schiffsbeteiligung wird vom Initiator erstellt, es handelt sich daher um Erwerberfonds. Bereits im Vorfeld werden Mietverträge (Charterverträge) über feste Laufzeiten mit einem Charterer abgeschlossen. Üblicherweise wird das Schiff nach 8–16 Jahren wieder verkauft und der Verkaufserlös unter den Anlegern aufgeteilt.

Schiffsfonds sind üblicherweise in der Rechtsform einer gewerblich geprägten GmbH & Co. KG konzipiert. Es gelten für Schiffsbeteiligungen daher die bereits erläuterten grundsätzlichen steuerlichen Vorschriften. Allerdings bestehen bei der Gewinnermittlung steuerrechtlich einige Besonderheiten, welche nachfolgend erläutert werden.

Tonnagesteuer-Modell

Da die Fonds in der Praxis in der Rechtsform der GmbH & Co. KG geführt werden, erzielt der Anleger hieraus Einkünfte aus Gewerbebetrieb. Erfolgt die Bereederung des Schiffes von Deutschland aus, so sind die Einkünfte hieraus – unabhängig unter welcher Flagge das Schiff fährt – nach den gültigen DBAs in Deutschland zu versteuern. Es besteht jedoch die Möglichkeit, den auf den Anleger entfallenden Gewinnanteil nach einem besonderen pauschalen Ermittlungsverfahren zu ermitteln. Dieses Verfahren wird als **Tonnagebesteuerung** bezeichnet und erfordert einen gesonderten Antrag durch die Fondsgesellschaft. Der Antrag auf Tonnagebesteuerung ist an folgende Voraussetzungen gebunden:

▪ Handelsschiffe, die im internationalen Verkehr betrieben werden,

▪ Bereederung im Inland,[236]

---

[236] Zum Umfang der Bereederung vgl. BMF, 16.6.2002, IV A 6 – S 2213a – 11/02, BStBl I, 2002, Rn. 1.

⬚ Eintragung im deutschen Seeschiffsregister,

⬚ Der Fonds muss das Schiff selbst betreiben (bereedern), d. h., die Fondsgesellschaft muss dem Charterer ein voll ausgerüstetes, bemanntes und einsatzfähiges Schiff überlassen (Time-Charter). Eine reine leasingähnliche Gebrauchsüberlassung (Bareboat-Chater) ist nicht ausreichend. Die technisch-nautische Führung des Schiffes muss also weiterhin beim Fonds liegen. Da dieser im Regelfall jedoch nicht über das entsprechende Knowhow und das Personal für die Bereederung verfügt, wird diese üblicherweise von einem Vertragsreeder im Rahmen eines Geschäftsbesorgungsvertrags übernommen.[237]

Im Falle der Tonnagebesteuerung wird der Gewinn pauschal auf Grundlage der Nettoraumzahl (Tonnage) ermittelt.[238]

Der pauschal ermittelte Gewinn beträgt pro Betriebstag:[239]

⬚ 0,92 EUR bei einer Tonnage bis zu 1.000 Nettotonnen,

⬚ 0,69 EUR für die 1.000 Nettotonnen übersteigende Tonnage bis zu 10.000 Nettotonnen,

⬚ 0,46 EUR für die 10.000 Nettotonnen übersteigende Tonnage bis zu 25.000 Nettotonnen,

⬚ 0,23 EUR für die 25.000 Nettotonnen übersteigende Tonnage.

Die Nettoraumzahl ist aus den amtlichen Schiffspapieren zu entnehmen. Dies bedeutet, dass der steuerpflichtige Gewinn durch Multiplikation der Tonnage mit dem jeweiligen Staffeltarif und der Anzahl der Betriebstage ermittelt wird. Der Antrag auf diese Besteuerung muss bereits im Jahr der Indienststellung gestellt werden. Wurde zur Tonnagebesteuerung optiert, ist diese Gewinnermittlungsart für einen Zeitraum von zehn Jahren durchzuführen. Nach Ablauf dieser Bindungsfrist kann entweder erneut zur Tonnagebesteuerung optiert oder aber der Gewinn nach den allgemeinen Gewinnermittlungsvorschriften bestimmt werden.

> Beispiel:
>
> Ein Handelsschiff, das einem Fonds gehört, hat 33.300 Nettotonnen. Bei Optierung zur Tonnagesteuer beträgt der pauschale Gewinn 159,45 EUR pro Tag. Bei 365 Betriebstagen ergibt sich ein pauschaler Jahresgewinn von 58.199,25 EUR. Wenn man diesen auf ein Eigenkapital von z. B. 26.750.000 EUR bezieht, errechnet sich ein Gewinn von 0,22 Prozent.

Die so ermittelten Gewinnpauschalen sind für den einzelnen Anleger einer Schiffsbeteiligung derart gering, dass sie einer Nullbesteuerung gleichkommen. Bei Option zur Tonnagebesteuerung ist ein etwaiger Veräußerungsgewinn oder -verlust aus dem späteren Verkauf des Schiffes nicht gesondert zu versteuern, sondern er wird von der pauschalen Besteuerung mit erfasst. Allerdings ist ein Veräußerungsgewinn bzw. -verlust dann steuerlich zu erfassen, wenn der Verkauf des Schiffes zu einem Zeitpunkt erfolgt, zu dem (nach Ablauf der zehnjährigen Bindungsfrist) keine pauschale Besteuerung nach der Tonnage mehr erfolgt.

---

[237] Lüdicke/Arndt (2007), S. 230

[238] Lüdicke/Arndt (2007), S. 251

[239] § 5a EStG

Die Besonderheit bei der pauschalen Gewinnermittlung nach der Tonnagesteuer ist, dass eine Belastung mit Einkommensteuer auch dann erfolgt, wenn das nach handelsrechtlichen Grundsätzen ermittelte Ergebnis des Fonds sich als Verlust darstellt. Steuerlich ist bei diesem Verfahren ausschließlich der aus der Tonnagebesteuerung ermittelte und dem Anleger zugewiesene Gewinn maßgeblich.

Auch bei Anwendung der Tonnagebesteuerung muss die Gewinnerzielungsabsicht des Fonds nachgewiesen werden.[240] Daher ist parallel zur Tonnagebesteuerung eine Steuerbilanz nach den allgemeinen Gewinnermittlungsvorschriften zu führen, aus der sich die Gewinnerzielungsabsicht ergibt (Schattenbuchhaltung). Würde man nämlich ausschließlich auf die Tonnagebesteuerung abstellen, wäre die Prüfung der Gewinnerzielungsabsicht irrelevant, da in jedem Jahr positive Beiträge anfallen.

Ein Abzug von Sonderbetriebsausgaben wie z. B. Fremdkapitalzinsen des Anlegers ist – anders als bei Beteiligungen, die den Gewinn nach den allgemeinen Vorschriften ermitteln – ausgeschlossen.[241]

Aufgrund der Option zur Tonnagebesteuerung haben die Regelungen zur Beschränkung der Verlustverrechnung auf die Gesellschafter der Beteiligung keine Auswirkungen, da von Anfang an positive steuerliche Ergebnisse erzielt werden.

Auszahlungen an den Anleger sind steuerlich gesehen daher Entnahmen, gegebenenfalls sofern im Rahmen der Schattenbuchhaltung sich kein handelsrechtlicher Gewinn darstellen, Rückzahlungen der Einlage, die steuerlich nicht zu erfassen sind.

Eine Anrechnung der Gewerbesteuer findet während der pauschalen Besteuerung nach der Tonnage keine Anwendung.

---

[240] Lüdicke/Arndt (2007), S. 252
[241] Lüdicke/Arndt (2007), S. 252

7. Besteuerung von Alternativen Investments

7.1 Charakterisierung Alternativer Investments

7.1.1 Allgemeine Klassifizierung und Formen

Für den Begriff Alternative Investments gibt es keine allgemein gültige Definition. In der Anlageberatung versteht man unter der Bezeichnung „Alternative Investments" solche Formen der verwalteten und nicht verwalteten Vermögensanlage, die nicht den traditionellen Anlageklassen Aktien, Anleihen und Immobilien zugeordnet werden können und daher quasi eine Alternative zu traditionellen Investments darstellen.[242] Alternative Investments weisen im Allgemeinen nur einen geringen Gleichlauf (Korrelation) mit der Wertentwicklung klassischer Anlageformen auf und sind daher geeignet, im Rahmen der Vermögensstrukturierung die Rendite-/Risiko-Position des Anlegerportfolios zu verbessern.

Allgemein werden unter **Alternativen Investments** die folgenden Anlageklassen zusammengefasst:[243]

- Hedge-Fonds,
- Rohstoffe,
- Währungen,
- Private Equity.

Hedge-Fonds

Für **Hedge-Fonds** existiert in der Fachliteratur keine eindeutige Definition. Allgemein handelt es sich bei Hedge-Fonds um Investmentfonds (Sondervermögen), die keinen Beschränkungen bei der Auswahl der Vermögensgegenstände sowie der Anlagestrategien und -instru-

---

[242] Faust (2006), S. 2
[243] Faust (2006), S. 3

mente unterliegen. Hedge-Fonds verfolgen das Ziel, eine positive absolute Rendite unabhängig von Markttrends zu erwirtschaften (**Absolut-Return/Total-Return-Strategie**). Sie können das gesamte Anlagespektum von Anlageklassen und Finanzinstrumenten einsetzen. Um eine größere Hebelwirkung zu erzielen, besteht darüber hinaus die Möglichkeit von Kreditaufnahmen sowie von Leerverkäufen.

Hedge-Fonds verfolgen bei ihren Handels- und Anlagegeschäften sehr unterschiedliche Strategien. Diese Handelsstrategien lassen sich nach der Typisierung von Standard & Poor's in folgende Typen klassifizieren:

Arbitrage-Strategie	Event-Driven-Strategie	Directional-Strategie
▒ Equity Market Neutral	▒ Merger Arbitrage	▒ Equity Long/Short
▒ Fixed Income Arbitrage	▒ Distressed Strategy	▒ Managed Futures
▒ Convertibel Arbitrage	▒ Special Situations	▒ Global Macro

Arbitrage-Strategie

Die Zielsetzung von Arbitrage-Strategien ist es, Preisdiskrepanzen zwischen miteinander eng verbundenen Wertpapieren auszunutzen. Die Hedge-Fonds-Manager suchen nach Bewertungsverzerrungen zwischen einzelnen Wertpapieren, wobei sie auf den relativen Wert eines Wertpapiers zu einem anderen abstellen. Sie versuchen durch eine Arbitrage- oder markt-neutrale Strategie Erträge zu generieren, in dem sie in einem unterbewerteten Wertpapier eine Kaufposition und in einem überbewerteten eine Leerverkaufposition eingehen.

Je nach Anlagespektrum können folgende Unterstrategien verfolgt werden:

▒ Equity Market Neutral

Es werden gleichzeitig Long- und Short-Positionen in Aktien eingegangen, die zum gleichen Marktsegment (Branche oder Land) gehören. Überbewertete Aktien von Gesellschaften mit nicht tragfähigen Geschäftsmodellen werden leerverkauft und unterbewertete Aktien des gleichen Marktsegments mit guten Fundamentaldaten werden gekauft. Um die Renditen dieser Strategien zu erhöhen, wird häufig Fremdkapital zur Hebelung eingesetzt.

▒ Fixed Income Arbitrage

Manager versuchen, Preisanomalien in verschiedenen Anleihepapieren zu identifizieren. Diese Anomalien können sich beispielsweise zwischen verschiedenen Laufzeiten oder Ratingkategorien von Anleihen ergeben.

▒ Convertible Arbitrage

Bei dieser Strategie erwerben Manager Wandelanleihen, die ihrer Meinung nach unterbewertet sind. Sie erzielen Erträge aus dem Kauf von Wandelanleihen und dem gleichzeitigen Leerverkauf von Aktien desselben Emittenten. Hierdurch wird das in der Wandelanleihe enthaltene Aktienrisiko eliminiert.

Event-Driven-Strategie

Unter „Event-Driven"-Strategien werden Handelsstrategien verstanden, die nur fallweise bei besonderen Ereignissen eingesetzt werden (z. B. bei geplanten Fusionen). Hierzu gehören:

- Merger Arbitrage

  Hierbei werden typischerweise Aktien des Unternehmens, welches aufgekauft werden soll, erworben und im Gegenzug Aktien des kaufenden Unternehmens leerverkauft. Dabei wird erwartet, dass der Kurs des übernehmenden Unternehmens aufgrund der zu erwartenden Integrationskosten fallen wird, während die Aktien der übernommenen Gesellschaft steigen.

- Distressed Strategy

  Hedge-Fonds mit einem Schwerpunkt auf eine Distressed-Strategie kaufen Aktien oder Schuldverschreibungen derjenigen Unternehmen, die beispielsweise von einer Insolvenz bedroht sind. Solche Wertpapiere werden gewöhnlich mit einem erheblichen Bewertungsabschlag gehandelt. Da traditionellen Investmentfonds solche Papiere nicht in ihr Portfolio aufnehmen dürfen, führt die schwache Nachfrage nach diesen Papieren zu einer Marktbewertung, die tendenziell unterhalb des normalerweise zu erzielenden Ertrages aus diesen Papieren liegt. Hedge-Fonds, die in „junk bonds" investieren, tun dies in der Erwartung, dass sich die Bonitätseinschätzung dieser Unternehmen in naher Zukunft substanziell verbessert.

- Special Situations

  Diese Fonds spezialisieren sich auf Sondersituationen wie der Ausgliederung von Unternehmensteilen (so genannte Spin-offs) sowie Unternehmensreorganisationen und -restrukturierungen.

Directional-Strategie

Im Rahmen von Directional-Strategien setzen die Hedge-Fonds-Manager auf zumeist mittel- bis langfristige Marktrends auf den Aktien-, Renten-, Devisen- und Rohstoffmärkten. Die wesentlichen Strategien sind:

- Equity Long Short

  Hierbei handelt es sich um die Strategie, die von den ersten Hedge-Fonds angewendet wurde. Bei einer Long-Short-Strategie werden unterbewertete Aktien gekauft und überbewertete (leer)verkauft.

- Managed Futures

  Hedge-Fonds in diesem Segment handeln auf Basis computergestützter Handelssysteme in hoch liquiden Märkten wie zum Beispiel Warenterminkontrakten, Wertpapierfutures oder Währungen. Hierbei tätigen sie sowohl Anlagen auf den Kassa- als auch auf den Terminmärkten.

- Global Macro

  Hierbei handelt es sich um eine Strategie, die auf gesamtwirtschaftliche Entwicklungen verschiedener Märkte und Branchen setzt und versucht, daraus Gewinne zu erzielen.

Macro-Manager konzentrieren sich auf makroökonomische Chancen in den globalen Aktien-, Anleihen-, Devisen- und Rohstoffmärkten.

Rohstoffe

Ebenfalls unter die Kategorie Alternative Investments fallen Anlagen in **Rohstoffe.** Unter Rohstoffen werden gewöhnlich Waren und Erzeugnisse verstanden, die in vier Hauptkategorien eingeteilt werden:[244]

Rohstoffe				
Energieträger	**Industrie-rohstoffe**	**Edelmetalle**	**Agrar-Rohstoffe**	**Innovative Derivate**
Erdöl	Aluminium	Gold	Mais	Wetterderivate
Erdgas	Kupfer	Silber	Weizen	
Kohle		Platin	Holz	
		Paladium	Soja	

Eine Anlage in Rohstoffen ist für den Privatanleger zwar theoretisch direkt über die Waren- und Rohstoffbörsen möglich. Aufgrund der Kontraktgrößen und der damit verbundenen Mindestvolumina werden private Investoren allerdings auf indirekte Anlagen zurückgreifen müssen.

Von einem Investment in Rohstoffen ist die Kapitalanlage in Aktien von Rohstoffproduzenten (Minengesellschaften, Mineralölkonzerne etc.) zu unterscheiden (rohstoffnahe Investments). Häufig versuchen Privatanleger, durch den Kauf solcher rohstoffnahen Aktien an den steigenden Preisen der Gold- und Rohölmärkte zu partizipieren. Hierbei handelt es sich jedoch nicht um ein Alternatives Investment, sondern um ein klassisches Aktieninvestment innerhalb einer bestimmten Branche. Die Wertentwicklung solcher Rohstoffaktien kann deutlich von jener des zugrunde liegenden Rohstoffes abweichen, da ihre Wertentwicklung neben dem Rohstoffpreis von weiteren Einflussfaktoren wie z. B. der Produktivität der Förderanlagen, der Managementqualität, den politischer Risiken etc. abhängig ist.[245]

Währungen

Zu den klassischen Alternativen Investments zählen Anlagen in **Währungen** und Währungsstrategien (z. B. US-Dollar, Schweizer Franken, Japanische Yen) zur Ausnutzung der aus unterschiedlichen Wirtschafts- und Konjunkturentwicklungen resultierenden Wechselkursschwankungen. Da private Anleger über keine direkten Zugangsmöglichkeiten zu den Devisenmärkten verfügen, können diese Investments in Währungen nur indirekte Anlagen über Investmentfonds und Zertifikate vorgenommen werden.

---

[244] Vgl. Faust (2006), S. 43.

[245] Faust (2006), S. 44

Von einem Investment in Währung zu unterscheiden ist die Unterhaltung von Währungsguthaben bei Banken. Während Anlagen in Währung das Ziel verfolgen, kurz- und mittelfristige Wechselkursschwankungen gezielt auszunutzen, steht bei der Anlage von Währungsguthaben die Erwirtschaftung einer Verzinsung im Vordergrund des Anlegerinteresses. Wechselkursgewinne haben hierbei eine untergeordnete Bedeutung. Diese Anlageform wird daher im Folgenden nicht weiter betrachtet.

Private Equity

Kapitalanlagen in **Private Equity** sind unternehmerische Eigenkapital-Beteiligungen bzw. eigenkapitalähnlichen Finanzierungsformen in nicht börsennotierte Unternehmen. Die Beteiligungen dienen dem Zweck der Finanzierung des Wachstums junger Unternehmen (Venture-Capital) oder spezieller Anlässe wie z. B. Restrukturierungsmaßnahmen.

Bei der Private-Equity-Beteiligung steht primär nicht die Erzielung einer laufenden Ausschüttung resp. einer Zinsrendite im Vordergrund, sondern vielmehr die Erzielung eines Veräußerungsgewinns bei einer späteren Veräußerung der Portfoliogesellschaft (so genanntes Exit). Nach Erreichen des durch die Finanzierung beabsichtigten Ziels werden die Anteile an den Gesellschaften veräußert. Dieser Verkauf erfolgt entweder im Rahmen eines Börsengangs (IPO), durch Verkauf der Anteile an einen strategischen Partner oder aber durch Rückverkauf an die Gründungsgesellschaft.

Idealtypisch lassen sich folgende Finanzierungsphasen unterscheiden:

Start-up-Phase		Early Stage	Expansion	Later Stage
▪ Ideentwicklung ▪ Forschung und Entwicklung	▪ Gründung ▪ Vorbereitung Markt-	▪ Markteinführung ▪ Produktverbesserung	▪ Expansion ▪ Wachstum	▪ Börsengang

Kapitalanlagen in Alternativen Investments sind theoretisch sowohl im Rahmen einer Direktanlage als auch indirekt über Anlagevehikel (Fonds, Zertifikate, etc.) möglich. Allerdings bedarf es im Rahmen der Direktanlage häufig sehr hoher Mindestanlagebeträge. Aus diesem Grund ist eine Direktanlage erst ab einem sehr hohen Vermögen möglich. Da private Anleger meist nicht über das notwendige Know-how, den erforderlichen Marktzugang sowie das benötigte Mindestkapital für eine Direktanlage verfügen, erfolgt die Vermögensanlage in solchen Investments fast ausschließlich indirekt über:

▪ offene Investmentfonds (Sondervermögen),

▪ Zertifikate,

▪ passiv gemanagte Exchange Traded Funds (ETF),

▪ Beteiligungen (geschlossene Fonds).

7.1.2 Steuerliche Beurteilung

Während im Rahmen der Anlagestrategie Alternative Investments nach den Anlageklassen bzw. Anlagestrategien systematisiert werden, haben diese Unterscheidungsmerkmale aus steuerlicher Sicht keine Bedeutung.

Aus steuerlicher Sicht ist vielmehr entscheidend, welcher Einkunftsart die aus den Alternativen Investments generierten Vermögenszuflüssen zugeordnet werden können. Denn aus Sicht der Einkommensteuer ist neben der persönlichen Steuerpflicht des Anlegers vor allem die Einkunftsart das entscheidende Merkmal für die steuerliche Belastung. Für Zwecke der Besteuerung sind die o.g. Anlageformen von Alternativen Investments daher zusätzlich im Hinblick auf das gewählte Anlageinstrument zu unterscheiden, da letzteres die Zuordnung zu einer bestimmten Einkunftsart bestimmt.

Als Anlageinstrumente stehen zur Verfügung:

- Direktinvestments/Termingeschäfte (Futures und Optionen)
- (offene) Investmentfonds
- Zertifikate
- Exchange Traded Funds (ETF)   } indirekte Investments
- Beteiligungen (geschlossene Fonds)

Da aus den bereits oben aufgeführten Gründen Kapitalanlagen in Alternative Investments fast ausnahmslos im Rahmen von indirekten Investments erfolgen, werden im Folgenden die Formen des Direktinvestments nicht näher betrachtet.

Fasst man die Charakterisierungsmerkmale Anlageklassen und Anlageinstrumente zusammen, so ergibt sich folgende Übersicht von praktisch bedeutsamen Anlageformen im Rahmen von Alternativen Investments:

Anlagein-strument	Anlageklasse			
	Hedge-Fonds	**Rohstoffe**	**Währungen**	**Private Equity**
(offene) Investment-fonds	Dach-Hedge-Fonds	Commodity-Fonds	Fremdwäh-rungsfonds	
Zertifikate	Hedge-Fonds-Zertifikate	Rohstoff-Zertifikate	Währungs-zertifikate	
Exchange Traded Funds (ETF)		Rohstoff-ETF		
Beteiligungen (geschlosse-ne Fonds)				Private-Equity-Fonds

Abbildung 31: *Übersicht über die relevanten Anlageformen im Rahmen von Alternativen Investments*

7.2   Besteuerung von Anlagen in Hedge-Fonds

7.2.1 Besteuerung von Dach-Hedge-Fonds

Charakterisierung

Die Auflegung von Einzel-Hedge-Fonds sowie Dach-Hedge-Fonds ist in Deutschland erst seit Einführung des Investmentgesetzes (InvG) und des Investmentsteuergesetzes (InvStG) Anfang 2004 möglich. Seither dürfen deutsche Kapitalanlagegesellschaften auch Sonder-vermögen mit zusätzlichen Risiken (Einzel-Hedge-Fonds) sowie Dach-Sondervermögen mit zusätzlichen Risiken (Dach-Hedge-Fonds) auflegen. Einzel-Hedge-Fonds unterliegen allerdings trotz der Novellierung weiterhin einer Vertriebseinschränkung. Ein öffentlicher Vertrieb und eine damit verbundene Bewerbung eines Einzel-Hedge-Fonds ist – anders als beim Dach-Hedge-Fonds – nicht zulässig.[246] Aus diesem Grund werden Kapitalanlagen in Einzel-Hedge Fonds im Folgenden aus der Betrachtung ausgeklammert und nur die steuer-liche Behandlung von Dach-Hedge-Fonds betrachtet.

Ein Dach-Hedge-Fonds investiert seinerseits wiederum in andere (Einzel-)Hedge-Fonds (Zielfonds). Die wichtigsten Ziele eines Dach-Hedge-Fonds sind typischerweise die Siche-rung des Anlagevermögens, die Risikoreduzierung durch Kombination einzelner Hedge-Fonds und die Realisierung einer möglichst beständigen und wenig schwankenden Wert-entwicklung.

Um eine hohe Diversifikation zu erreichen, gelten besondere Anlagevorschriften:[247]

- Anlage in mindestens fünf verschiedene Ziel-Hedge-Fonds,
- maximal 20 Prozent des Gesamtvermögens darf in einen Ziel-Hedge-Fonds angelegt werden,
- Anlage in maximal zwei Hedge-Fonds eines Emittenten oder Fondsmanagers.

Darüber hinaus ist eine laufende Überwachung der Anlagestrategie und der Risiken sicher zu stellen.

Besteuerung von Erträgen des Hedge-Fonds

Das Investmentsteuergesetz und das Einkommensteuergesetz enthalten keine speziellen Vorschriften für Dach-Hedge-Fonds. Wie bei allen Investments in Fonds gilt das Transpa-

---

[246] § 112 Abs. 2 InvG
[247] § 113 Abs. 3 InvG

renzprinzip, wonach der Investor steuerlich so gestellt werden soll, als hätte er die Erträge aus dem Investmentvermögen nicht mittelbar, sondern unmittelbar – also ohne Zwischenschaltung des Fonds – bezogen. Daher ist für Zwecke der Besteuerung eine Zerlegung der oftmals komplexen Handelsstrategien eines Hedge-Fonds erforderlich. Die Besteuerung erfolgt dann nach dem für das jeweilige Geschäft geltenden Regeln.

Je nach Ausrichtung des Dach-Hedge-Fonds bzw. der Handelsstrategie der von ihm gehaltenen Zielfonds (Single-Hedge-Fonds) sind für die Besteuerung unterschiedliche Ertragskomponenten des Fonds von Bedeutung.

Nachfolgend wird in Abhängigkeit von der Handelsstrategie des Fonds die steuerliche Behandlung der wesentlichen Ertragskomponenten im Falle der Ausschüttung an den Anleger bzw. im Falle der Thesaurierung dargestellt:

Handelsstrategie	Typische Ertragskomponenten	Ausschüttung der Erträge	Thesaurierung der Erträge
Abitrage-Strategie			
▓ Equity Market Neutral	Veräußerungsgewinne aus Aktien	steuerfrei	gelten als nicht zugeflossen
	Erträge aus Wertpapierleihen	steuerfrei	gelten als nicht zugeflossen
	Erträge aus Leerverkäufen	steuerfrei	gelten als nicht zugeflossen
▓ Fixed Income Arbitrage	Laufende Zinserträge aus Wertpapieren sowie aus der Einlösung von Finanzinnovationen	steuerpflichtig	steuerpflichtig
	Veräußerungsgewinne aus festverzinslichen Wertpapieren	steuerfrei	steuerfrei
	Sonstige Erträge aus dem Swapgeschäft (Erträge aus Termingeschäften)	steuerfrei	steuerfrei
▓ Convertible Arbitrage	Zinserträge aus Wandelschuldverschreibungen und Finanzinnovationen	steuerpflichtig	steuerpflichtig
	Veräußerungsgewinne aus Wertpapieren und Wandelschuldverschreibungen	steuerfrei	steuerfrei
	Wandlungsgewinne	steuerfrei	steuerfrei
	Veräußerungsgewinne aus Aktien	steuerfrei	steuerfrei

Abbildung 32: *(Fortsetzung auf S. 159)*

Handelsstrategie	Typische Ertragskomponenten	Ausschüttung der Erträge	Thesaurierung der Erträge
Event-Driven-Strategie			
▨ Merger Arbitrage	Veräußerungsgewinne aus Aktien	steuerfrei	gelten als nicht zugeflossen
	Erträge aus Wertpapierleihen	steuerfrei	gelten als nicht zugeflossen
	Erträge aus Leerverkäufe	steuerfrei	gelten als nicht zugeflossen
▨ Distressed Strategy	Veräußerungsgewinne aus Anleihen	steuerfrei	gelten als nicht zugeflossen
▨ Special Situations	Veräußerungsgewinne aus Aktien	steuerfrei	gelten als nicht zugeflossen
	Erträge aus Wertpapierleihen	steuerfrei	gelten als nicht zugeflossen
	Erträge aus Leerverkäufen	steuerfrei	gelten als nicht zugeflossen
Directional-Strategie			
▨ Equity Long Short	Veräußerungsgewinne aus Aktien	steuerfrei	gelten als nicht zugeflossen
	Erträge aus Wertpapierleihen	steuerfrei	gelten als nicht zugeflossen
	Erträge aus Leerverkäufen	steuerfrei	gelten als nicht zugeflossen
▨ Managed Futures	Gewinne aus Termin- und Optionsgeschäften	steuerfrei	gelten als nicht zugeflossen
▨ Global Macro	Gewinne aus Termingeschäften	steuerfrei	gelten als nicht zugeflossen

Abbildung 32: *Steuerliche Behandlung wesentlicher Ertragskomponenten aus Dach-Hedge-Fonds in Abhängigkeit von der Handelsstrategie*

Da Dach-Hedge-Fonds ihrerseits wiederum in andere Hedge-Fonds investieren (Zielfonds), ist bei der Besteuerung der Ertragskomponenten beim Anleger das „**doppelte Transparenz-Prinzip**" zu beachten.

Erfüllen sowohl der Dach-Hedge-Fonds als auch die Zielfonds ihre Nachweis- und Veröffentlichungspflichten (transparente Fonds), so stehen die damit zusammenhängenden steuerlichen Vergünstigungen auch dem Anleger des Dach-Hedge Fonds zu. Das Transparenzprinzip gilt in diesem Fall sowohl auf der Ebene der Zielfonds (bezogen auf den Dachfonds) als auch auf Ebene des Dachfonds (bezogen auf den Anleger). Für die Zielfondserträge ist hierbei die entsprechende steuerliche Bescheinigung ausreichend, der Dachfonds ist also nicht verpflichtet, diese Daten selbst zu ermitteln oder zu prüfen. Allerdings ist eine Veröffentlichung der Zielfondsdaten erforderlich, eine reine Bekanntgabe an den Dachfonds ist nicht ausreichend.

Werden innerhalb eines transparenten Zielfonds z. B.

▦ Gewinne aus Wertpapiergeschäften,

▦ Erträge aus Termin- und Optionsgeschäften,

▦ Gewinne aus Leerverkäufen (z. B. mit Wertpapieren und Devisen)

erwirtschaftet und an den Dach-Hedge Fonds ausgeschüttet, so kann er – sofern er ebenfalls als transparenter Fonds einzustufen ist – diese Ertragskomponenten steuerfrei an den Privatanleger ausschütten. Demzufolge sind die vom Dach-Hedge-Fonds vereinnahmten Dividendenerträge der Zielfonds nur zur Hälfte, Zinsen hingegen in voller Höhe steuerpflichtig.[248] Einbehaltene Steuern wie Zinsabschlagsteuer, Kapitalertragsteuer, Solidaritätszuschlag sowie anrechenbare ausländische Quellensteuern kann der Anleger im Rahmen seiner Steuerveranlagung geltend machen.

Der Anleger kann im Falle transparenter Dach-Hedge-Fonds zwar von steuerlichen Privilegien profitieren. Hierzu ist es jedoch erforderlich, dass die Zielfonds die steuerlich vorgeschriebenen Nachweis- und Veröffentlichungspflichten erbringen. Hiervor schrecken jedoch insbesondere Fondsmanager ausländischer Hedge-Fonds zurück, da sie befürchten, Wettbewerber könnten ihre Investmentstrategie erkennen und kopieren. Die Auflegung steuerlich transparenter Dach-Hedge-Fonds geht letztlich mit einem eingeschränkten Anlageuniversum einher.

Inwieweit allerdings konkrete Handelsstrategien aus den zu veröffentlichenden Daten der Zielfonds erkannt werden können, ist fraglich.

Erfüllt der Dach-Hedge-Fonds seine steuerlichen Bekanntmachungs- und Nachweispflichten nicht, findet die Pauschalbesteuerung Anwendung (intransparenter Dachfonds).[249] Die Ermittlung der Bemessungsgrundlage erfolgt bei intransparenten Fonds in einem dreistufigen Verfahren:[250]

▦ In einem ersten Schritt wird der Mindestbetrag ermittelt, der der Besteuerung zu unterwerfen ist. Der Mindestbetrag beläuft sich auf sechs Prozent des letzten im Kalenderjahr festgesetzten Rücknahmepreises.

▦ Im zweiten Schritt wird eine alternative Bemessungsgrundlage ermittelt. Diese umfasst
   – die gesamten Ausschüttungen zuzüglich
   – 70 Prozent des Mehrbetrags zwischen dem ersten im Kalenderjahr festgesetzten Rücknahmepreis und dem letzten im Kalenderjahr festgesetzten Rücknahmepreis. Hierdurch wird die Besteuerung der thesaurierten Erträge sichergestellt.

---

[248] BMF 2. 6. 2005, IV C 1 – S 1980 – 1 87/05, BstBl I, 2005, 728, Tz. 205
[249] BMF 2. 6. 2005, IV C 1 – S 1980 – 1 87/05, BStBl I, 2005, 728, Tz. 202
[250] § 6 InvStG

▪ Im dritten Schritt werden Mindestbetrag und alternative Bemessungsgrundlage miteinander verglichen. Der höhere der beiden Werte ist dann der Besteuerung zu unterwerfen.

Im Falle der Rückgabe oder Veräußerung sind für die Besteuerung herzuziehen:

▪ die Ausschüttungen sowie der bekannt gemachte Zwischengewinn oder

▪ sechs Prozent des Rücknahmepreises : 360 Tage × Anzahl der Tage der tatsächlichen Dauer der Anlage (höchstens 360) = Ersatzwert.

▪ Der größere der beiden Werte ist heranzuziehen.

Kommt das Sondervermögen den vorgeschriebenen Nachweis- und Veröffentlichungspflichten nur teilweise nach, so liegt ein teiltransparenter Fonds vor. Es greift in diesen Fällen nicht die Pauschalbesteuerung. Der Anleger erhält jedoch die steuerlichen Begünstigungen soweit nicht, wie die damit zusammenhängenden Verpflichtungen nicht erfüllt werden.[251]

Unterbleibt die Bekanntmachung oder Veröffentlichung der Besteuerungsgrundlagen nur für ein oder mehrere Zielfonds, wirkt sich dies nur auf den Ansatz der Erträge aus diesen Zielfonds auf der Ebene des Dachfonds aus. Nur die Erträge aus diesen Zielfonds sind der Pauschalbesteuerung beim Anleger zu unterwerfen (teiltransparenter Dachfonds).[252]

Sofern die Daten des Zielfonds zum Geschäftsjahresende des Dachfonds noch nicht vorliegen, so kann auf die Vorjahresdaten des Zielfonds zurückgegriffen werden. Vorhandene weitere Erkenntnisse über die Daten des Zielfonds sind vom Dachfonds zu berücksichtigen. Eventuelle Differenzbeträge sind im Folgejahr zu berücksichtigen. Durch diese Verfahrensweise wird eine steuerliche Intransparenz der Zielfonds nur aufgrund fehlender Steuerdaten für die Übergangsphase verhindert.

Besteuerung bei der Veräußerung von Anteilen

Die Veräußerung bzw. die Rückgabe der Fondsanteile ist für Steuerinländer nur innerhalb eines Jahres nach Anschaffung der Anteile als privates Veräußerungsgeschäft in voller Höhe steuerpflichtig. Ein Kapitalertragsteuerabzug findet nicht statt. Das Halbeinkünfteverfahren findet bei der Ermittlung des Veräußerungsgewinns/-verlusts beim Privatanleger keine Anwendung.[253]

Veräußerungen außerhalb der Spekulationsfrist sind nicht steuerbar.

Da Gewinne aus der Veräußerung von Wertpapieren nicht zu den inländischen Einkünften zählen, sind die Veräußerungsgewinne, die Steuerausländer erzielen, stets steuerfrei, und zwar unabhängig davon, ob die einjährige Behaltefrist beachtet wurde oder nicht.

---

[251] § 5 Abs. 1 Satz 2 InvStG

[252] BMF 2.6.2005, IV C 1 – S 1980 – 1 87/05, BStBl I, 2005,728, Tz. 203

[253] § 8 Abs. 1 InvStG

Augrund der Anlagestrategie von Hedge-Fonds sind bei diesen keine nennenswerten Zwischengewinne zu erwarten. Im Gegensatz zu anderen Fonds sind Hedge-Fonds nicht verpflichtet, einen Zwischengewinn zu ermitteln.[254] Sofern in Einzelfällen ein Zwischengewinn bestehen sollte, ist dieser Bestandteil des Ausgabe- bzw. Rücknahmepreises und wird bei der Ermittlung des Veräußerungsgewinns berücksichtigt.

7.2.2 Besteuerung von Hedge-Fonds-Zertifikaten

Charakterisierung

Hedge-Fonds-Zertifikate sind in ihrer Wertentwicklung an ein Hedge-Fonds-Portfolio (entweder eines aus Dach-Hedge-Fonds gebildeten Index oder aber eines investierbaren Hedge-Fonds-Index, z.B. S&P Hedge-Fund-Index) gebunden. Im Gegensatz zu einem Dach-Hedge-Fonds erwirbt der Anleger bei einem Zertifikat jedoch keinen Miteigentumsanteil an einem Sondervermögen, sondern einen Anspruch gegenüber der emittierenden Bank.

Hedge-Fonds-Zertifikate erlauben es dem Anleger, bereits mit geringen Mindestanlagebeträgen an der Wertentwicklung von Hedge-Fonds zu partizipieren. Ein weiterer Vorteil ist, dass das Verlustrisiko sowie die Volatilität aufgrund des durch die Indexkoppelung erzielten Diversifikationseffektes wesentlich geringer als bei einem Einzel-Hedge-Fonds. Dieses Merkmal teilen sie mit Dach-Hedge-Fonds. Im Gegensatz zu den regulierten Dach-Hedge-Fonds unterliegen Hedge-Fonds-Zertifikate jedoch nicht dem Investmentrecht. Bei der Ausgestaltung dieser Produkte ist es daher nicht erforderlich, auf die strengen Anforderungen des Investmentgesetzes Rücksicht zu nehmen.

Besteuerung

Die Besteuerung von Hedge-Fonds-Zertifikaten erfolgt nach den allgemeinen für Zertifikate geltenden Besteuerungsregeln.

Anders als bei der Anlage in einem Dach-Hedge Fonds, bei der der Investor gegebenenfalls anfallende Zins- und Dividendenerträge jährlich der Einkommensteuer unterwerfen muss, fallen während der Laufzeit des Hedge-Fonds-Zertifikats laufende Kapitalerträge nicht an. Der Anleger partizipiert ausschließlich an Wertsteigerungen des über den durch das Zertifikat abgebildeten Hedge-Fonds-Index.

Für steuerliche Zwecke ist zu unterscheiden, ob

- theoretisch ein vollständiger Verlust des eingesetzten Kapital eintreten kann, ohne dass ein Anspruch auf garantierte Bonus- bzw. Zinszahlungen besteht (**Vollrisikozertifikat**), oder ob

---

[254] § 5 Abs. 3 S. 4 InvStG

▓ die Rückzahlung des investierten Kapital ganz oder teilweise garantiert ist und/oder ein Anspruch auf Bonus-/Zinszahlungen besteht (**Garantiezertifikat**).

Bei den in der Praxis überwiegenden Vollrisikozertifikaten erzielt der Anleger während der Besitzzeit keine Einkünfte aus Kapitalvermögen.

Veräußert der Steuerinländer ein solches Zertifikat innerhalb der einjährigen Spekulationsfrist, so liegt ein steuerpflichtiges privates Veräußerungsgeschäft vor. Die in diesen Fällen erzielten Veräußerungsgewinne sind als sonstige Einkünfte zu versteuern. Ein Einbehalt der Kapitalertragsteuer wird nicht vorgenommen.

Ein aus dem Zertifikat erzielter Veräußerungsverlust kann nur mit Gewinnen aus privaten Veräußerungsgeschäften verrechnet werden.

Realisierte Gewinne und Verluste nach Ablauf der Jahresfrist sind steuerlich unbeachtlich.

Bei Steuerausländern ist die Veräußerung eines Vollrisikozertifikats stets einkommensteuerfrei – unabhängig von der Einhaltung der Behaltefrist.

Ist das Zertifikat im Einzelfall als Garantiezertifikat ausgestaltet, erfolgt die Besteuerung nach den Grundsätzen für Finanzinnovationen. Dies hat zur Folge, dass beim Steuerinländer – unabhängig von der Haltedauer des Finanzproduktes – im Fall der Veräußerung und Endeinlösung die Differenz zwischen Veräußerungspreis bzw. Einlösungsbetrag und Erwerbspreis als Einkünfte aus Kapitalvermögen zu versteuern ist. Hierauf sind inländische Zahlstellen verpflichtet, die Zinsabschlagsteuer in Höhe von 30 Prozent zuzüglich 5,5 Prozent Solidaritätszuschlag einzubehalten.

Für Steuerausländer ergibt sich hinsichtlich der deutschen Einkommensteuer keine Steuerpflicht.

Aufgrund der abweichenden Besteuerungssystematik von Zertifikaten gegenüber Sondervermögen lassen sich steuerlich intransparente Fonds sehr gut über Hedge-Fonds-Zertifikate erschließen. Nach Ablauf der einjährigen Behaltefrist ist ein realisierter Gewinn steuerfrei, wo hingegen die Rückgabe eines intransparenten Dach-Hedge-Fonds zu einer Pauschalbesteuerung führt.

7.3   Besteuerung von Anlagen in Rohstoffe

7.3.1   Besteuerung von Rohstoff-Fonds (Commodity-Fonds)

Charakterisierung

Commodity-Fonds ermöglichen eine Partizipation an den Entwicklungen der Rohstoff- und Warenterminmärkte über die Investmentform des Sondervermögens. Dabei investiert das Sondervermögen selbst nicht direkt in physische Rohstoffe. Vielmehr werden Entwicklungen auf den Rohstoffmärkten durch den Einsatz von Derivaten wie Futures, Swaps und Optionen auf Rohstoff-Indizes nachgebildet. Die wichtigsten Indizes für den Rohstoffbereich sind:

- Commodity-Research-Bureau-Futures-Index (CRB) (Energie, Getreide, Industrierohstoffe, Vieh, Edelmetalle sowie Lebensmittelrohstoffe),

- Journal-of-Commerce-Index (Industrierohstoffe, diverse Metalle und Rohöl),

- Goldman-Sachs-Commodity-Index – GSCI (Energie, Landwirtschaft, Vieh, Industrie-metalle und Edelmetalle).

Als Basisportfolio zur Liquiditätsbereitstellung für den Einsatz von Derivaten dienen kurz laufende Euro-Anleihen mit sehr guter Bonität.

Darüber hinaus erfolgen in einem geringeren Umfang Direktinvestments in (meist auslän-dischen) Aktien, die einen engen Rohstoffbezug aufweisen. Allerdings handelt es sich in letzterem Fall nicht um eine klassische Form der Alternativen Investments.

Besteuerung von Erträgen des Commodity-Fonds

Die Besteuerung der Erträge aus Commodity-Fonds richtet sich nach den allgemeinen Be-steuerungsgrundsätzen für Sondervermögen.

Dividenden sowie Zinserträge, die im Fonds erwirtschaftet werden, sind beim unbeschränkt steuerpflichtigen Privatanleger einkommensteuerpflichtig, und zwar unabhängig davon, ob die Erträge an den Anleger ausgeschüttet werden oder im Fonds thesauriert werden (aus-schüttungsgleiche Erträge). Inländische Zahlstellen sind bei Steuerinländern zum Einbehalt der allgemeinen Kapitalertragsteuer resp. Zinsabschlagsteuer verpflichtet.

Für Steuerausländer unterliegen die Zinserträge keiner inländischen Steuerpflicht.

Demgegenüber sind Gewinne aus Futures, Swaps sowie Optionen beim privaten Kapital-anleger stets steuerfrei. Dies gilt unabhängig davon, ob die Gewinne an den Anleger ausge-schüttet oder im Fonds vorgetragen bzw. thesauriert werden.

	Ausschüttender Fonds	**Thesaurierender Fonds**
Dividendenerträge	einkommensteuerpflichtig Halbeinkünfteverfahren	einkommensteuerpflichtig Halbeinkünfteverfahren
Zinserträge aus Wert-papieren und Geldanlagen	in voller Höhe einkommensteuerpflichtig	in voller Höhe einkommensteuerpflichtig
Realisierte Gewinne aus Commodity Swaps, ver-einnahmte Optionsprämien und Gewinne aus Devisentermingeschäften	steuerfrei	gelten als nicht zugeflossen

Abbildung 33:   *Einkommensteuerliche Behandlung typischer Ertragskomponenten von Commodity-Fonds bei Steuerinländern*

Erfüllt der Fonds seine steuerlichen Bekanntmachungs- und Nachweispflichten nicht, findet die Pauschalbesteuerung Anwendung (intransparenter Fonds).

Besteuerung bei der Veräußerung von Anteilen

Veräußert der Steuerinländer innerhalb der einjährigen Spekulationsfrist, so unterliegt der Veräußerungsgewinn der Einkommensteuer. Veräußerungsgewinne, die außerhalb der einjährigen Behaltefrist erzielt werden, sind steuerfrei.

Bei Steuerausländern sind Kursgewinne aus der Veräußerung der Fondsanteile unabhängig von der Haltefrist stets steuerfrei.

7.3.2 Besteuerung von Rohstoff-Zertifikaten

Charakterisierung

Rohstoff-Zertifikate bilden regelmäßig die Wertentwicklung einer oder mehrerer Rohstoffklassen (Index) ab. Ein auf Rohstoffpreisen basierender Index fasst immer eine bestimmte Gesamtheit bestehender Rohstoffe zusammen. Die Anlage in einen Index bietet daher dem Investor die Möglichkeit, an der Wertentwicklung der im Index enthaltenen Rohstoffe zu partizipieren. Ein Index kann jedoch aufgrund der Komplexität, Unterschiedlichkeit der Rohstoffe, der vorliegenden Datenqualität etc. nicht umfänglich die Wertentwicklung aller Rohstoffe widerspiegeln.

Mittels Rohstoff-Zertifikaten können Anleger bereits mit geringen Mindestanlagebeträgen an der Wertentwicklung von Rohstoffen partizipieren.

Besteuerung

Bei der Anlage in Rohstoff-Zertifikaten fallen keine laufenden Erträge an, sondern der Anleger partizipiert ausschließlich an der Wertenwicklung des jeweiligen Underlyings. Die Besteuerung von Rohstoff-Zertifikaten erfolgt nach den allgemeinen für Zertifikate gelten Besteuerungsregeln.

Ist das Zertifikat als Garantiezertifikat ausgestaltet, so erzielt der Steuerinländer – unabhängig von der Haltedauer des Finanzproduktes – im Fall der Veräußerung und Endeinlösung in Höhe der Differenz zwischen Verkaufs-/Einlösungsbetrag und Kaufpreis Einkünfte aus Kapitalvermögen. Hierauf sind inländische Zahlstellen verpflichtet, die Zinsabschlagsteuer in Höhe von 30 Prozent zuzüglich 5,5 Prozent Solidaritätszuschlag einzubehalten.

Für Steuerausländer ergibt sich hinsichtlich der deutschen Einkommensteuer keine Steuerpflicht.

Handelt es sich hingegen um ein Vollrisikozertifikat und veräußert es der Steuerinländer innerhalb der einjährigen Spekulationsfrist, so liegt ein steuerpflichtiges privates Veräußerungsgeschäft vor. Die in diesen Fällen erzielten Veräußerungsgewinne sind als sonstige Einkünfte zu versteuern. Veräußerungsverluste können nur mit Gewinnen aus privaten Veräußerungsgeschäften verrechnet werden. Ein Einbehalt von Kapitalertragsteuer wird nicht vorgenommen.

Realisierte Gewinne und Verluste nach Ablauf der Jahresfrist sind steuerlich unbeachtlich.

Bei Steuerausländern ist die Veräußerung eines Vollrisikozertifikats stets einkommensteuerfrei – unabhängig von der Einhaltung der Behaltefrist.

7.3.3 Besteuerung von Rohstoff-ETFs

In ihrer ursprünglichen Form handelt es sich bei Rohstoff-ETFs um passiv gemangte Sondervermögen, die ausschließlich einen Rohstoffindex (z. B. den CRB) nachbilden und somit dessen Wertentwicklung widerspiegeln. Diese Fonds sind auch steuerlich wie Sondervermögen zu behandeln und unterliegen somit den gleichen Besteuerungsregeln wie Commodity-Fonds. Insoweit wird auf die Ausführungen unter 7.3.1 verwiesen.

In jüngster Vergangenheit werden darüber hinaus zunehmend ETFs emittiert, die keinen Index nachbilden, sondern ausschließlich mit Edelmetallen (z. B. Gold oder Silber) unterlegt sind. Durch diese Hinterlegung können Anleger 1:1 an der Wertentwicklung des jeweiligen Rohstoffs partizipieren. Bei diesen Anlageformen handelt es sich (im Gegensatz zu ETFs auf Rostoffindices) rechtlich gesehen um Zertifikate, die lediglich vom Emittenten mit physischem Gold, Silber etc. hinterlegt sind. Die Besteuerung erfolgt somit nach den für Zertifikate geltenden Besteuerungsregeln.

7.4 Besteuerung der Anlage in Währungen

7.4.1 Besteuerung von Währungsfonds (Currency-Fonds)

Charakterisierung

Das Anlagekonzept von Währungsfonds ist darauf ausgerichtet, Kursbewegungen an den internationalen Devisenmärkten auszunutzen. Das Basisportefeuille bilden im Regelfall Geldmarktpapiere und kurz laufende Anleihen. Das Engagement in die jeweiligen Währungen erfolgt über Käufe bzw. Verkäufe von Fremdwährungsanleihen sowie über den Kauf von Devisen per Termin, wenn das Fondsmanagement diese positiv einschätzt, oder den Verkauf von Devisen per Termin, wenn deren Entwicklung negativ beurteilt wird.

Besteuerung von Erträgen aus Währungsfonds

Die Besteuerung der Erträge aus Währungsfonds richtet sich nach den allgemeinen Besteuerungsgrundsätzen für Sondervermögen.

Soweit in dem Fonds Zinserträge aus der Investition in verzinsliche Währungsanleihen erwirtschaftet werden, sind diese beim unbeschränkt steuerpflichtigen Privatanleger einkommensteuerpflichtig, und zwar unabhängig davon, ob die Erträge an den Anleger ausgeschüttet werden oder im Fonds thesauriert werden (ausschüttungsgleiche Erträge). Inländische Zahlstellen sind bei Steuerinländern zum Einbehalt der Zinsabschlagsteuer verpflichtet.

Für Steuerausländer unterliegen die Zinserträge keiner inländischen Steuerpflicht.

Demgegenüber sind Gewinne aus Devisentermingeschäften und Devisenoptionsgeschäften beim privaten Kapitalanleger stets steuerfrei. Dies gilt unabhängig davon, ob die Gewinne an den Anleger ausgeschüttet oder in Fonds vorgetragen bzw. thesauriert werden.

	Ausschüttender Fonds	**Thesaurierender Fonds**
Zinserträge aus Wertpapieren und Geldanlagen	▪ in voller Höhe einkommensteuerpflichtig	▪ in voller Höhe einkommensteuerpflichtig
Realisierte Gewinne aus Devisentermingeschäften/ Devisenoptionen	▪ steuerfrei	▪ gelten als nicht zugeflossen

Abbildung 34: *Einkommensteuerliche Behandlung typischer Ertragskomponenten von Währungsfonds bei Steuerinländern*

Besteuerung bei der Veräußerung von Anteilen

Veräußert der Steuerinländer Fondsanteile innerhalb der einjährigen Spekulationsfrist, so unterliegt der Veräußerungsgewinn der Einkommensteuer.

Veräußerungsgewinne und -verluste, die außerhalb der einjährigen Behaltefrist erzielt werden, sind steuerfrei.

Für Steuerausländer ist der Veräußerungsgewinn unabhängig von der Beachtung der Spekulationsfrist stets steuerfrei.

7.4.2 Besteuerung von Währungszertifikaten

Charakterisierung

Währungszertifikate (Rohstoff-Zertifikate) bilden regelmäßig die Wertentwicklung einer oder mehrerer Währungen bzw. Wertentwicklung der Währungen einer Wirtschaftsregion ab.

Besteuerung

Die Besteuerung von Währungszertifikaten erfolgt nach den allgemeinen für Zertifikate gelten Besteuerungsregeln.

Ist das Zertifikat – wie dies häufig der Fall ist – mit einer Kapitalgarantie ausgestattet, so erfolgt die Besteuerung nach den für Finanzinnovationen geltenden Grundsätzen. Der bei Veräußerung oder bei Fälligkeit entstehende Gewinn gehört beim Steuerinländer zu den Einkünften aus Kapitalvermögen. Hierauf sind inländische Zahlstellen verpflichtet, die Zinsabschlagsteuer in Höhe von 30 Prozent zuzüglich 5,5 Prozent Solidaritätszuschlag einzubehalten.

Für Steuerausländer ergibt sich hinsichtlich der deutschen Einkommensteuer keine Steuerpflicht.

Handelt es sich hingegen – was in der Praxis seltener der Fall ist – um ein Vollrisikozertifikat so ist beim Steuerinländer zu prüfen, ob ein privates Veräußerungsgeschäft vorliegt.

Für Steuerausländer ergeben sich keine steuerlichen Konsequenzen.

7.5   Besteuerung von Anlagen in Private-Equity-Fonds

Charakterisierung

Venture-Capital- und Private-Equity-Fonds werden regelmäßig in Form einer Personengesellschaft (GmbH & Co. KG) gegründet. Die Komplementär-GmbH ist meist am Vermögen der KG nicht beteiligt. Als Kommanditisten beteiligen sich in- und ausländische private und institutionelle Anleger an den Fonds sowie meist auch die Initiatoren. Letztere bringen neben ihrem Kapital regelmäßig auch immaterielle Beiträge (Erfahrungen, Kontakte, Netzwerke) ein.

Die Tätigkeit des Fonds besteht regelmäßig im Erwerb von Beteiligungen an den zu finanzierenden Unternehmen (meist Kapitalgesellschaften) und der späteren gewinnbringenden Veräußerung der Beteiligungen. Die Beteiligungen werden im Durchschnitt drei bis fünf Jahre gehalten, der Fonds hat im Durchschnitt eine Laufzeit von acht bis zwölf Jahren.

Die laufende Geschäftsführung wird von der Komplementär-GmbH sowie einer Management-Gesellschaft als Kommanditist mit Geschäftsführungsbefugnis („geschäftsführende Gesellschafter") wahrgenommen. Der „geschäftsführende Gesellschafter" erhält regelmäßig eine jährliche Haftungs- und Geschäftsführungsvergütung zwischen 1,5 Prozent und 2,5 Prozent des Zeichnungskapitals des Fonds.

Grund für die Berufung eines Kommanditisten (Management-Gesellschaft) zum (gekorenen) Geschäftsführer ist, dass auf diese Weise der Fonds nicht gewerblich geprägt ist und daher nicht per se Einkünfte aus Gewerbebetrieb erwirtschaftet.

Die letztverantwortlichen Anlageentscheidungen werden von einer weiteren GmbH und Co. KG (Initiator-KG) getroffen. Die Initiatoren erhalten unmittelbar oder mittelbar über die Initiator-KG neben ihrem Gewinnanteil für ihre letztverantwortlichen Anlageentscheidungen und sonstigen immateriellen Beiträge zusätzlich eine Vergütung von meist 20 Prozent der Gewinne des Fonds, die erst nach der Ausschüttung der Gewinne an die übrigen Gesellschafter ausgezahlt wird (so genannte „Carried Interest").

Die Beteiligungen werden ausschließlich mit Eigenmitteln des Fonds – mit Ausnahme der Inanspruchnahme staatlicher Förderung, die zivilrechtlich als Darlehen ausgestaltet ist – erworben. Die Verwaltung der Beteiligungen erfolgt in der Regel nur über die Ausübung von gesetzlichen oder üblichen gesellschaftsvertraglichen Rechten von Gesellschaftern. Für wichtige Geschäftsführungsmaßnahmen bei den Portfolio-Gesellschaften kann ein Zustimmungsvorbehalt für die Initiator-KG bestehen.

Private-Equity-Fonds existieren in folgenden Ausprägungen:

■ Direkt-Investmentfonds

Der Direkt-Investmentfonds beteiligt sich unmittelbar oder durch eine zwischengeschaltete Kapitalgesellschaft an den einzelnen Portfoliogesellschaften.

■ Dachfonds

Dachfonds sind nicht unmittelbar an den Portfoliogesellschaften beteiligt, sondern investieren in andere Private-Equity-Fonds, die ihrerseits dann in Portfoliogesellschaften investieren.

Der Vorteil der Dachfondskonstruktion gegenüber dem Direkt-Investmentfonds besteht darin, dass der Dachfonds dem Anleger eine größere Diversifizierung und damit auch eine höhere Risikostreuung bietet. Weiterhin erlaubt der Dachfonds auch Anlegern mit geringeren Anlagesummen diese Anlageklasse für ihr Depot zu erschließen, während hingegen Direkt-Investmentfonds einen erheblich höheren Beteiligungsbetrag voraussetzen.

Nachteilig hingegen – wie bei allen Dachfondskonstruktionen – wirkt sich die mehrfache Kostenbelastung durch die Kosten des Zielfonds und die des Dachfonds auf die erzielbare Rendite aus.

■ Parallelfonds

Parallelfonds sind dadurch gekennzeichnet, dass sich der Fonds zusammen mit anderen Private-Equity-Fonds an den Portfoliogesellschaften beteiligt. Solche Parallelfonds werden in der Praxis üblicherweise in verschiedenen Rechtskreisen aufgelegt. Die Ursache hierfür besteht darin, dass nicht alle Rechtssysteme die Besteuerungssystematik der deutschen Personengesellschaft verwenden.

Zu unterscheiden von Private Equity-Fonds in der Rechtsform der Personengesellschaft sind die spezialgesetzlich geregelten Unternehmensbeteiligungsgesellschaften.

Die Rechtsform der Unternehmensbeteiligungsgesellschaft ist in Deutschland im UBGG geregelt. Der Vorteil dieser Rechtsform ist die Befreiung von der Gewerbesteuer. Dies ist aber nur dann von Vorteil, wenn ansonsten die Private-Equity-Gesellschaft gewerblich tätig oder aber gewerblich geprägt wäre. Dies ist jedoch regelmäßig nicht der Fall. Aufgrund der gesetzlichen Anlagegrenze wird diese Rechtsform in der Praxis üblicherweise nicht verwendet.

Steuerliche Klassifizierung der Tätigkeit des Fonds

Aufgrund der Rechtsform der Personengesellschaft sind Private-Equity-Fonds regelmäßig selbst nicht Steuersubjekt der Einkommensteuer, sondern ausschließlich Gegenstand der Gewinnermittlung.

Entscheidend für die Besteuerung beim Anleger ist, ob die Gesellschaft gewerblich tätig ist bzw. eine gewerbliche Prägung vorliegt oder ob ausschließlich eine vermögensverwaltende Tätigkeit ausgeübt wird.[255]

Sofern die Gesellschaft gewerblich tätig ist bzw. eine gewerbliche Prägung vorliegt, handelt es sich bei den Anlegern um Mitunternehmer, die aus ihrer Beteiligung Einkünfte aus Gewerbebetrieb erzielen.

Da Private-Equity-Fonds jedoch darauf abzielen, ihren Anlegern Einkünfte aus Kapitalvermögen zu vermitteln, wird eine gewerbliche Prägung durch die Berufung eines Kommanditisten (Management-Gesellschaft) zum (gekorenen) Geschäftsführer vermieden. Somit ist für die Qualifizierung der Einkünfte auf Anlegerebene allein entscheidend, ob die Tätigkeit des Fonds als originär gewerbliche Tätigkeit einzuordnen ist oder ob eine rein vermögensverwaltende Tätigkeit vorliegt.

Eine private Vermögensverwaltung des Fonds liegt vor, wenn sich die Betätigung noch als Nutzung von Vermögen im Sinne einer Fruchtziehung aus zu erhaltenden Substanzwerten darstellt und die Ausnutzung substanzieller Vermögenswerte durch Umschichtung nicht entscheidend in den Vordergrund tritt.[256]

Ein Gewerbebetrieb liegt dagegen vor, wenn eine selbstständige nachhaltige Betätigung mit Gewinnerzielungsabsicht unternommen wird, die sich als Beteiligung am allgemeinen wirtschaftlichen Verkehr darstellt und über den Rahmen einer Vermögensverwaltung hinausgeht.[257] Für einen gewerblichen Wertpapierhandel können folgende Kriterien sprechen:[258]

  ▧ Einsatz von Bankkrediten statt Anlage von Eigenkapital,

  ▧ Unterhaltung eines Büros oder einer Organisation zur Durchführung von Geschäften,

  ▧ Ausnutzung eines Marktes unter Einsatz beruflicher Erfahrungen,

---

[255] Vgl. hierzu ausführlich BMF, 16.12.2003, IV A 6 – S 2240 – 153/03, BStBl I, 2004, 40.
[256] BFH-Urteile vom 4.3.1980, BStBl II, 1980, 389 sowie vom 29.10.1998, BStBl II, 1999,448
[257] BFH-Beschluss vom 25.6.1984, BStBl II, 1984, 751
[258] BFH-Urteil vom 19.2.1997, BStBl II, 1997 II, 399

▓ Anbieten von Wertpapiergeschäften einer breiten Öffentlichkeit gegenüber oder Wertpapiergeschäfte auch auf Rechnung Dritter,

▓ eigenes unternehmerisches Tätigwerden in den Portfolio-Gesellschaften.

In der Regel liegt keine gewerbliche, sondern eine vermögensverwaltende Tätigkeit vor, wenn nachfolgende Kriterien erfüllt sind:

▓ **Kein Einsatz von Bankkrediten/keine Übernahme von Sicherheiten**

Da die Zielsetzung des Fonds – abweichend von ansonsten von üblichen Wertpapiergeschäften – in erster Linie darauf ausgerichtet ist, Anteile an Kapitalgesellschaften zu erwerben und sie nach gewisser Zeit wieder zu veräußern, spricht eine wesentliche Fremdfinanzierung der zugrunde liegenden Beteiligungsgeschäfte für einen gewerblichen „Warenumschlag" der Beteiligungen an den Portfolio-Gesellschaften, weil dies ein „händlertypisches" Verhalten darstellt.

Zur Vermeidung einer gewerblichen Tätigkeit muss der Fonds selbst den Erwerb von Anteilen an der Portfolio-Gesellschaft im Wesentlichen aus Eigenmitteln finanzieren. Die Inanspruchnahme staatlicher Förderung, die zivilrechtlich als Darlehen strukturiert ist, ist jedoch unschädlich. Ebenfalls unschädlich ist die kurzfristige Zwischenfinanzierung von ausstehenden Kapitaleinlagen zur Überbrückung von Einforderungsfristen, wenn der Zwischenkredit nach der Kapitaleinzahlung unverzüglich zurückgeführt wird.

Werden dem Fonds hingegen durch Investoren (z. B. Banken) Gesellschafterdarlehen gewährt, liegt insoweit eine schädliche Fremdfinanzierung vor, da dem Fonds hier Fremdkapital zugeführt wird.

Übernimmt der Fonds die Besicherung von Verbindlichkeiten der Portfolio-Gesellschaft, entspricht dies ebenfalls eher dem Bild des Gewerbebetriebs als dem der privaten Vermögensverwaltung.[259] Auch die Rückdeckung von Darlehensverbindlichkeiten der Portfolio-Gesellschaften durch den Fonds entspricht eher dem Bild des Gewerbebetriebs als dem der privaten Vermögensverwaltung; eine unschädliche Rückdeckung liegt jedoch vor, wenn die „rückgedeckten" Kredite der Portfolio-Gesellschaft als Zwischenkredite mit noch ausstehenden Einlagen durch den Fonds im Zusammenhang stehen.

▓ **Keine eigene Organisation**

Der Fonds darf für die Verwaltung des Fonds-Vermögens keine umfangreiche eigene Organisation unterhalten. Betreibt der Fonds ein eigenes Büro und hat er Beschäftigte, ist dies unschädlich, wenn dies nicht das Ausmaß dessen übersteigt, was bei einem privaten Großvermögen üblich ist. Die Größe des verwalteten Vermögens begründet für sich allein betrachtet noch keinen Gewerbebetrieb.[260]

▓ **Keine Ausnutzung eines Marktes unter Einsatz beruflicher Erfahrung**

Der Fonds darf sich nicht eines Marktes bedienen und auf fremde Rechnung unter Einsatz beruflicher Erfahrungen tätig werden. Das Nutzbarmachen einschlägiger beruflicher

---

[259] Vgl. hierzu auch OFD Frankfurt, 16.2.2007, S 2241 A – 67 – St 220.
[260] BFH-Urteil vom 17.1.1961, BStBl III, 1961 III , 233

Kenntnisse für eigene Rechnung begründet noch keine Gewerblichkeit. Der/die „geschäftsführenden Gesellschafter" und die Initiatoren nutzen häufig bei der Prüfung und Entscheidung der möglichen Investitionen ihr Know-how und ihre Branchenkenntnisse. Dies ist aber mit dem Verhalten eines privaten Anlegers, der ein umfangreiches Vermögen zu verwalten hat, noch vergleichbar und daher unschädlich.

▨ Kein Anbieten gegenüber breiter Öffentlichkeit/Handeln auf eigene Rechnung

Bei einer späteren Veräußerung der Portfolio-Gesellschaften darf der Fonds diese Beteiligungen nicht gegenüber einer breiten Öffentlichkeit anbieten oder auf fremde Rechnung handeln. Unschädlich sind die Tätigkeiten der Fonds-Gesellschaft bei der Verwertung ihrer auf eigene Rechnung eingegangenen Beteiligungen, z. B. bei der Veräußerung der Beteiligungen oder beim Börsengang der Portfolio-Gesellschaften. Die Tätigkeit und das Nutzbarmachen der Kenntnisse des/der „geschäftsführenden Gesellschafter" oder der Initiatoren führt nicht zu der Annahme, dass der Fonds gleichzeitig auch für fremde Rechnung tätig wird. Denn die Tätigkeit dieser Kommanditisten ist unmittelbar dem Fonds als eigene Tätigkeit zuzurechnen.

▨ Keine kurzfristige Beteiligung

Der Fonds muss die Beteiligungen mindestens mittelfristig, d. h. drei bis fünf Jahre, halten, da bei kurzfristigen Anlagen keine Erwirtschaftung laufender Erträge aus den Beteiligungen anzunehmen ist. Bei der Prüfung der Mindesthaltedauer sind alle Beteiligungen des Fonds einzubeziehen. Die Veräußerung einer einzelnen Beteiligung vor Ablauf der Haltedauer führt für sich noch nicht zum Gewerbebetrieb. Es ist vielmehr auf das Gesamtbild abzustellen; maßgeblich ist daher die gewogene durchschnittliche Haltedauer, bezogen auf das gesamte Beteiligungskapital.[261]

Von einer Erwirtschaftung laufender Erträge aus den Beteiligungen ist zwar auch auszugehen, wenn die Ertragserwartung des Anlegers nicht im Zufluss von Dividenden, sondern überwiegend in der Realisierung von Wertsteigerungen der Beteiligung durch Veräußerung besteht.[262] Diese für Wertpapierverkäufe geltenden Grundsätze sind aber nicht entsprechend bei nachhaltigen, zeitlich eng zusammenhängenden An- und Verkäufen von Unternehmensbeteiligungen anzuwenden.[263]

Die Syndizierung, d. h. die spätere Aufteilung des Investitionsbetrags in eine Portfolio-Gesellschaft auf mehrere Fonds, z. B. zwecks Risikostreuung, nach Erwerb der Beteiligung stellt ebenfalls eine Veräußerung dar; diese bleibt für die Frage der Haltedauer jedoch außer Betracht, wenn die Aufteilung innerhalb von 18 Monaten nach Erwerb der Beteiligung nur zwischen Fonds desselben Initiators stattfindet und die Aufteilung zu Anschaffungskosten zzgl. einer marktüblichen Verzinsung erfolgt.

▨ Keine Reinvestition von Veräußerungserlösen

Die aus dem Verkauf der Portfolio-Gesellschaften erzielten Veräußerungserlöse dürfen grundsätzlich nicht reinvestiert, sondern müssen an den Anleger ausgeschüttet werden.

---

[261] Vgl. hierzu auch OFD Frankfurt, 16.2.2007, S 2241 A – 67 – St 220.

[262] Vgl. BFH-Urteil vom 20.12.2000, BStBl II, 2001, 706.

[263] Vgl. BFH-Urteil vom 25.7.2001, BStBl II, 2001, 809.

Keine Reinvestition liegt jedoch vor, wenn aus Kapitaleinzahlungen finanzierte Kosten und das Ergebnis-Vorab für die Geschäftsführung erstmals in Beteiligungen investiert werden. Dasselbe gilt, wenn Veräußerungserlöse bis zur Höhe eines Betrags von 20 Prozent des Zeichnungskapitals in Nachfinanzierungen von Portfolio-Gesellschaften investiert werden, an denen der Fonds bereits beteiligt ist.

▨ Kein unternehmerisches Tätigwerden in Portfolio-Gesellschaften

Der Fonds darf sich nicht am aktiven Management der Portfolio-Gesellschaften (auch nicht über verbundene Dritte) beteiligen.[264] Die Wahrnehmung von Aufsichtsratsfunktionen in den gesellschaftsrechtlichen Gremien der Portfolio-Gesellschaften ist hierbei unschädlich.[265]

Auch die Einräumung von Zustimmungsvorbehalten ist regelmäßig unschädlich. Eine Ausnahme gilt, wenn Zustimmungsvorbehalte in einem Maße eingeräumt werden, dass der Geschäftsführung der Portfolio-Gesellschaft kein echter Spielraum für unternehmerische Entscheidungen bleibt, dies wäre ein Indiz für eine gewerbliche Tätigkeit des Fonds.

Die Einschaltung eines so genannten Inkubators (gewerbliche Entwicklungsgesellschaft), dessen Tätigkeit dem Fonds auf Grund schuldrechtlicher Verträge oder personeller Verflechtungen zuzurechnen ist, führt stets zur Gewerblichkeit des Fonds.

▨ Keine gewerbliche Prägung bzw. gewerbliche „Infektion"

Wie bereits ausgeführt, sind Private-Equity-Fonds regelmäßig nicht gewerblich geprägt, weil auch Personen zur Geschäftsführung befugt sind, die Kommanditisten des Fonds sind. Daher ist eine Gewerblichkeit des Fonds aus diesem Grund nicht gegeben.

Allerdings ist eine in vollem Umfang gewerbliche Tätigkeit des Fonds dann gegeben, wenn der Fonds mitunternehmerische Beteiligungen (Beteiligung an gewerblich tätigen oder gewerblich geprägten Personengesellschaften) im Portfolio hält.[266] Denn bei doppelstöckigen Personengesellschaften färbt eine etwaige gewerbliche Tätigkeit der Untergesellschaft auf die Obergesellschaft ab.[267]

Steuerrechtliche Beurteilung der Gewinnanteile beim Anleger

Ist die Tätigkeit des Fonds nach Prüfung der oben genannten Kriterien nach dem Gesamtbild der Betätigung als gewerbliche Tätigkeit zu qualifizieren, gehören die Gewinnanteile der Gesellschafter (Anleger) zu den Einkünften aus Gewerbebetrieb.[268] Soweit der dem Anleger zugewiesene Gewinnanteil Gewinne aus der Veräußerung von Anteilen an Kapitalgesellschaften und Dividenden enthält, unterliegen danach diese Gewinne dem Halbeinkünfteverfahren.

---

[264] Vgl. Abschnitt 8 Abs. 5 KStR, BFH-Urteil vom 25.7.2001, BStBl 2001 II S. 809.

[265] OFD Magdeburg, 5.4.2006, S 2240 – 58 – St 214

[266] § 15 Abs. 3 Nr. 1 EStG

[267] BFH-Urteile vom 8.12..1994, BStBl II, 1996, 264 und vom 18.4.2000, BStBl II, 2001, 359

[268] § 15 Abs. 1 Satz 1 Nr. 2 Satz 1 EStG

Haben sich beschränkt Steuerpflichtige an einem Private-Equity-Fonds mit Geschäftsleitung im Inland beteiligt, sind die Einkünfte des (inländischen) Fonds als gewerbliche inländische Einkünfte in Deutschland steuerpflichtig.

Befindet sich die Geschäftsleitung des Fonds im Ausland, sind Einkünfte des Fonds, die den beschränkt Steuerpflichtigen zuzurechnen sind, nur dann als gewerbliche inländische Einkünfte anzusehen, wenn sie einer inländischen Betriebsstätte des Fonds zugeordnet werden oder ein ständiger Vertreter im Inland bestellt ist.

Die Einkünfte des Fonds unterliegen grundsätzlich auf der Ebene des Fonds der Gewerbesteuer. Ein ausländischer Fonds, für den im Inland nur ein ständiger Vertreter bestellt ist, unterliegt nicht der Gewerbesteuer.

Ist die Tätigkeit des Fonds nach dem Gesamtbild der Betätigung als private Vermögensverwaltung einzustufen, gehören die laufenden Ergebnisanteile der Beteiligten des Fonds zu den Einkünften aus Kapitalvermögen, soweit sie auf die von den Beteiligungsunternehmen gezahlten Dividenden entfallen.[269]

Sind an dem Fonds unbeschränkt Steuerpflichtige beteiligt, die die Beteiligung an dem Fonds nicht in einem Betriebsvermögen halten, führt die Veräußerung der Beteiligungen an den Portfolio-Gesellschaften selbst nur dann zu steuerpflichtigen Einnahmen, wenn es sich um private Veräußerungsgeschäfte (§ 23 EStG), um eine wesentlich Beteiligung im Sinne des § 17 EStG handelt.

Für die Beurteilung, ob die einjährige Spekulationsfrist § 23 EStG gegeben sind, kommt es ausschließlich der Besitzzeit des Anlegers an der Fondsgesellschaft an.

Dem Anleger zugewiesene Dividenden und die Gewinne aus der Veräußerung von Anteilen an Kapitalgesellschaften unterliegen bei ihm dem Halbeinkünfteverfahren.

Sind an dem Fonds beschränkt steuerpflichtige natürliche Personen beteiligt, sind Gewinne aus der Veräußerung von Anteilen an den Portfolio-Gesellschaften nach dem meisten Doppelbesteuerungsabkommen in Deutschland steuerfrei.

Die vorstehend dargestellten Besteuerungsgrundsätzen gelten nicht für den erhöhten Gewinnanteil (Carried Interest) der mittelbar oder unmittelbar an der Fonds-Gesellschaft beteiligten Initiatoren. Diese erhöhten Gewinnanteile beruhen nicht auf der Kapitalbeteiligung, sondern sind (verdecktes) Entgelt für die Dienstleistungen, die zugunsten der Mitgesellschafter für den Fonds erbracht werden, und somit stets steuerpflichtige Einkünften aus Gewerbebetrieb bzw. selbständiger Arbeit.

Nur soweit der Gewinnanteil der mittelbar oder unmittelbar an der Fonds-Gesellschaft beteiligten Initiatoren ihrem Anteil an der Gesamthand entspricht, können diese Einnahmen als Einnahmen im Sinne der §§ 17, 20 oder 23 EStG gewertet werden. Auch das Halbeinkünfteverfahren findet insoweit keine Anwendung.

---

[269] Vgl. hierzu OFD Frankfurt, 27.7.2007, S 2241 A – 67 – St 210.

8. Besteuerung von REITs

8.1 Charakteristika von REIT-Aktiengesellschaften

Rückwirkend zum 1.1.2007 ist das „Gesetz über deutsche Immobilien-Aktiengesellschaften mit börsennotierten Anteilen" (REIT-Gesetz, REITG) in Deutschland in Kraft getreten. Hierdurch wurde die Grundlage geschaffen, ein in den internationalen Kapital- und Finanzmärkten bereits etabliertes Kapitalanlageprodukt für indirekte Immobilieninvestments in Form von REIT-Aktiengesellschaften (REITs) auch in Deutschland dem Anleger zur Verfügung zu stellen.

REITs ermöglichen es deutschen Unternehmen sowie dem öffentlichen Sektor, den vorhandenen Immobilienbestand am Markt bei privaten Investoren zu platzieren. Privaten wie auch institutionellen Investoren wird im Gegenzug die Möglichkeit eröffnet, Immobilieninvestments nicht in Form der Direktanlage, sondern in Form einer börsennotierten Aktiengesellschaft zu tätigen, was die Fungibilität und damit die Attraktivität eines Immobilieninvestments deutlich erhöht.

Durch die Einführung der REITs wurde keine neue Rechtsform geschaffen. Es handelt sich im Kern um eine börsennotierte Aktiengesellschaft, die hinsichtlich ihrer Geschäftstätigkeit bestimmten Beschränkungen unterliegt und für die – ergänzend zu den allgemeinen gesetzlichen Vorschriften – ausgewählte bilanzielle und steuerrechtliche Zusatzvorschriften festgelegt wurden. Die übrigen gesetzlichen Vorschriften für Aktiengesellschaften bleiben weiterhin anwendbar.[270]

Sofern diese Gesellschaften die Beschränkungen hinsichtlich der Geschäftstätigkeit einhalten, haben REITs eine steuerliche Privilegierung gegenüber klassischen Aktiengesellschaften.

---

[270] Ernst & Young (2007), S. 4

8.2 Rechtliche Konzeption von REIT-Aktiengesellschaften

8.2.1 Rechtsform und Sitz

REITs können ausschließlich in der Rechtsform der Aktiengesellschaft geführt werden. Andere Rechtsformen sind nicht zulässig. Sie müssen ihren satzungsmäßigen Sitz sowie ihre Geschäftsleitung im Inland haben.[271] Dies soll eine steueroptimierende Gestaltung durch Sitzverlegung bzw. Verlegung der Geschäftsleitung ins Ausland unter Ausnutzung der Steuerfreistellung von Immobilienerträgen im Rahmen von Doppelbesteuerungsabkommen verhindern.

REIT-Aktiengesellschaften müssen die Bezeichnung „REIT-Aktiengesellschaften" oder „REIT-AG" als Bezeichnungsschutz tragen und als solche ins Handelsregister eingetragen sein.[272]

8.2.2 Börsenzulassung und Kapitalausstattung

REIT-Aktiengesellschaften müssen mit ihren gesamten Aktien zum Handel am amtlichen oder geregelten Markt in der EU oder in einem Vertragsstaat der EWR zugelassen sein.[273] Zudem müssen sich mehr als 15 Prozent (zum Zeitpunkt der Börsenzulassung sogar 25 Prozent) im Streubesitz befinden (Mindestbeteiligungsquote).[274] Als Streubesitz gelten die Aktien derjenigen Aktionäre, sie weniger als drei Prozent des Grundkapitals der REIT-AG halten. Die Einhaltung der Streubesitzquote muss gegenüber der BaFin durch entsprechende Meldungen nachgewiesen werden.

Neben der Einhaltung der Streubesitzquote ist ferner darauf zu achten, dass kein Anleger mehr als 10 Prozent des Grundkapitals (Höchstbeteiligungsgrenze) der REIT-AG hält. Mit dieser Regelung soll sichergestellt werden, dass ausländische Anleger nicht in den Genuss des Schachtelprivilegs kommen und somit eine Absenkung der deutschen Kapitalertragsteuer erreichen könnten.

Um diese Beteiligungsbeschränkungen überwachen zu können, wurden entsprechende Mitteilungspflichten im WpHG festgelegt. Jeder Anleger hat der Gesellschaft mitzuteilen, wenn seine Beteiligung die Grenzen von drei Prozent, fünf Prozent, zehn Prozent, 25 Prozent, 50 Prozent oder 75 Prozent überschreitet. Sofern die Höchstbeteiligungsgrenze überschritten wird, kann der Anleger nur die Rechte geltend machen, die ihm bei einer Beteiligung von zehn Prozent zustehen würden.

---

[271] § 9 REIT-Gesetz

[272] § 6 REIT-Gesetz

[273] § 10 REIT-Gesetz

[274] § 11 REIT-Gesetz

Sofern die Mindestbeteiligungsquote bzw. die Höchstbeteiligungsgrenze über einen Zeitraum von drei Jahren nicht gelingt, entfällt die Steuerbefreiung.

Das Grundkapital der REIT-AG muss mindestens 15 Mio. EUR betragen. Sie müssen als stimmberechtigte Stammaktien sein, die voll eingezahlt sind. Das Eigenkapital der Gesellschaft muss mindestens 45 Prozent des Verkehrswertes des Immobilienvermögens ausmachen.[275]

8.2.3 Unternehmensgegenstand

Der Unternehmensgegenstand der REIT-Aktiengesellschaft ist auf den Erwerb, das Halten sowie die Vermietung und Verpachtung sowie des Leasings von im Inland und Ausland belegenem Grundvermögen beschränkt. Ausgenommen hiervon sind Bestandswohnimmobilien, d. h. Wohnimmobilien, die vor dem 1.1.2007 errichtet wurden.[276]

Darüber hinaus darf sich die REIT-AG an folgenden in- und ausländischen Gesellschaften beteiligen:[277]

- Immobilienpersonengesellschaften,

- Auslandsobjektgesellschaften,

- REIT-Dienstleistungsgesellschaften,

- Kapitalgesellschaften, die persönlich haftende Gesellschafter ohne vermögensmäßige Beteiligung einer Immobilienpersonengesellschaft sind (Komplementär-Kapitalgesellschaft).

Mit Ausnahme der Beteiligung an der Immobilienpersonengesellschaft sowie der Komplementär-Kapitalgesellschaft, bei denen die Beteiligungsquote auch geringer sein kann, müssen die übrigen Beteiligungen 100 Prozent betragen.

8.2.4 Vermögens-, Ertrags- und Ausschüttungserfordernisse

Mindestens 75 Prozent des Vermögens der Gesellschaft muss aus unbeweglichem Vermögen bestehen. Maximal 20 Prozent dürfen aus Beteiligungen an REIT-Dienstleistungsgesellschaften bestehen.[278]

Hinsichtlich der Erträge besteht die Vorgabe, dass mindestens 75 Prozent der Umsatzerlöse aus Vermietung, Verpachtung, Leasing und Veräußerung von Immobilien erzielt werden müssen.[279] Bis zu 20 Prozent der Umsatzerlöse darf die REIT-AG aus immobiliennahen Dienstleistung erwirtschaften.

---

[275] Ernst & Young (2007), S. 7

[276] § 3 Abs. 9 REIT-Gesetz

[277] § 1 REIT-Gesetz

[278] § 12 Abs. 2 REIT-Gesetz

[279] § 12 Abs. 3 REIT-Gesetz

Eine Umschichtung des Vermögens ist zwar möglich, jedoch ist hierbei die Grenze des unzulässigen Grundstückshandels zu beachten. Dieser liegt vor, wenn innerhalb eines Zeitraums von fünf Jahren Bruttoerlöse aus der Veräußerung vereinnahmt werden, welche die Hälfte des die durchschnittlichen Bestands an unbeweglichem Vermögen übersteigt.[280]

Weiterhin ist erforderlich, dass die REIT-AG mindestens 90 Prozent ihres handelsbilanziellen Jahresüberschusses an ihre Aktionäre ausschütten muss.[281] Allerdings darf hierbei eine zulässige Rücklagenbildung aus Veräußerungsgewinnen mindernd berücksichtigt werden. Andererseits erhöht die Auflösung einer derartigen Rücklage den ausschüttungspflichtigen Gewinn. REITs sind nicht verpflichtet, die im AktG vorgesehenen gesetzlichen Rücklagen zu bilden.

Die wesentlichen Eckdaten des REIT stellen sich wie folgt dar:

Rechtsform	börsennotierte Aktiengesellschaft
Mindestgrundkapital	15 Mio. EUR
Höchstbeteiligung	weniger als 10 Prozent
Streubesitzquote (dauerhaft)	mindestens 15 Prozent, davon jedoch weniger als drei Prozent pro Anleger
Vermögen	mindestens 75 Prozent muss aus unbeweglichem Vermögen bestehen, das jedoch auch durch indirekte Beteiligung möglich ist
Ertragsquote	mindestens 75 Prozent der Bruttoerträge müssen aus unbeweglichem Vermögen erzielt werden
Ausschüttung	Gewinnausschüttung mindestens 90 Prozent des nach modifiziertem HGB ermittelten Ergebnisses
Veräußerung von unbeweglichem Vermögen	maximal 50 Prozent des durchschnittlichen Bestandes innerhalb von fünf Jahren

Abbildung 35:   *Wesentliche Eckdaten der REIT-Aktiengesellschaft*

8.3   Steuerliche Konzeption von REIT-Aktiengesellschaften

8.3.1 Besteuerung auf Ebene der REIT-Aktiengesellschaft

Steuerlicher Kern der Einführung von REITs ist es, die Besteuerung der von der REIT-AG erzielten Einkünfte von der Ebene der Gesellschaft auf die Ebene der Gesellschafter zu verlagern.[282] Mit anderen Worten: Die REIT-AG ist steuerbefreit, dafür findet die Besteuerung auf der Ebene des Anlegers statt.

---

[280] § 14 REIT-Gesetz
[281] § 13 REIT-Gesetz
[282] Ernst & Young (2007), S. 12

Die REIT-AG ist von der Körperschaftsteuer befreit.[283] Die Steuerbefreiung beginnt bereits mit dem Wirtschaftsjahr, in dem die REIT-AG ins Handelsregister eingetragen wurde.[284]

Die Steuerbefreiung der REIT-AG ist geknüpft an die Einhaltung der im REITG festgelegten Voraussetzungen. Werden dese nicht erfüllt, so tritt nicht der sofortige Verlust der Steuerbefreiung ein, sondern es ist ein zweistufiges Sanktionsverfahren vorgesehen

1. Bei folgenden Verstößen kann die Finanzbehörde eine Strafzahlung gegen die REIT-AG festsetzen, ohne dass es zu einem Verlust der Steuerbefreiung kommt:

Verstoß	Höhe der Strafzahlung
75-prozentige Vermögensanforderung ist zum Ende eines Wirtschaftsjahres nicht erfüllt	1–3 Prozent des Minderbetrags
75-prozentige Ertragsanforderung ist in einem Wirtschaftsjahr nicht erfüllt	10–20 Prozent des Minderbetrags
90-prozentige Ausschüttung ist zum Ende des folgenden Wirtschaftsjahrs nicht erfüllt	20–30 Prozent des Minderbetrags
Verbot der Erbringung von entgeltlichen Nebentätigkeiten für Dritte wird selbst oder in einer nachgeordneten Personengesellschaft verletzt	20–30 Prozent der durch die Nebentätigkeit erzielten Einnahmen

Die Strafzahlungen können auch kumulativ festgesetzt werden, wenn mehrere Kriterien nebeneinander verletzt werden.

2. Werden die Anforderungen des REITG mehrfach oder im Einzelfall als gravierendes Ereignis nicht erfüllt, so kommt es zu einem Verlust der Steuerbefreiung.[285] Hierzu gehören:

- Verlust der Börsenzulassung,

- Überschreitung der 50-Prozent-Grenze beim Grundstückshandel (steuerschädlicher Grundstückshandel),

- Unterschreiten der 15-Prozent-Streubesitzgerenze in drei aufeinander folgenden Wirtschaftsjahren oder Verstoß gegen die 9,99 Prozent-Höchstbeteiligungsgrenze in drei aufeinander folgenden Wirtschaftsjahren.

  Die Steuerbefreiung geht jedoch nicht verloren, wenn die REIT-AG aus den WpHG-Meldungen den Verstoß nicht entnehmen konnte.

- Unterschreitung der 45-Prozent-Mindesteigenkapitaleaanforderung in drei aufeinander folgenden Wirtschaftsjahren.

- Verstoß gegen die
  - 75-prozentige Vermögensanforderung,
  - 75-prozentige Ertragsanforderung,

---

[283] § 16 REIT-Gesetz, BMF, 10.07.2007, IV B 8 – S 1983/07/0001, BStBL I, 2007, 527
[284] § 17 Abs 1 REIT-Gesetz
[285] § 18 REIT-Gesetz

- 90-prozentige Ausschüttungsanforderung,
- Untersagung der entgeltlichen Nebentätigkeit für Dritte bzw. Erbringung durch nachgeordnete Personengesellschaft

in drei aufeinander folgenden Wirtschaftsjahren

▩ Verletzung jeweils eines der vorgenannten steuerschädlichen Kriterien in fünf aufeinander folgenden Wirtschaftsjahren

Sofern die REIT-AG ihre Steuerfreiheit verliert, sind die während der Zeit der Steuerfreiheit gebildeten stillen Reserven in die Steuerpflicht zu überführen.[286]

8.3.2 Besteuerung auf Ebene der Tochtergesellschaften

Immobilienpersonengesellschaften

Personengesellschaften unterliegen selbst weder der Einkommen- noch der Körperschaftsteuer, sondern die Besteuerung erfolgt auf Ebene des Gesellschafters. Die ertragsteuerpflichtigen Einkünfte der Personen-Tochtergesellschaft aus der Vermietungstätigkeit werden daher unmittelbar der REIT-AG zugerechnet.

Die steuerliche Transparenz gilt jedoch nur für die Einkommensteuer. Für die Gewerbesteuer bleibt die Personengesellschaft weiterhin Steuersubjekt, sofern eine gewerbliche Tätigkeit ausgeübt wird oder eine gewerblich geprägte Personengesellschaft (GmbH & Co. KG) vorliegt.

REIT-Dienstleistungsgesellschaft

Anders als die REIT-AG ist die REIT-Dienstleistungsgesellschaft nicht steuerbefreit. Sie unterliegt mit ihren Einkünften weiterhin der Körperschaftsteuer zuzüglich Solidaritätszuschlag) sowie der Gewerbesteuer.

Auslandsobjektgesellschaft

Die Einkünfte der Auslandsobjektgesellschaften sind selbst ebenfalls nicht steuerbefreit. Sie unterliegen als Einkünfte aus der Vermietung und Verwertung ausländischen Grundvermögens einer Besteuerung im Ausland nach den dortigen nationalen Steuergesetzen. In Deutschland sind diese Einkünfte im Regelfall jedoch aufgrund bestehender Doppelbesteuerungsabkommen steuerbefreit. Bei Ausschüttungen der Auslandsobjektgesellschaften an die deutsche REIT-AG einbehaltene ausländische Quellensteuer kann von dieser aufgrund der Steuerbefreiung im Inland steuerlich somit nicht geltend gemacht werden und führt daher zu einer Definitivbelastung.

---

[286] Ernst & Young (2007), S. 14

Komplementär-Kapitalgesellschaft

Die Komplementär-Kapitalgesellschaften unterliegen ebenfalls regulär der Körperschaftsteuer. Sie genießen keine Steuerbefreiung.

8.3.3 Besteuerung auf Ebene des Anlegers

Die Steuerbefreiung auf Ebene der REIT-AG führt dazu, dass an den Anleger gezahlte Dividenden steuerlich unbelastet sind. Die Besteuerung der erwirtschafteten Erträge erfolgt ausschließlich beim Anleger nach den allgemeinen steuerlichen Grundsätzen.

Die von der REIT-AG an die Anleger ausgeschütteten Dividenden sind bei diesem als Einkünfte aus Kapitalvermögen zu versteuern. Hierbei ist jedoch zu beachten, dass aufgrund der Steuerbefreiung der REIT-AG die Dividenden beim Anleger nicht im Rahmen des Halbeinkünfteverfahrens besteuert werden.[287] Bemessungsgrundlage für die Einkommensteuer ist vielmehr die gesamte Dividende. Ursache hierfür ist, dass aufgrund der Steuerbefreiung der REIT-AG eine steuerliche Berücksichtigung der Körperschaftsteuer auf Anlegerebene im Rahmen des Halbeinkünfteverfahrens nicht erforderlich ist. Das Halbeinkünfteverfahren kommt auch nicht zur Anwendung, soweit die von der REIT-AG gezahlten Dividenden auf steuerpflichtigen Erträgen aus Tochtergesellschaften (z. B. Dienstleistungsgesellschaften) resultieren.

Mit Ausnahme der Tatsache, dass das Halbeinkünfteverfahren keine Anwendung findet, gelten für diese Dividenden die allgemeinen Besteuerungsgrundsätze. Daher ist die ausgeschüttete Dividende – wie auch bei Dividenden unbeschränkt körperschaftsteuerpflichtiger Gesellschaften – die 20-prozentige allgemeine Kapitalertragsteuer (zuzüglich Solidaritätszuschlag) einzubehalten.[288]

Bei beschränkt steuerpflichtigen Anlegern kann in DBA-Fällen die Kapitalertragsteuer auf 15 Prozent ermäßigt werden.

Im Falle einer Veräußerung der REIT-Aktien durch den Anleger gelten ebenfalls die allgemeinen Grundsätze. Danach sind Veräußerungsgewinne aus REIT-Aktien für unbeschränkt steuerpflichtige Privatanleger nur steuerpflichtig, wenn zum Zeitpunkt der Veräußerung die einjährige Spekulationsfrist noch nicht abgelaufen ist. Nach Ablauf der Spekulationsfrist können Veräußerungsgewinne steuerfrei vereinnahmt werden.

Das Halbeinkünfteverfahren ist – anders als bei der Veräußerung von „traditionellen" Aktien – nicht anzuwenden. Der Gewinn aus einem privaten Veräußerungsgeschäft mit REIT-Aktien ist daher in voller Höhe steuerpflichtig, sofern er die Freigrenze von 512 EUR erreicht oder überschreitet.

---

[287] § 19 REIT-Gesetz
[288] § 20 REIT-Gesetz

Eine Ausnahme gilt bei einer Beteiligung von mehr als einem Prozent am Grundkapital der Gesellschaft (wesentliche Beteiligung). In diesem Fall sind auch nach Ablauf der Spekulationsfrist die Gewinne aus der Veräußerung als Einkünfte aus Gewerbebetrieb steuerpflichtig.

9. Änderungen der Besteuerung in der Vermögensanlage durch die Abgeltungssteuer

9.1 Überblick über die Abgeltungssteuer

Durch die Einführung der Abgeltungsteuer zum 1.1.2009 werden Kapitalerträge bei Auszahlung/Gutschrift an den Anleger abschließend besteuert werden. Während bisher Kapitalerträge mit dem individuellen Steuersatz des Anlegers zu versteuern sind und die erhobene Zinsabschlagsteuer bzw. allgemeine Kapitalertragsteuer nur eine Vorauszahlung auf die individuelle Einkommensteuerschuld darstellt, erfolgt mit der Erhebung der Abgeltungssteuer eine abschließende Besteuerung. Eine Erfassung der Kapitalerträge in der Einkommensteuererklärung ist grundsätzlich nicht mehr vorgesehen.

In die Abgeltungsbesteuerung werden neben den laufenden Kapitalerträgen (Zinsen, Dividenden) auch Erträge aus Wertsteigerungen des Kapitalstocks (Kursgewinne) einbezogen – und zwar unabhängig davon, ob die Gewinne innerhalb oder außerhalb der bisher gültigen einjährigen Behaltefrist realisiert wurden.

Inländische Schuldner/Zahlstellen (z.B. Banken) sind danach verpflichtet, von den o.g. im Inland dem Gläubiger zufließenden Erträgen aus Kapitalanlagen einen Steuerabzug von 25 Prozent (Abgeltungssteuer, zuzüglich Soli und Kirchensteuer) vorzunehmen und an die Finanzverwaltung abzuführen.

Werden Kapitalerträge durch ausländische Stellen gutgeschrieben (d.h., erfolgt kein Einbehalt an der Quelle), so wird die 25-prozentige Abgeltungsteuer im Rahmen der Einkommensteuerveranlagung erhoben.

Nachfolgend werden diese einzelnen Änderungen detailliert dargestellt.

9.1.1 Besteuerung von laufenden Kapitalerträgen und Veräußerungsgewinnen

Die Einkünfte aus Kapitalvermögen umfassen zukünftig:

Gewinnanteile und ähnliche Erträge	Zinsen und zinsähnliche Erträge	Veräußerungsgewinne
▒ Gewinnanteile (Dividenden) aus Gesellschaftsanteilen (Aktien, GmbH-Anteile, Genossen-schaftsanteile) ▒ Erträge aus aktien-ähnlichen Genuss-rechten ▒ der auf Dividenden entfallende Teil der steuerpflichtigen laufenden Erträge aus Investmentfonds ▒ aus (typisch) stillen Beteiligungen und partiarischen Darlehen	▒ Zinsen auf Hypotheken und Grundschulden ▒ Schuldverschreibungen, Gläubigerpapiere und Einlagen ▒ der auf Zinsen ent-fallende Teil der steuer-pflichtigen laufenden Erträge aus Investment-fonds ▒ Überschüsse aus Lebensversicherungs-verträgen, die nach dem 31.12.2004 ab-geschlossen wurden ▒ Stillhalterprämien (ab-züglich um bei einem Glattstellungsgeschäft gezahlte Prämien = Nettoprinzip)	▒ Einlösungs-/Veräußerungs-gewinne aus Finanzin-novationen ▒ Gewinne aus Wertpapier-verkäufen bzw. sonstigen Kapitalforderungen und der Rückgabe von Investmentfonds ▒ Gewinne aus Verkauf von Divi-denden- und Zinsscheinen bzw. -ansprüchen ▒ Erträge aus Zertifikaten ▒ innerhalb von Investmentfonds erzielte Gewinne aus Wert-papierverkäufen, die an den Anleger ausgeschüttet werden ▒ Gewinne aus Termingeschäften und Finanzinstrumenten, Optionsgeschäfte, Swaps, Devisentermingeschäfte, For-wards oder Futures ▒ Gewinne aus dem Verkauf gebrauchter Lebensver-sicherungen ▒ Gewinne aus Leerverkäufen

Abbildung 36: *Zusammensetzung der Einkünfte aus Kapitalvermögen nach Einführung der Abgeltungsteuer*

9.1.2 Entfall der bisherigen Spekulationsfrist für Wertpapiere und Termingeschäfte

Da Gewinne aus Wertpapierverkäufen und Termingeschäften zukünftig als Einkünfte aus Kapitalvermögen erfasst werden, ist auf sie die bisher bestehende einjährige „Spekulations-frist" nicht mehr anzuwenden, so dass Gewinne aus Wertpapierverkäufen und Termin-geschäften unabhängig von der Haltedauer beim Anleger steuerpflichtig werden und der Abgeltungssteuer unterliegen. Auch die 512 EUR-Freigrenze gilt für diese Vermögensanla-gen nicht mehr.

Die Neuregelung gilt jedoch nur für nach dem 31.12.2008 erworbene Wertpapiere. Für Wertpapiere und Termingeschäfte, die bis zum 31.12.2008 erworben wurde, gilt demnach noch die einjährige Spekulationsfrist. Gewinne aus dem Verkauf/Rückgabe dieser Papiere sind trotz des Wegfalls der Spekulationsfrist steuerfrei (Bestandsschutz).[289]

Werden die vor dem 1.1.2009 erworbenen Wertpapiere (z.B. Aktien) nach dem 31.12.2008, aber vor Ablauf der einjährigen Spekulationsfrist verkauft, so wird ein bei Verkauf entstandener Veräußerungsgewinn nach dem alten Recht behandelt.

Eine gesonderte Bestandsschutzregelung gilt für Vollrisikozertifikate.[290] Solche Zertifikate bleiben nur dann steuerfrei, wenn sie

◾ noch vor dem 1.1.2009 erworben wurden und zusätzlich nach Ablauf der einjährigen Spekulationsfrist bis zum 30.6.2009 fällig sind oder verkauft werden oder

◾ vor dem 15.3.2007 gekauft wurden (dann ist der Verkauf/die Fälligkeit unbeachtlich).

Sofern die Zertifikate, die vor dem 1.1.2009 erworben wurden, innerhalb der Jahresfrist eingelöst bzw. veräußert werden, so erfolgt die Besteuerung noch nach dem bisherigen Recht, d.h. zum individuellen Steuersatz.[291]

Der Wegfall der Spekulationsfrist hat sowohl Vor- wie auch Nachteile. Dem Nachteil, dass nunmehr alle Veräußerungsgewinne steuerpflichtig sind, steht der Vorteil gegenüber, dass auch alle Veräußerungsverluste unabhängig von der Beachtung der einjährigen Behaltefrist steuerlich geltend gemacht werden können.

Beispiel:

Der Kunde erwirbt Fondsanteile am 30.12.08 zum Kurs von 100. Er erwirbt weitere Fondsanteile am 2.1.09 zum Kurs von 101.

Am 21.2.10 verkauft er alle Anteile zum Kurs von 110.

Für die am 30.12.08 erworbenen Fondsanteile ist die Spekulationsfrist abgelaufen. Der Gewinn aus dem Verkauf dieser Anteile ist steuerfrei.

Der Gewinn aus dem Verkauf der am 2.1.09 erworbenen Anteile unterliegt hingegen der 25-prozentigen Abgeltungssteuer, da diese Anteile erst nach dem 31.12.2008 erworben wurden und somit die einjährige Behaltefrist nicht mehr gilt.

Das Fifo-Prinzip bei Verkauf von Wertpapieren, die girosammelverwahrt sind, bleibt bestehen – jetzt allerdings zum Nachteil des Kunden.

Bei Wertpapierverkäufen gelten nun die nicht von der Abgeltungssteuer betroffenen Anteile als zuerst veräußert. Dies führt dazu, dass künftige Wertsteigerungen auf den verbleibenden Teilbestand auf die steuerverhafteten Anteile entfallen.

---

[289] § 52a Abs. 10 S.1 EStG – neu

[290] § 52a Abs. 10 S. 8 EStG – neu

[291] BMF-Schreiben an den ZKA vom 14.2.2007, abgedruckt in Dahm/Hamacher/Haustein (2008), S. 180ff.

9.1.3 Abschaffung des Halbeinkünfteverfahrens beim Privatanleger

Während Dividenden sowie Gewinne aus Aktiengeschäften seit der Steuerreform 1999/2000/2002 nur mit der halben Bemessungsgrundlage steuerpflichtig waren (so genannte Halbeinkünfteverfahren), sind ab 2009 zufließende Dividenden wieder in voller Höhe steuerpflichtig.

9.1.4 Wegfall des Werbungskostenabzugs

Bemessungsgrundlage für die Abgeltungssteuer sind die Bruttoerträge, die nur durch den Sparer-Pauschbetrag (= zusammengefasster Sparer-Freibetrag und Werbungskosten-Pauschbetrag) in Höhe von 801 EUR (zusammenveranlagte Ehegatten: 1.602 EUR) reduziert werden (Bruttobesteuerung).

Werbungskosten bei der Vermögensanlage, z. B.:

– Depotgebühren,
– Vermögensverwaltungsgebühren,
– Vermögensberatungskosten (z. B. für Financial Planning),
– Finanzierungszinsen (Effektenlombard)

werden ab 1. 1. 2009 nicht mehr berücksichtigt. Hier gibt es weder eine Übergangsfrist noch einen Bestandsschutz.

Nicht betroffen sind Transaktionskosten und der Ausgabeaufschlag, da diese Anschaffungs-nebenkosten sind und somit beim Verkauf den steuerpflichtigen Ertrag mindern.

Beispiel:

Ein Kunde (ledig) hat Einnahmen aus Kapitalvermögen (Zinsen) in Höhe von 10.000 EUR. Er hat die Wertpapiere fremdfinanziert, die Schuldzinsen belaufen sich auf 2.000 EUR.

Nach alter Rechtslage kann der Kunde die Schuldzinsen als Werbungskosten ansetzen.

Unter Berücksichtigung des Sparerfreibetrags betragen seine steuerpflichtigen Einkünfte aus Kapitalvermögen

	EUR
Zinsen	10.000
Werbungskosten	– 2.000
Sparerfreibetrag	– 750
Einkünfte aus Kapitalvermögen	7.250

Nach neuer Rechtslage erhält der Kunde nur noch den Sparer-Pauschbetrag von 801 EUR. Die Schuldzinsen können steuerlich nicht geltend gemacht werden. Seine steuer-pflichtigen Einkünfte aus Kapitalvermögen betragen:

	EUR
Zinsen	10.000
Sparer-Pauschbetrag	– 801
Einkünfte aus Kapitalvermögen	9.199

9.1.5 Ermittlung und Einbehalt der Abgeltungsteuer

Verpflichtet, die Abgeltungsteuer einzubehalten, sind:

- bei inländischen Dividenden: die ausschüttende Gesellschaft,

- Kreditinstitute, die ihren Sitz im Inland haben (inländische Banken, Investmentgesellschaften),

- inländische Tochtergesellschaften und inländische Zweigstellen ausländischer Institute.

Ausländische Banken unterliegen nicht der Pflicht zum Einbehalt der Abgeltungssteuer. Einkünfte aus Kapitalvermögen und Veräußerungsgewinne, bei denen der Einbehalt der Abgeltungssteuer nicht möglich ist (etwa für im Ausland angelegte Guthaben) erfolgt die Steuerfestsetzung durch das Finanzamt im Rahmen der Einkommensteuererklärung mit dem Abgeltungssteuersatz (25 Prozent).

> Beispiel:
>
> Der Kunde unterhält ein Depot bei einer Bank in Luxemburg. Er erhält eine Dividendengutschrift ausländischer Aktien. Die Dividende wird ohne Einbehalt der Abgeltungssteuer gezahlt. Der Kunde muss die ausländischen Kapitaleinkünfte in seiner Steuererklärung am Jahresende angeben.

Damit die Kirchen keine Einbußen erleiden, können Anleger künftig bei ihrer Bank angeben, ob und welcher Religionsgemeinschaft sie angehören. Die Bank führt dann auf Antrag des Kunden die Steuer an das Finanzamt ab, das sie an die Kirchen weiterleitet.[292]

Da die Kirchensteuer als Sonderausgabe die Einkommensteuer mindert, ergibt sich für inländische Kapitalerträge die Abgeltungssteuer nach folgender Formel:[293]

$$\frac{\text{Kapitalertrag}}{(4 + \text{Kirchensteuersatz})}$$

> Beispiel:
>
> Der Kunde (ledig) erhält eine Zinsgutschrift in Höhe von 1801 EUR. Er hat seiner Bank einen Freistellungsauftrag in Höhe des Sparer-Pauschbetrags vorgelegt (801 EUR). Der Kunde hat seinen Wohnsitz in Baden-Württemberg und gehört der Kirche an; der Kirchensteuersatz beträgt somit acht Prozent = 0,08.

---

[292] Dahm/Hamacher/Haustein (2008), S. 42
[293] Dahm/Hamacher/Haustein (2008), S. 40

Die Einkünfte aus Kapitalvermögen ermitteln wie folgt:

	EUR
Zinsen	1.801
Ab: Sparer-Pauschbetrag	– 801
Einkünfte aus Kapitalvermögen	1.000

Die Abgeltungssteuer beträgt: 1.000 EUR : 4,08 = 245,10 EUR. Der Soli beträgt 5,5 Prozent von 245,10 EUR = 13,48 EUR. Die Kirchensteuer beträgt acht Prozent von 245,10 EUR = 19,61 EUR. Die Gesamtbelastung beträgt somit 27,82 Prozent der steuerpflichtigen Kapitalerträge.

Aufgrund der abschließenden Besteuerung an der Quelle werden zukünftig dem Kunden auch keine Steuerbescheinigungen bzw. Jahresbescheinigungen mehr ausgestellt – es sei denn, der Kunde beantragt die Ausstellung einer Steuerbescheinigung. Dies wird z. B. dann erfolgen, wenn der Kunde die Einkünfte in seiner persönlichen Steuererklärung separat angeben will.

Da hinsichtlich der Kapitalerträge eine abschließende Besteuerung an der Quelle erfolgen soll, ist es bei Dividenden ausländischer Kapitalgesellschaften erforderlich, die im Ausland einbehaltene, anrechenbare Quellensteuer bereits bei der Ermittlung der Abgeltungssteuer zu berücksichtigen. Dies führt zur Erweiterung der bereits oben eingeführten Abgeltungsteuerformel:[294]

$$\frac{\text{Kapitalertrag} - (4 \times \text{anrechnungsfähige Quellensteuer})}{(4 + \text{Kirchensteuersatz})}$$

Beispiel:

Der Kunde erhält eine Dividende der schweizerischen Nestle AG in Höhe von 1.000 EUR. Aus Vereinfachungsgründen wird unterstellt, dass ein erteilter Freistellungsauftrag bereits in voller Höhe ausgenutzt ist. Der Kunde hat seinen Wohnsitz in Baden-Württemberg und gehört der Kirche an; der Kirchensteuersatz beträt somit acht Prozent = 0,08.

In der Schweiz erfolgt ein Quellensteuereinbehalt von 35 Prozent, von der 15 Prozent anrechnungsfähige Quellensteuer sind, und 20 Prozent erstattungsfähige Quellensteuer.

Die Einkünfte aus Kapitalvermögen betragen 1.000 EUR, die einbehaltene Quellensteuer in Höhe von 35 Prozent von 1.000 EUR = 350 EUR gehört zu den Einkünften aus Kapitalvermögen. Von der einbehaltenen Quellensteuer sind 15 Prozent = 150 EUR auf die deutsche Abgeltungssteuer anrechenbar, 20 Prozent = 200 EUR muss sich der Anleger von der schweizerischen Finanzbehörde erstatten lassen.

Die deutsche Abgeltungssteuer beträgt gemäß obiger Formel:

$$\frac{1.000 \text{ EUR} - (4 \times 150 \text{ EUR})}{(4 + 0,08)}$$

Die Abgeltungssteuer (nach Berücksichtigung der anrechenbaren schweizerischen Quellensteuer) beträgt: 98,04 EUR. Der Soli beträgt 5,5 Prozent von 98,04 = 5,39 EUR. Die Kirchensteuer beträgt acht Prozent von 98,04 EUR = 7,84 EUR.

---

[294] Dahm/Hamacher/Haustein (2008), S. 41

9.1.6 Veranlagungsoption

Mit dem Steuerabzug ist die Einkommensteuer des Gläubigers zukünftig grundsätzlich abgegolten. Allerdings ist eine so genannte Veranlagungsoption vorgesehen, d. h., Steuerpflichtige können – wenn ihr individueller Grenzsteuersatz niedriger als 25 Prozent ist – zur Veranlagung ihrer Einkünfte aus Kapitalanlagen optieren und somit die Einkünfte mit ihrem individuellen niedrigeren Steuersatz versteuern.[295]

> Beispiel:
>
> Der Rentner Erno Baddels (ledig, konfessionslos) bezieht neben seiner Rente aus der gesetzlichen Rentenversicherung sowie einer Betriebsrente noch Zinserträge von 1.000 EUR. Sein individueller Einkommensteuersatz beträgt 20 Prozent zuzüglich 5,5 Prozent Solidaritätszuschlag. Seiner Bank hat er einen Freistellungsauftrag in voller Höhe (801 EUR) vorgelegt.
>
> Von den Zinserträgen sind 801 EUR von der Abgeltungsteuer freigestellt. Auf den Übersteigenden Teil von 199 EUR erhebt die Bank 25 Prozent Abgeltungsteuer zuzüglich 5,5 Prozent Solidaritätszuschlag. Die einbehaltene Steuer beträgt somit 52,49 EUR. Unter Berücksichtigung seines individuellen Steuersatzes hätte Erno auf die steuerpflichtigen Kapitalerträge von 199 EUR nur 41,99 EUR Steuern zahlen müssen.
>
> Damit er durch die Abgeltungsteuer keinen Nachteil erleidet, kann Erno im Rahmen seiner persönlichen Einkommensteuererklärung die Kapitalerträge mit seinem individuellen Steuersatz veranlagen lassen (Veranlagungsoption). Die zuviel einbehaltene Abgeltungsteuer wird ihm dann zurückerstattet.

9.1.7 Verlustverrechnungsmöglichkeiten

Eine Verlustverrechnung wird künftig auf die Einkünfte aus Kapitalanlagen (Erträge und Veräußerungsgeschäfte) begrenzt. Eine Verrechnung der Verluste aus Kapitalvermögen mit anderen Einkunftsarten bzw. ein Verlustabzug ist nicht möglich.[296] D. h., werden in einem Jahr negative Einkünfte aus Kapitalvermögen erzielt (z. B. durch gezahlte Stückzinsen), so können diese nicht mehr mit positiven anderen Einkunftsarten verrechnet werden.[297] Verluste, die aus Kapitalerträgen resultieren (z. B. Verluste aus Wertpapieren), können darüber hinaus auch nicht mehr in das Vorjahr zurückgetragen werden. Können diese Verluste nicht im gleichen Veranlagungsjahr genutzt werden, so ist nur ein Verlustvortrag auf die Folgejahre möglich.

Eine weitere Begrenzung der Verlustverrechnung ergibt sich bei Aktien. Realisierte Kursverluste aus Aktien können ab 2009 nur mit Kursgewinnen aus Aktien verrechnet werden, nicht hingegen mit Kursgewinnen aus anderen Wertpapieren. Dies bedeutet, dass Verluste

---

[295] § 32 d Abs. 4 EStG – neu
[296] § 20 Abs. 6 S. 2 EStG – neu
[297] Dahm/Hamacher/Haustein (2008).

aus Aktiengeschäften nicht mit Gewinnen aus dem Verkauf von Fondsanteilen verrechnet werden können.

Hat ein Anleger noch Altverluste (Verluste aus privaten Veräußerungsgeschäften gemäß § 23 EStG) aus Zeiträumen vor Einführung der Abgeltungssteuer, so werden positive Einkünfte aus Kapitalvermögen (Veräußerungsgewinne aus Wertpapiergeschäften) zunächst mit diesen Altverlusten verrechnet. Erst danach erfolgt die Verlustverrechnung mit Verlusten aus Kapitalvermögen aus dem gleichen Veranlagungszeitraum oder mit Verlusten aus vorangegangenen Veranlagungszeiträumen. Da die Altverluste lediglich bis einschließlich des Veranlagungszeitraums 2013 vorgetragen werden, wird dem Steuerpflichtigen somit ermöglicht, diese vorrangig vor anderen Verlusten aus Kapitalvermögen steuerlich geltend zu machen.

Zusammenfassend ergibt sich somit folgendes Verlustverrechnungsschema:

Realisierte Gewinne aus… / Realisierte Verluste aus…	… Aktien	… anderen Wertpapieren als Aktien (z. B. Fonds, Renten, Zertifikate, Termin- und Optionsgeschäfte	… laufenden Zinserträgen, Dividenden
… Spekulationsverlusten, die noch nach altem Recht entstanden sind	ja (bis 2013)	ja (bis 2013)	nein
… Aktien	ja	nein	nein
… anderen Wertpapieren als Aktien (z. B. Fonds, Renten, Zertifikate, Termin- und Optionsgeschäfte)	ja	ja	ja
… gezahlten Stückzinsen, gezahlten Zwischengewinne	ja	ja	ja
… Spekulationsverlusten, die noch nach altem Recht entstanden sind	ja (bis 2013)	ja (bis 2013)	nein

Zur Verlustverrechnung werden von jeder inländischen Zahlstelle (Bank) zwei Verlustverrechnungstöpfe geführt[298]

- für Verluste aus der Veräußerung von Aktien (Aktien-Verlustverrechnungstopf),

- für Verluste aus sonstigen Veräußerungsgeschäften (allgemeiner Verlustverrechnungstopf).

In diesen Töpfen werden alle negativen Einnahmen aus Kapitalvermögen (gezahlte Stückzinsen und Zwischengewinne, Verluste aus dem Verkauf von Wertpapieren, etc) gesammelt und mit positiven Einnahmen aus Kapitalvermögen verrechnet. Erst wenn die positiven Einnahmen die angesammelten Verluste übersteigen, ist die Abgeltungssteuer fällig. Das Modell funktioniert also ähnlich wie der bisher schon bekannte Stückzinstopf. Im Gegen-

---

[298] Dahm/Hamacher/Haustein (2008), S. 31

satz zu diesem werden die Verlustverrechnungstöpfe am Jahresende jedoch nicht geschlossen, sondern auf das nächste Jahr vorgetragen, um dort gegen entsprechende Erträge aus Kapitalvermögen verrechnet werden zu können.

Nicht eingestellt werden Verluste aus Kapitalerträgen, die nicht der Abgeltungssteuer unterliegen, d. h. Kapitalerträge, die von ausländischen Banken gezahlt werden.

Werden sowohl (positive) Kapitalerträge erzielt, die nicht der Abgeltungssteuer unterliegen (z. B. im Ausland), als auch (negative) Kapitalerträge, die im Verlustverrechnungtopf berücksichtigt werden, so können diese nur im Rahmen der Einkommensteuerveranlagung gegeneinander verrechnet werden.

Die Zuordnung zu den beiden Töpfen lässt sich wie folgt darstellen:

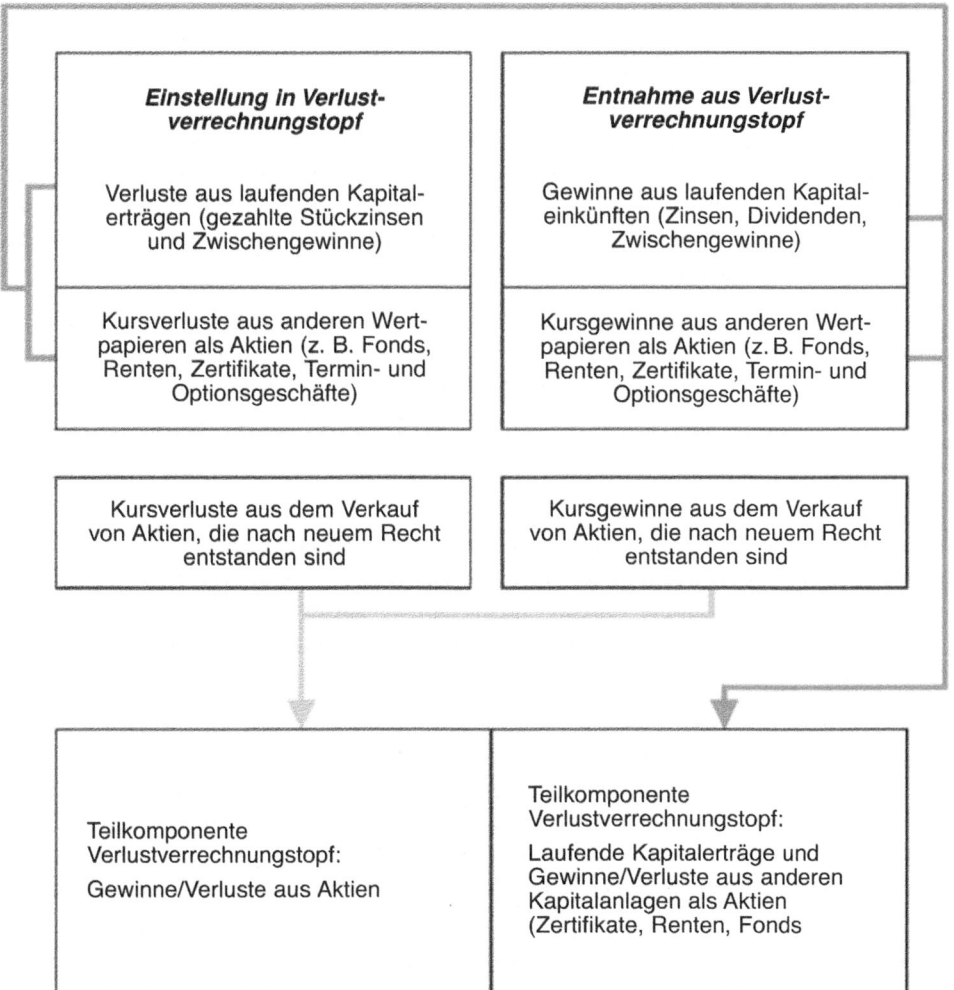

Im Steuerabzugsverfahren hat die Bank im Kalenderjahr negative Kapitalerträge einschließlich gezahlter Stückzinsen bis zur Höhe der positiven Kapitalerträge auszugleichen. Unterjährig kann das Kreditinstitut die Erträge jedoch nur in der Reihenfolge ihres Zuflusses abarbeiten. Dies kann je nach Reihenfolge zu einer höchst unterschiedlichen Steuerbelastung führen.

Beispiel:

Ingo Invest erzielt zunächst aus dem Verkauf von Aktien einen Verlust von 1.000 EUR. Der Verlust wird in den Verlustverrechnungstopf eingestellt. Anschließend erzielt er aus Aktienverkäufen einen Gewinn von 1.000 EUR. Es fällt in diesem Beispiel keine Abgeltungsteuer an, da der Gewinn aus dem 2. Geschäft mit dem in Verlustverrechnungstopf enthaltenen Verlust verrechnet wird.

Würde Ingo zunächst einen Gewinn aus dem Verkauf von Aktien von 1.000 EUR erzielen, so wird hierauf die Abgeltungsteuer einbehalten. Wenn nun in einem zweiten Schritt ein Verlust von 1.000 EUR aus Aktien realisiert wird, so würde dieser Verlust in den Verlustverrechnungstopf eingestellt und auf das Folgejahr vorgetragen. Ingo wäre somit mit Abgeltungsteuer belastet, obwohl in Summe kein Gewinn entstanden ist. Um den Verlust im gleichen Kalenderjahr geltend machen zu können, müsste Ingo bei seiner Bank den Verlustverrechnungstopf schließen lassen und im Rahmen der Einkommensteuerveranlagung die Verlustverrechnung beantragen.

Um diese Problematik zu umgehen, führen Banken zusätzlich zum Verlustverrechnungstopf ein zusätzliches Steuerverrechnungskonto.[299] Dieses Konto hat den Zweck, dem Kunden Steuergutschriften aus einer nachträglichen (unterjährigen) Verrechnung mit dem Verlustverrechnungstopf zu erteilen, ohne dass bereits abgerechnete Wertpapiergeschäfte korrigiert bzw. storniert werden müssen.

Fortsetzung des obigen Beispiels:

Erzielt Ingo zunächst einen Gewinn aus dem Verkauf von Aktien von 1.000 EUR, so wird hierauf die Abgeltungsteuer einbehalten. Bei dem späteren Verlust von 1.000 EUR nimmt die Bank eine nachträgliche Verrechnung mit dem Verlustverrechnungstopf vor und erstattet Ingo aus dem Steuerverrechnungskonto die zunächst einbehaltene Abgeltungsteuer. Eine Stornierung der ersten Verkaufsabrechnung ist nicht erforderlich.

Dieses Steuerverrechnungskonto ist jedoch institutsbezogen. Hat ein Anleger mehrere Bankverbindungen und erwirtschaftet er bei einer Bank positive Einkünfte aus Kapitalvermögen, die der Abgeltungssteuer unterliegen, während er bei der anderen Bank nur Verluste realisiert, die dort in den Verlustverrechnungstopf eingestellt werden, so ist ein Ausgleich über das Steuerverrechnungskonto nicht möglich. In diesem Fall ist eine steuerliche Nutzung der Verluste im gleichen Kalenderjahr nur bei Schließung des Verlustverrech-

---

[299] BMF-Schreiben an den ZKA vom 14.2.2007, abgedruckt in Dahm/Hamacher/Haustein (2008), S. 180ff.

nungstopfs möglich. Gleichzeitig muss der Anleger bei seiner anderen Bank einen Antrag auf Bescheinigung der einbehaltenen Abgeltungssteuer stellen. Sofern der Kunde den Verlustverrechnungstopf bei einer Bank schließt, muss er bei allen Banken entsprechende Anträge stellen.

Gleiches gilt, wenn der Kunde Gewinne bei einer ausländischen Bank erzielt, während er bei der inländischen Bank Verluste erzielt. Da die ausländische Bank keine Abgeltungssteuer einbehält, müssen diese Erträge (unabhängig von den inländischen Verlusten) in der Einkommensteuererklärung angegeben werden. Die inländischen Verluste können nur bei Schließung des Verlustverrechnungstopfs gegengerechnet werden.

Hat der Anleger „Altverluste" aus Spekulationsgeschäften vor dem 1.1.2009, so sind diese nur fünf Jahre mit Kursgewinnen verrechenbar. Da diese Verluste jedoch nicht im Verlustverrechnungstopf erfasst sind, sondern vom Finanzamt gesondert festgestellt wurden, kann eine steuerliche Berücksichtigung nur im Rahmen der Einkommensteuererklärung erfolgen. Daher muss der Anleger in diesen Fällen bei seiner Bank eine Steuerbescheinigung über die der Abgeltungssteuer unterliegenden Kapitaleinkünfte beantragen.

9.1.8 Depotüberträge

Wird ein Wertpapierdepot von einer inländischen Bank auf eine andere inländische Bank übertragen, ohne dass der Depotinhaber wechselt, dann muss die abgebende Bank der übernehmenden Bank die Anschaffungsdaten mitteilen. Das gleiche gilt für den Verlustverrechnungstopf. Die Abgeltungssteuer fällt erst an, wenn das Wertpapier aus dem (übernehmenden) Depot verkauft oder eingelöst wird.

Bei Übertragungen von ausländischen Banken mit Sitz in der EU auf eine inländische Bank muss der Steuerpflichtige die Anschaffungsdaten durch eine Bescheinigung der ausländischen Bank nachweisen.

Erfolgt eine unentgeltliche Depotübertragung von einem Depotinhaber auf einen anderen Depotinhaber (z.B. im Rahmen einer Schenkung), so muss die abgebende Stelle eine entsprechende Meldung an das Betriebstättenfinanzamt machen. Dieses prüft den Vorgang, ob gegebenenfalls ein schenkungssteuerpflichtiger Vorgang vorliegt.

9.2   Auswirkungen auf die ausgewählte Anlageklassen

Nachfolgend werden die Auswirkungen der Abgeltungssteuer auf ausgewählte Anlageklassen dargestellt:[300]

---

[300] Ronig, Wertpapier-ABC, HaufeIndex 1854419

9.2.1 Aktien

Rechtslage bis 2008		Abgeltungsteuer ab 2009			
		Erwerb vor dem 1.1.2009		Erwerb nach dem 31.12.2008	
Dividenden	Veräußerung	Dividenden	Veräußerung	Dividenden	Veräußerung
▪ einkommensteuerpflichtig ▪ Halbeinkünfteverfahren ▪ individueller Steuersatz	▪ innerhalb der Jahresfrist: Veräußerungsgewinn/-verlust ▪ Halbeinkünfteverfahren ▪ individueller Steuersatz ▪ außerhalb der Jahresfrist: steuerfrei	▪ voll einkommensteuerpflichtig ▪ Abgeltungssteuersatz 25 Prozent	▪ innerhalb der Jahresfrist: Veräußerungsgewinn/-verlust ▪ Halbeinkünfteverfahren ▪ individueller Steuersatz ▪ außerhalb der Jahresfrist: steuerfrei	▪ voll einkommensteuerpflichtig ▪ Abgeltungssteuersatz 25 Prozent	▪ voll einkommensteuerpflichtig ▪ Abgeltungssteuersatz 25 Prozent ▪ Kursverluste können nur mit Kursgewinnen aus Aktien verrechnet werden

9.2.2 Festverzinsliche Anleihen mit gesonderter Stückzinsberechnung

Rechtslage bis 2008		Abgeltungsteuer ab 2009			
		Erwerb vor dem 1.1.2009		Erwerb nach dem 31.12.2008	
Zinsen	Veräußerung/ Einlösung	Zinsen	Veräußerung/ Einlösung	Zinsen	Veräußerung/ Einlösung
▪ voll einkommensteuerpflichtig ▪ individueller Steuersatz ▪ gezahlte Stückzinsen = negative Einnahmen	▪ erhaltene Stückzinsen sind voll einkommensteuerpflichtig ▪ individueller Steuersatz ▪ Kursveränderung innerhalb der Jahresfrist: Veräußerungsgewinn/-verlust ▪ individueller Steuersatz ▪ Kursveränderung außerhalb der Jahresfrist: steuerfrei	▪ voll einkommensteuerpflichtig ▪ Abgeltungssteuersatz 25 Prozent ▪ gezahlte Stückzinsen = negative Einnahmen	▪ erhaltene Stückzinsen sind voll einkommensteuerpflichtig ▪ Abgeltungssteuersatz 25 Prozent ▪ Kursveränderung innerhalb der Jahresfrist: Veräußerungsgewinn/-verlust ▪ individueller Steuersatz ▪ Kursveränderung außerhalb der Jahresfrist: steuerfrei	▪ voll einkommensteuerpflichtig ▪ Abgeltungsteuersatz 25 Prozent ▪ gezahlte Stückzinsen = negative Einnahmen	▪ erhaltene Stückzinsen sind voll einkommensteuerpflichtig ▪ Abgeltungssteuersatz 25 Prozent ▪ Kursgewinne sind voll einkommensteuerpflichtig ▪ Abgeltungssteuersatz 25 Prozent ▪ Kursverluste können mit anderen Kapitalerträgen verrechnet werden

9.2.3 Transparente Investmentfonds

Besteuerung von auf Dividenden entfallende Erträge

Inländischer Fonds		Ausländischer Fonds	
ausschüttend	thesaurierend	ausschüttend	thesaurierend
Rechtslage bis 2008 einkommensteuer-pflichtig zum Zeit-punkt der Aus-schüttung • Halbeinkünfte-verfahren • individueller Steuersatz	• einkommensteuer-pflichtig bei Geschäftsjahres-ende des Fonds • Halbeinkünftever-fahren • individueller Steuersatz	• einkommensteuer-pflichtig zum Zeit-punkt der Aus-schüttung • Halbeinkünfte-verfahren • individueller Steuersatz	• einkommensteuer-pflichtig bei Geschäftsjahres-ende des Fonds • Halbeinkünfte-verfahren • individueller Steuersatz
Rechtslage ab 2009 • voll einkommen-steuerpflichtig zum Zeitpunkt der Aus-schüttung • Abgeltungssteuer-satz 25 Prozent	• voll ein-kommensteuer-pflichtig bei Geschäftsjahres-ende des Fonds • Abgeltungssteuer-satz 25 Prozent	• voll einkommen-steuerpflichtig zum Zeitpunkt der Aus-schüttung • Abgeltungssteuer-satz 25 Prozent	• voll ein-kommensteuer-pflichtig bei Geschäftsjahres-ende des Fonds • kein Einbehalt von Abgeltungsteuer durch die Fonds-gesellschaft • Abgeltungssteuer-satz 25 Prozent im Rahmen der Veranlagung

Besteuerung von auf Zinsen entfallende Erträge

Inländischer Fonds		Ausländischer Fonds	
ausschüttend	thesaurierend	ausschüttend	thesaurierend
Rechtslage bis 2008 • einkommensteuer-pflichtig zum Zeit-punkt der Aus-schüttung • individueller Steuersatz	• einkommensteuer-pflichtig bei Geschäftsjahres-ende des Fonds • individueller Steuersatz	• einkommensteuer-pflichtig zum Zeit-punkt der Aus-schüttung • individueller Steuersatz	• einkommensteuer-pflichtig bei Geschäftsjahres-ende des Fonds • Halbeinkünfte-verfahren • individueller Steuersatz
Rechtslage ab 2009 • einkommensteuer-pflichtig zum Zeit-punkt der Aus-schüttung • Abgeltungssteuer-satz 25 Prozent	• einkommensteuer-pflichtig bei Geschäftsjahres-ende des Fonds • Abgeltungssteuer-satz 25 Prozent	• einkommensteuer-pflichtig zum Zeit-punkt der Aus-schüttung • Abgeltungssteuer-satz 25 Prozent	• voll ein-kommensteuer-pflichtig bei Geschäftsjahres-ende des Fonds • kein Einbehalt von Abgeltungsteuer durch die Fonds-gesellschaft • Abgeltungssteuer-satz 25 Prozent im Rahmen der Veranlagung

Besteuerung von realisierten Gewinnen im Fonds (Gewinne aus Aktien- und Rentenverkäufen sowie aus Options- und Termingeschäfte)

	Inländischer Fonds		Ausländischer Fonds	
	ausschüttend	**thesaurierend**	**ausschüttend**	**thesaurierend**
Rechtslage bis 2008	▦ steuerfrei	▦ gelten nicht als zugeflossen	▦ steuerfrei	▦ gelten nicht als zugeflossen
Rechtslage ab 2009	▦ voll Einkommensteuerpflichtig zum Zeitpunkt der Ausschüttung ▦ Abgeltungssteuersatz 25 Prozent	▦ gelten nicht als zugeflossen ▦ keine Abgeltungssteuer	▦ voll Einkommensteuerpflichtig zum Zeitpunkt der Ausschüttung ▦ Abgeltungssteuersatz 25 Prozent	▦ gelten nicht als zugeflossen ▦ keine Abgeltungssteuer

Werden im Investmentfonds Gewinne aus Wertpapier-, Termin- und Optionsgeschäften erzielt und ausgeschüttet, so sind diese nach derzeit geltender Rechtslage beim Privatanleger steuerfrei. Zukünftig wird – wie bereits jetzt bei Ausschüttungen von Zinsen und Dividenden der Fall – auch dieser Teil der Ausschüttung steuerpflichtig sein und der Abgeltungssteuer unterliegen.

Sofern Kursgewinne aus dem Verkauf von Wertpapieren und aus Termin- und Optionsgeschäften im Fonds bereits vor dem 1.1.2009 realisiert, aber noch nicht an den Anleger ausgeschüttet wurden (realisierte Altgewinne), können diese auch nach dem 31.12.2008 steuerfrei an den Anleger ausgeschüttet werden, ohne dass Abgeltungssteuer anfällt.

Werden Fondsanteile nach dem 31.12.2008 erworben und im Fonds erzielte Altgewinne aus dem Verkauf von Wertpapieren, Optionen und Termingeschäfte, die noch nach altem Recht angeschafft wurden, ausgeschüttet, so sind diese bei der Ausschüttung zwar steuerfrei (wie auch bisher; es gibt also einen Bestandsschutz von im Fonds enthaltenen Altgewinne). Aber: Wird der Fondsanteil später verkauft, so ist der (steuerpflichtige) Gewinn insoweit zu erhöhen.

Durch die Steuerpflicht der Ausschüttung realisierter Gewinne werden steueroptimierte Fonds, deren Anlagestrategie darauf gerichtet ist, steuerpflichtige Erträge durch steuerfreie Gewinne aus Wertpapier- und Termingeschäften sowie Wertpapierleihe zu substituieren, an Bedeutung verlieren.

Besteuerung von Gewinnen bei Rückgabe von Fondsanteilen

Rechtslage bis 2008	Abgeltungsteuer ab 2009	
	Erwerb vor dem 1.1.2009	Erwerb nach dem 31.12.2008
▨ innerhalb der Jahresfrist: Veräußerungsgewinn/ -verlust ▨ kein Halbeinkünfteverfahren ▨ individueller Steuersatz ▨ außerhalb der Jahresfrist: steuerfrei	▨ voll einkommen- steuerpflichtig ▨ Abgeltungssteuersatz 25 Prozent	▨ Kursgewinne sind voll einkommensteuerpflichtig ▨ Abgeltungssteuersatz 25 Prozent ▨ Kursverluste können mit anderen Kapitalerträgen verrechnet werden

Durch die Abschaffung der Spekulationsfrist sind zukünftig alle bei der Rückgabe/ beim Verkauf von Fondsanteilen realisierten Gewinne beim Anleger steuerpflichtig. Dies hat zur Folge, dass gerade im Rahmen des langfristigen Vermögens- und Altersvorsorge- aufbaus eingesetzte Fondssparpläne, deren Rendite im Wesentlichen von bei Fondsrückga- be realisierten steuerfreien Kursgewinnen abhängt, zukünftig deutlich weniger attraktiv sind.

Nicht betroffen sind Publikumsfondsanteile, die vor dem 1.1.2009 gekauft wurden, da diese noch unter den Bestandsschutz fallen. Von der Abgeltungssteuer nicht erfasst werden somit Gewinne aus dem Verkauf von Fondsanteilen, die vor dem 1.1.2009 erworben wur- den, können daher – nach Ablauf der einjährigen Behaltefrist – steuerfrei vereinnahmt wer- den.

Bei der Ermittlung des Verkaufsgewinns sind aber die bereits steuerlich erfassten Ertrags- komponenten zu eliminieren.

Der Verkaufsgewinn ermittelt sich daher wie folgt:

	Rücknahmepreis
–	darin enthaltener (erhaltener) Zwischengewinn
–	während der Besitzzeit als zugeflossen geltende ausschüttungsgleiche Erträge
–	Ausgabekurs
+	darin enthaltener (gezahlter) Zwischengewinn
+	an den Anleger ausgeschüttete Altgewinne
=	steuerpflichtiger Gewinn aus der Anteilscheinrückgabe

Zertifikate

Rechtslage bis 2008	Abgeltungsteuer 2009		
	Erwerb vor dem 1.1.2009		Erwerb nach dem 31.12.2008
▒ innerhalb der Jahresfrist: Veräußerungsgewinn/-verlust ▒ kein Halbeinkünfteverfahren ▒ individueller Steuersatz ▒ außerhalb der Jahresfrist: steuerfrei	▒ Erwerb vor dem 15.3.2007 und Veräußerung innerhalb der Jahresfrist: Veräußerungsgewinn/-verlust ▒ kein Halbeinkünfteverfahren ▒ individueller Steuersatz ▒ außerhalb der Jahresfrist: steuerfrei	▒ nach dem 14.3.2007 und Veräußerung/Einlösung vor dem 1.7.2009 und Veräußerung innerhalb der Jahresfrist: Veräußerungsgewinn/-verlust ▒ kein Halbeinkünfteverfahren ▒ individueller Steuersatz ▒ Erwerb nach dem 14.3.2007 und Veräußerung/Einlösung nach dem 30.6.2009: Veräußerungsgewinn/-verlust ▒ Abgeltungsteuersatz 25 Prozent	▒ Kursgewinne sind voll einkommensteuerpflichtig ▒ Abgeltungsteuersatz 25 Prozent ▒ Kursverluste können mit anderen Kapitalerträgen verrechnet werden

Literaturverzeichnis

Angermayer-Michler (2007), Steuerliche Grundlagen für Financial Planner, Frankfurt

Blümich (2007), EStG, 96. Auflage, München

Dahm/Hamacher/Haustein (2008), Leitfaden Abgeltungsteuer, Köln

Ernst & Young (Herausgeber) (2007), Der deutsche REIT (G-REIT), Struktur, Chancen und Herausforderungen, Stuttgart

Faust (2006), Alternative Investments, 2. Auflage, Frankfurt

Faust (2007 a), Beteiligungen, 2. Auflage, Frankfurt

Faust (2007 b), Investmentfonds, 2. Auflage, Frankfurt

Faust (2007 c), Strukturierte Produkte – Optionsscheine und Zertifikate, 2. Auflage, Frankfurt

Hamacher (2005), Endzeitstimmung bei der fiktiven Quellensteuer, Köln

Kolb-Leistner (2007), Steuer Consultant 11/2007

Littmann/Bitz/Pust, EStG, Online-Komentar

Lüdicke/Arndt (2007), Geschlossene Fonds, 4. Auflage, München

Ronig, Wertpapier-ABC: Auswirkungen der Abgeltungsteuer, HaufeIndex 1854419

Schmidt (2007), EStG, 26. Auflage (Kommentatoren: Schmidt/Weber-Grellet bzw. Schmidt/Heinicke)

Abbildungsverzeichnis

Der Autor

Thorsten Dönges, Jahrgang 1963, arbeitete nach seinem Studium der Betriebswirtschafts-lehre an der Universität Gießen (Abschluss: Diplom-Kaufmann) zunächst bei der Dresdner Bank in Frankfurt im Bereich Controlling.

Nach seinem Wechsel zur Prüfungsgesellschaft PricewaterhouseCoopers in den Bereich Financial Services leitete er dort als Steuerberater und Wirtschaftsprüfer Prüfungen bei bedeutenden Mandanten.

Von 1999 bis 2003 war er Vorstandsmitglied beim Verband der PSD Banken in Bonn; danach als Steuerberater und Wirtschaftsprüfer tätig.

Seit 2005 ist er Leiter der Steuerabteilung bei einem Finanzdienstleistungsunternehmen. Seine Tätigkeitsschwerpunkte sind Fragen der Besteuerung in den Bereich Vermögensanla-ge, Finanz- und Vorsorgeplanung.

Thorsten Dönges verfügt über eine mehr als fünfzehnjährige Lehrerfahrung in der berufs-begleitenden Weiterbildung an verschiedenen Bildungseinrichtungen.

Stichwortverzeichnis

Gabler Steuerpraxis

Ellen Ashauer-Moll | Sonja Rösch

Praxisnah und aktuell:

Abgeltungsteuer

Kapital schützen -
Steuern optimieren
2008, ca. 200 S., Br. ca. € 39,90
ISBN 978-3-8349-0497-3

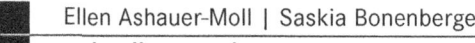

Ellen Ashauer-Moll | Saskia Bonenberger

schneller. gut. beraten.

Besteuerung von Kapitalanlagen

Anlagen im Privatvermögen
2007, 255 S., Br. € 49,90
ISBN 978-3-8349-0513-0

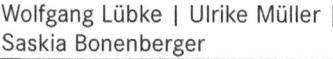

Wolfgang Lübke | Ulrike Müller |
Saskia Bonenberger

Auf der sicheren Seite:

Steuerfahndung

Situationen erkennen,
vermeiden, richtig beraten
2008, 353 S., Br. € 49,90
ISBN 978-3-8349-0638-0

Änderungen vorbehalten. Stand: Juni 2008.

Gabler Verlag . Abraham-Lincoln-Str. 46 . 65189 Wiesbaden . www.gabler.de

The manufacturer's authorised representative in the EU is Springer
Nature Customer Service Centre GmbH, Europaplatz 3, 69115 Heidelberg,
Germany. If you have any concerns regarding our products, please
contact ProductSafety@springernature.com

Printed and bound by CPI Group (UK) Ltd, Croydon, CR0 4YY
24/04/2026
02096312-0019